21世纪高职高专教材
物流管理系列

智能仓储与配送

范 珍 管亚风 主 编
谢佳佳 聂 蕊 副主编

電子工業出版社
Publishing House of Electronics Industry
北京 · BEIJING

内容简介

本书立足于高等职业院校学生的特点及未来从业的需要，注重培养学生的实际操作能力，以仓储与配送的工作过程为主线，围绕线上和线下零售物流，以真实任务为内容，设计了智能仓储、智能配送、仓储与配送经营管理 3 篇内容，共 10 个项目。智能仓储篇包括入库作业、在库作业、出库作业 3 个项目；智能配送篇包括送货作业管理、快递配送、即时配送 3 个项目；仓储与配送经营管理篇包括作业区域和智能仓储系统规划与设计、仓储合同管理、物流成本核算、仓储与配送绩效评价 4 个项目。每个项目根据实际作业流程划分为不同的任务，各任务之间相互独立，并形成完整的工作内容。

本书可作为高等职业院校物流管理、物流工程技术、物流信息技术、智能物流技术、电子商务专业的教学用书，也可作为物流、电子商务、商贸、快速企业管理和业务人员的培训教材。

图书在版编目（CIP）数据

智能仓储与配送 / 范珍，管亚风主编. —北京：电子工业出版社，2022.1

21 世纪高职高专教材. 物流管理系列

ISBN 978-7-121-42368-0

Ⅰ. ①智… Ⅱ. ①范… ②管… Ⅲ. ①智能技术－应用－物流管理－仓库管理－高等职业教育－教材②智能技术－应用－物资配送－物资管理－高等职业教育－教材 Ⅳ. ①F253②F252.2

中国版本图书馆 CIP 数据核字（2021）第 233768 号

责任编辑：杨洪军　　　　特约编辑：田学清
印　　刷：三河市双峰印刷装订有限公司
装　　订：三河市双峰印刷装订有限公司
出版发行：电子工业出版社
　　　　　北京市海淀区万寿路 173 信箱　　　　邮编 100036
开　　本：787×1092　1/16　印张：15.5　　字数：387 千字
版　　次：2022 年 1 月第 1 版
印　　次：2022 年 1 月第 1 次印刷
定　　价：54.00 元

凡所购买电子工业出版社图书有缺损问题，请向购买书店调换。若书店售缺，请与本社发行部联系，联系及邮购电话：（010）88254888，88258888。

质量投诉请发邮件至 zlts@phei.com.cn，盗版侵权举报请发邮件至 dbqq@phei.com.cn。

本书咨询联系方式：（010）88254199，sjb@phei.com.cn。

前　言

随着云计算、大数据、物联网和人工智能等新技术在交通、零售、制造、物流领域中的应用，物流业发生了翻天覆地的变化，从仓储到运输再到配送，每个环节都在实现智能化。无人仓、无人机、无人送货车、拣选机器人、智能调度等新技术被大量运用到物流业中，物流业智能化是大势所趋。智能化使物流配送实现了分钟级，不断刷新配送时效的记录。在 2020 年“双 11”期间，德邦快递的大件快递实现 10 分钟送达，刷新了大件快递首单纪录，传统物流正在受到挑战。目前，大多数仓储管理、配送管理教材是根据传统物流编写的，已经不能适应物流业快速发展的需要，我们必须根据新技术的发展及应用，以及当今物流业的最新模式和做法选取教材内容，将智能物流技术、智能调度、即时配送等内容写入教材中，紧跟时代的步伐。

本书主要是针对仓储与配送一线操作人员和管理人员所应具备的操作技能与管理能力而设计的，并充分考虑学习者可持续发展能力的培养，使学习者能够独立或与他人合作，完成单一或综合的仓储与配送任务，并能对完成任务的效果进行科学、合理的评价。

本书为校企合作新型教材，上海德邦物流股份有限公司、重庆禾稻物流有限公司参与了本书的编写工作，旨在培养技能型、应用型人才。本书针对学生可能从事的职业所需的职业能力（或职业技能），以学生为主体，设计了多个任务。每个任务都包括“学习目标”“学习任务”“任务分析”“任务引导”“任务实施”“任务评价”“同步案例”“同步实训”“能力拓展”多个栏目。同时，本书立足于真实或仿真环境，将企业真实的工作过程和岗位知识与技能要求融入课程内容中，通过“学习过程实践化、实践训练职场化”，培养学生在仓储与配送方面的专业技能和实际操作能力。

本书开发了配套的数字化资源，包括 40 个课程教学微课、60 多个企业实际运作的视频。

本书由重庆电子工程职业学院的范珍教授、管亚风副教授任主编，由重庆电子工程职业学院的谢佳佳副教授、重庆城市管理职业学院的聂蕊任副主编，范珍教授负责总体框架的设计、大纲的编写及统稿和定稿工作。参加编写人员的具体分工如下：项目一的任务一、任务二、任务五、任务六由康亮编写；项目一的任务三，项目二的任务一、任务二、任务三，项目八，项目十由谢佳佳编写；项目一的任务四、项目二的任务四、项目四、项目七由管亚风编写；项目三由范珍编写；项目六由范珍、张延诚（重庆禾稻物流有限公司）编写；项目五由管亚风、刘圆圆（上海德邦物流股份有限公司）编写；项目九由聂蕊编写。

近年来，物流业不断有新模式、新做法出现和应用，因此教材需不断地更新，以跟上时代的步伐。在此，我们衷心地希望读者给我们提出宝贵的意见，以便我们及时修订本书。我们深信，编者与读者的沟通与合作，定能使本书更好地适应物流业不断发展的需要。

编者在编写本书的过程中参考了许多国内外的最新研究成果，并尽可能地将其作者在参考文献中列出，同时向这些作者表示感谢！

编者

2021 年 5 月

目　录

第一篇　智能仓储

第二篇　智能配送

第三篇　仓储与配送经营管理

第一篇

智能仓储

项目一

入库作业

引例

蒙牛乳业仓储业务案例

内蒙古蒙牛乳业泰安有限公司采用乳制品自动化立体仓库，库区面积为 8 323m^2，库内货位总数为 19 632 个。

一、仓库区域布局

库区分为入库区、存储区、托盘（外调）回流区、出库区、维修区和计算机管理控制室 6 个区域。存储区包括高层货架和 17 台巷道堆垛机。高层货架采用双托盘货位，完成货物的存储工作。巷道堆垛机按照指令完成从入库输送机到目标货位的取货、搬运、存货，以及从目标货位到出货输送机的取货、搬运、出货任务。输送机、巷道堆垛机和货架分别完成空托盘回收、存储、回送、外调货物入库、退库货物入库等工作。出库区分为货物暂存区和装车区，由输送机、叉车和运输车辆组成。叉车司机通过电子看板、RF（Radio Frequency，射频）手持终端来完成装车作业，并反馈信息。计算机管理控制室设在二楼，用于出入库登记和管理。

二、仓库出入库业务

1．入库管理

入库管理包括入库信息采集、入库信息维护、脱机入库、条码管理、入库交班管理、入库作业管理、入库单查询等。

2．出库管理

出库管理包括出库单据管理、出库货位分配、脱机出库、发货确认、出库交接。

3．库存管理

库存管理包括对货物、库区、货位等的管理，可实现仓库调拨、仓库盘点、库存变动、托盘管理、库存物品管理、库存物流断档分析、积压分析、质保期预警、库存报表、可出库报表等功能。

4．系统管理

系统管理即对系统基础资料的管理，主要包括系统初始设置、系统安全管理、基础资料管理、物料管理、业务资料等模块。

（资料来源：道客巴巴）

一个完整的入库操作包括收货、验收、上架等操作。当接到到货通知时，仓库管理员应该如何完成接货工作？需要做什么准备？这就是本项目要介绍的内容。

任务一　收货作业

学习目标

- ✧ 能做好入库准备工作。
- ✧ 能正确地进行入库验收工作。
- ✧ 能够使用 RF 手持终端完成收货作业。
- ✧ 能正确地处理验收异议。
- ✧ 能进行退货商品的处理。

学习任务

红星配送中心与某大型连锁超市合作，负责该大型连锁超市各门店的仓储与配送业务。该大型连锁超市的经营范围较广，包括食品、母婴用品、电器等。入库通知单如表 1-1 所示。请完成这批商品的入库作业。

表 1-1　入库通知单

入库单编号：R20200912　　　　计划入库时间：到货当日

序号	商品名称	包装规格（长×宽×高）/mm	单价/（元·箱$^{-1}$）	重量/kg	入库数量/箱
1	花王纸尿裤	316×211×180	100	5	96
2	贝亲奶嘴	448×276×180	100	8	27
3	蒙牛奶粉	498×333×180	100	22	27
4	清风湿巾	398×272×180	100	10	40

供应商：万事通达商贸有限公司

任务分析

要完成此项任务，我们需要做以下 3 项工作。

（1）入库准备。

（2）入库验收。

（3）办理交接手续。

我们需要先根据入库商品的实际情况，准备好入库所需要的设备及相关资料，如叉车、搬运车、托盘、RF 手持终端、入库通知单、货物验收单等；然后进行入库验收，如果验收存在异议，就需要针对验收异议做出相应处理；最后，在验收结束后办理交接手续。收货作业的流程和知识点如图 1-1 所示。

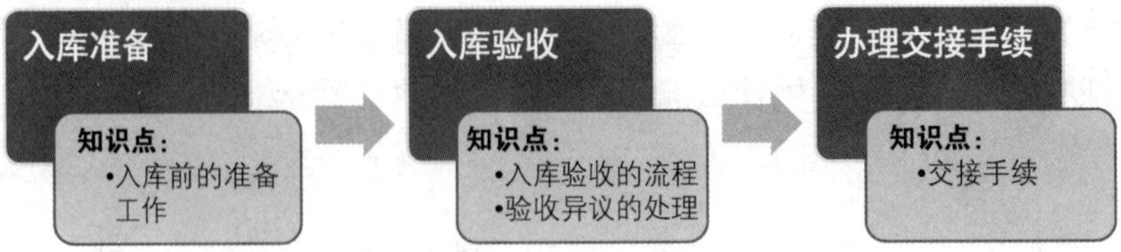

图 1-1　收货作业的流程和知识点

任务引导

入库作业是仓储业务的第一个环节，是指商品在进入仓库存储时所进行的检验和接收等一系列作业过程。抓好这一环节能区分货损责任，为在库存储打下良好的基础。

一、入库准备

配送中心在接到供应商的到货信息后，要做好商品入库前的准备。常见的到货信息有到货通知单、入库通知单等。入库前的准备工作决定着入库作业进行的顺利程度。入库前的准备工作如下。

1. 熟悉入库商品

认真查阅入库商品的资料，掌握入库商品的品种、规格、数量、包装状态、单件体积、到库确切时间、储存期、物理和化学性质、保管要求等，根据这些信息做好安排和准备。

2. 准备货位

根据商品的性能、数量、类别，结合商品的品种、规格、数量、包装形态、单件体积、到库确切时间，妥善安排货位。彻底清洁货位，清除残留物，在必要时要消毒、除虫、铺地。

3. 准备工具

根据商品情况和仓储管理制度，确定验收方法，准备好验收和装卸搬运工具，如托盘搬运车、叉车、RF 手持终端、托盘，以及开箱、装箱、丈量等工具。

4. 准备相关表单

准备商品入库所需的各种单证、记录表等。

二、入库验收

入库验收是仓库负责接收商品并检查到货的数量和质量的作业环节。商品在入库前必须经过验收，只有验收合格的商品才能正式进入仓库。

（一）入库验收的流程

在商品到达仓库后，验收员要合理安排供应商停车，保证月台畅通无阻，并安排卸货。为了提高收货效率，验收员可要求供应商分类码放，等待验收。入库验收应该遵循单单相符、单货相符、单证齐全的原则。入库验收的流程包括核对单证、验收商品、签收单据。

1. 核对单证

在商品到达仓库后，验收员要核对送货人提交的送货单和提前发来的入库通知单，确定送货单和入库通知单上的商品的名称、规格、数量和包装等内容是否一致。在确定二者一致后，收货员才可以进行实物验收。如果入库凭证不齐或信息不一致，那么验收员有权拒收或暂时存放，待入库凭证到齐或信息一致后再验收入库。

2. 验收商品

1）验收的内容

验收的内容主要包括数量检验和质量检验两个方面。

（1）数量检验。

数量检验主要是清点入库商品的数量是否与入库通知单上的数量一致。根据商品的性质和包装情况来分，数量检验有计件、检斤、检尺求积 3 种形式。

①计件。对于以件数为计量单位的商品，验收员在进行数量检验时清点件数。在一般情况下，对于计件商品，验收员应逐一清点。一般对于运输包装（外包装）完好且销售包装（内包装）数量固定的商品，只清点大包装，在特殊情况下可拆包抽查，若有问题，则扩大抽查范围。固定包装物的小件商品，若包装完好，打开包装对保管不利，则可不拆。对于国内商品，一般只检查外包装，不拆包检查；对于进口商品，按合同或惯例进行检查。

②检斤。对于以重量为计量单位的商品，验收员在进行数量检验时称重。一般对于金属材料、某些化工商品，大多是检斤验收。对于进口商品，原则上应全部检斤，但如果订货合同规定按理论换算重量交货，就按合同规定进行验收。对于所有检斤的商品，验收员都应填写磅码单。

③检尺求积。对于以体积为计量单位的商品，验收员采用先检尺、后求体积的数量检验形式。

在一般情况下，数量检验应全验，即对于按件数供货的全部进行点数，对于按重量供货的全部检斤，对于按理论重量供货的全部检尺并换算为重量，以实际检验结果的数量为实收数。

（2）质量检验。

质量检验包括外观检验、尺寸精度检验、机械物理性能检验和化学成分检验 4 种形式。在仓库中，质量检验是指商品的外观检验，其他质量检验一般由专门检验机构进行。

验收员一般只进行商品的外观形状和外观质量的检验，主要核对商品的品名、型号、材质、规格、等级，检查商品的外观质量状况，如包装外形或装饰有无缺陷，有无被损、变形等，是否被雨、雪、油污等污染，有无潮湿、霉腐、生虫等情况，并仔细核对商品标志是否与单据记载相符。对于外观有严重缺陷的商品，验收员要单独存放，防止混杂。对于经过外观检验的商品，验收员应该填写检验报告。

2）验收的方式

入库验收有全验和抽验两种方式。

（1）全验。对于批量小、规格复杂、包装不整齐的商品，采用全验的方式，数量和外观检验一般要求进行全验。

（2）抽验。对于大批量、同包装、同规格的商品，一般进行抽验。若采用抽验的方式，则验收员需要根据商品的特点、价值、入库数量及其供应商的信誉度等综合进行考虑，确定合理的抽验比例。商品抽检比例举例如表 1-2 所示。

表 1-2　商品抽验比例举例

验收项目	抽验比例规定
数量检验	（1）对于大批量、同一包装、规格整齐的商品，以及包装严密、符合国家标准且有合格证的商品，可以采取抽验的方式检查数量，抽验比例为 10%～20%。 （2）不带包装的（散装）商品的检斤率为 100%，不清点件数；有包装的商品的毛检斤率为 100%，件数清点率为 100%
质量检验	（1）易发霉、受潮、变色、被污染、遭虫蛀、发生机械性损伤的商品，抽验比例为 5%～10%。 （2）外包装有质量缺陷的商品，检验比例为 100%。 （3）对于供货稳定，质量、信誉较好的厂家提供的特大批量商品，可以通过抽查进行检验；抽检比例根据商品类别，看是否有相关国家或行业标准，有国家标准的，按国家标准的有关规定进行抽验；没有国家标准的，看是否有行业标准，如果有，就按行业标准的有关要求进行抽验，如果没有，供需双方就需要协商确定。 （4）对于进口商品，原则上逐件检验

对于全验和抽验，如果商品管理机构有统一规定，就按规定办理；如果合同有规定，就按合同规定办理。

3. 签收单据

在检验无误之后，验收员要填写验收单（见表 1-3），并在单据相应位置签名确认。

表 1-3　验收单

<table>
<tr><td>商品名称</td><td></td><td>到货数量/箱</td><td></td><td>抽验数量/箱</td><td></td></tr>
<tr><td>到货日期</td><td colspan="2"></td><td>检验日期</td><td colspan="2"></td></tr>
<tr><td>供应商</td><td colspan="3"></td><td colspan="2"></td></tr>
<tr><td colspan="4">检验情况</td><td colspan="2">备注</td></tr>
<tr><td colspan="2">1. 外包装检验</td><td colspan="2"></td><td colspan="2"></td></tr>
<tr><td colspan="2">2. 外包装规格检验</td><td colspan="2"></td><td colspan="2"></td></tr>
<tr><td colspan="2">3. 拆箱商品检验</td><td colspan="2"></td><td colspan="2"></td></tr>
<tr><td colspan="2">4. 商品质量检验</td><td colspan="2"></td><td colspan="2"></td></tr>
<tr><td colspan="2"></td><td colspan="2"></td><td rowspan="2">实际数量/箱</td><td rowspan="2"></td></tr>
<tr><td colspan="2"></td><td colspan="2"></td></tr>
<tr><td colspan="6">检验结论：□合格　　□让步接收　　□拒收
验收员：　　批准人：</td></tr>
</table>

对于验收合格的商品，验收员和送货人要在相关单证（送货单）上签字，明确双方的责任。验收员要在签字后接收商品及文件。

（二）验收异议的处理

在商品入库验收过程中经常出现的异议有数量不符、质量不符、包装不符、单证不齐或与实物不符。

1. 数量不符

若数量短缺在误差规定的范围内，则验收员可按原数入账；若数量短缺超过误差规定的范围，则验收员应做好验收记录，填写磅码单，并交主管部门，会同货主与供货单位交涉；若实际数多于原发料量，则主管部门可向供货单位退回多发数或补发货款。例如，A配送中心规定：当发生数量差异时，要及时通知采购负责人，送错或数量不足，要及时补充订货，不要耽误生产和销售等经营活动，并办理拒收、寄存、入库等手续；当超过采购数量时，对于超出部分，原则上要拒收，避免增加仓储管理费用，如果采购负责人同意接收，就要求其补充一笔采购订单，严禁库管员私自收人情货、关系货。

2. 质量不符

当商品质量不符合要求时，验收员应及时向供应商办理退货、换货手续；当商品规格不符或错发时，验收员应将情况做成验收记录并交给主管部门办理退货手续。

3. 包装不符

当包装出现异常时，如污损、破损、变形，验收员要与送货人一起开包验收，若发现数量减少或质量变异，则要及时登记，拒绝入库，将其单独存放，等待处理；若能当场更换包装，则可在条件允许的情况下立即处理。

4. 单证不齐或与实物不符

若单证不齐，则验收员要及时与供应商交涉，并将到库商品作为待验商品放在待验区，待单证到齐后再进行验收；若单证与实物不符，则验收员应把到库商品存放于待验区，并及时与供应商交涉，可采取拒绝收货、改单签收或退单等方式来解决问题。

三、办理交接手续

交接手续是指仓库对收到的商品向送货人进行的确认，表示已接收商品，目的是分清责任。交接手续主要包括接收商品及相关文件、签署单证。

（一）接收商品及相关文件

仓库通过查验商品，将不良商品剔除、退回等，以明确责任，确定收到商品的确切数量。仓库在接收商品时也要接收送货人送交的相关文件。

（二）签署单证

在完成入库验收并确认入库验收无误后，仓库工作人员与送货人要在送货单（见表1-4）上填写商品数量，在“收货人签字”“送货人签字处”签字确认，并加盖专用的收货章，留存相应单证。

表1-4　送货单

客户名称：　　　　送货单号：　　　　送货日期：

序号	货号	商品名称	规格	包装单位	商品数量	备注
1						
2						
3						
4						

送货人签字：　　　　收货人签字：

任务实施

（1）做好入库准备。

人员准备：入库工作人员 3 或 4 名。

工具准备：托盘 8 个，规格为长 1 200mm、宽 1 000mm、高 150mm；托盘搬运车；叉车等。

表单准备：入库通知单、入库验收单。

（2）对入库商品进行数量检验和质量检验。

（3）将验收情况填入表 1-5 和表 1-6 中。

表 1-5 入库通知单

入库单编号：R20200912　　　　计划入库时间：到货当日

供应商：万事通达商贸有限公司					
序号	商品名称	包装规格（长×宽×高）/mm	单价/(元·箱$^{-1}$)	重量/kg	入库数量/箱
1	花王纸尿裤	316×211×180	100	5	96
2	贝亲奶嘴	448×276×180	100	8	27
3	蒙牛奶粉	498×333×180	100	22	27
4	清风湿巾	398×272×180	100	10	40

表 1-6 入库验收单

入库单编号：R20200912　　　　收货时间：××××年××月××日

序号	商品名称	包装规格（长×宽×高）/mm	应入库数量/箱	到货数量/箱	实收数量/箱
1	花王纸尿裤	316×211×180	96	96	96
2	贝亲奶嘴	448×276×180	27	27	27
3	蒙牛奶粉	498×333×180	27	27	27
4	清风湿巾	398×272×180	40	40	40

任务评价

任务评价表如表 1-7 所示。

表 1-7 任务评价表

序号	评价项目	评价标准	分值	得分
1	入库准备	准备好入库所需要的工具及相关资料	40	
2	入库验收	商品数量检验准确；查验了商品外观质量；验收单填写正确	40	
3	办理交接手续	入库表单填写规范	20	
合计			100	

同步案例

扬美仓库的入库作业

扬美风衣股份有限公司成立于2000年，是一家从事成品风衣进出口贸易的综合性股份制企业，拥有独立的商品及原材料仓库，并设立了仓储业务部门，独立开展仓储业务。其主要的工作范围有原材料及各类商品的入库、保管、出库等流程。

扬美风衣股份有限公司的仓库（以下简称扬美仓库）于2021年1月1日收到客户编号为YANGJIE001的原材料供应商YJ贸易公司的一批商品。应收商品如下。

（1）女士风衣布料Aa：商品编号为TIAN00la，袋货，规格为50件/袋，共计20袋。

（2）女士风衣布料Bb：商品编号为TIAN00lb，袋货，规格为50件/袋，共计20袋。

（3）女士风衣布料Cc：商品编号为TIAN00lc，袋货，规格为50件/袋，共计20袋。

（4）女士风衣布料Dd：商品编号规格为TIAN00ld，袋货，规格为50件/袋，共计20袋。

（05）女士风衣布料Ff：商品编号为TIAN001f，袋货，规格为50件/袋，共计20袋。

扬美仓库的保管员张田收到YJ贸易公司发来的该批商品入库通知单（编号为DFGH001），编制作业计划单号为RTY001的入库单（见表1-8），将该批商品存放于编号为YMVIA-1的仓库中。但张田在进行入库验收时发现女士风衣布料Ff的质量未过关，包装出现破损，于是编制了编号为EFG001的退（换）货申请单，要求生产部更换女士风衣布料Ff。其他合格商品暂放于编号为CPBM001的仓库暂存区，待商品（女士风衣布料Ff）更换完毕后一起入库。

一、入库准备

（1）入库人员安排：卸货员2人，搬运员4人，验收员2人，司机2人，磅秤2人。

（2）所需工具：叉车、磅秤、托盘等。

（3）单据：入库通知单。

二、接运货物

YJ贸易公司委托YD物流有限公司承运，并持相关证明送货。

三、单据审核

单据审核人员审核到货通知单、送货单、商品明细表等单据，主要审核单据中的商品名称、规格、价格与总额等，以及送货单中是否有不良批注等。经审核，单据均规范、准确、真实、有效。

四、货物验收

对到货通知单、商品明细表、合同、装箱单、货运单等单据进行核对，所有单据均有效、合格。但是商品并不完善，有20袋商品的外包装破损，需由YJ贸易公司更换。

五、办理交接手续

办理商品编号为TIAN001a、TIAN001b、TIAN001c、TIAN001d的商品交接手续。商品编号为TIAN001f的商品未入库，暂存于仓库YU-B货位。

表 1-8　入库单

仓库：YMVIA-1				作业计划单号：RTY001				
客户名称：YJ 贸易公司			客户编号：YANGJIE001			制单时间：2021 年 1 月 1 日		
入库通知单：DFGH001			应收总数：100 袋			实收数量：80 袋		
商品名称	商品编号	规格	单位	应收数量/袋	实收数量/袋	货位号	批号	备注
女士风衣布料 Aa	TIAN001a	50 件/袋	袋	20	20			
女士风衣布料 Bb	TIAN001b	50 件/袋	袋	20	20			
女士风衣布料 Cc	TIAN001c	50 件/袋	袋	20	20			
女士风衣布料 Dd	TIAN001d	50 件/袋	袋	20	20			
女士风衣布料 Ff	TIAN001f	50 件/袋	袋	20	0			外包装破损，等待换货

问题：入库作业包括哪些流程？

同步实训

能力拓展

扫一扫，看同步实训　扫一扫，看能力拓展

任务二　商品堆码

学习目标

- ✧ 能选择合理的堆码方式完成商品堆码。
- ✧ 会计算托盘堆码层数。
- ✧ 理解堆码的要求和货垛的五距要求。

学习任务

2021 年 4 月 16 日，红星配送中心 1 号仓库的工作人员伊林将客户富达超市当天送达的百事可乐验收完毕，堆存在仓库收货理货区。可使用的托盘为标准托盘，规格为 1 200mm×1 000mm，厚度为 150mm。货架层高为 1 350mm，横梁高 120mm，托盘厚度（高）为 160mm，叉车上架时的作业空间不小于 90mm，堆码极限为 6 层。入库收货单如表 1-9 所示。

表 1-9　入库收货单

入库单编号：FDSM　　　　收货时间：2021 年 4 月 16 日

序号	商品名称	包装规格（长×宽×高）/mm	应入库数量/箱	到货数量/箱	实收数量/箱
1	百事可乐	385×260×315	96	96	96

请完成这批商品的托盘堆码任务。

任务分析

要完成此项任务，我们需要做以下 3 项工作。

（1）确定托盘堆码方式。

（2）准备托盘。

（3）完成托盘堆码。

我们应首先确定采用什么托盘堆码方式；其次，根据商品的数量、尺寸等相关数据计算出托盘堆码层数和所需要托盘的数量，准备托盘；最后，按照对应的托盘堆码方式完成托盘堆码。商品堆码作业的流程和知识点如图 1-2 所示。

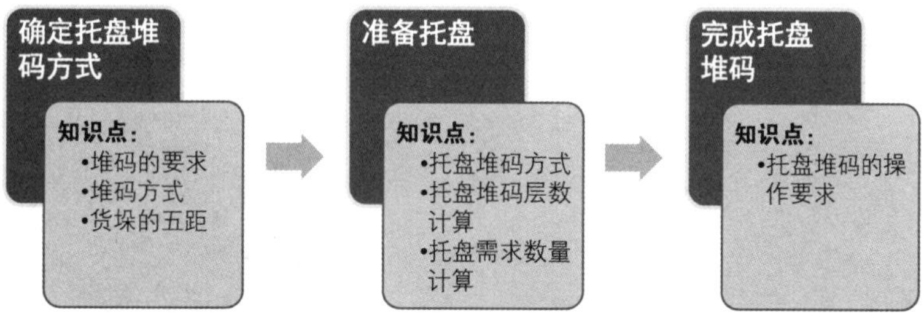

图 1-2　商品堆码作业的流程和知识点

任务引导

堆码是将商品整齐、规则地摆放成货垛的作业。堆码有利于仓库的工作人员对商品进行维护、查点等，提高仓库的利用率。

一、堆码的要求及方式

（一）堆码的要求

堆码的要求一般有以下几个。

1. 合理

搬运活性合理、分垛合理、垛形合理、重量合理、间距合理、顺序合理。

2. 牢固

货垛的稳定性要好，保证堆码牢固、安全、不偏不歪、不依不靠。

3. 定量

为了便于检查和盘点，每垛应有固定的数量，通常采用“五五化”堆码方式。当某些过磅称重商品不能成整数时，工作人员必须明确标出重量，分层堆垛，或成捆堆码，定量存放。

4. 整齐

堆垛排列整齐有序，同类商品的垛形应统一，商品包装上的标志一律朝外，以便于工作人员查看和拣货。

5. 节约

堆码科学，一次堆码，减少重复作业，充分利用空间，节省货位，提高仓库的空间利用率。

6. 方便

堆码要便于装卸和搬运，便于检查点数和收发货，便于商品的保管和安全。

（二）堆码方式

堆码方式要根据商品的种类、性能、数量、包装情况及库房高度等条件决定。不同商品的堆码方式有所不同。常见的堆码方式如图 1-3 所示。

1. 散堆方式

散堆方式适用于露天存放的没有包装的大宗商品，如煤炭、矿石、黄沙等，也适用于库内的少量存放的谷物、碎料等散装商品。

2. 货架方式

货架方式是指采用通用或专用的货架进行商品存放的堆码方式。用货架存放商品能够提高仓库的利用率，减少存取时的差错。货架方式适用于小件商品、怕压或不宜堆高的商品。

散堆方式　货架方式　堆垛方式　成组堆码方式

图 1-3　常见的堆码方式

3. 堆垛方式

堆垛方式是指直接利用商品或其外包装形状进行堆码的堆码方式，常适用于有包装（箱、桶）的商品。常见的堆垛方式有重叠式、纵横交错式、栽柱式、压缝式、通风式、衬垫式、仰伏相间式、直立式。

4. 成组堆码方式

成组堆码方式是指采用成组工具先将商品组成一组，使商品的堆存单元变大，从而可以用装卸机械成组搬运、装卸、堆码的堆码方式。常见的成组工具有货板、托盘、网格等。成组堆码方式可以提高仓库的利用率，实现商品的安全搬运和堆存。成组堆码方式最常见的是使用托盘进行堆码。

（三）货垛的五距

货垛的五距指垛距、墙距、柱距、顶距和灯距，如图 1-4 所示。货垛的五距应符合安全规范要求，货垛不能依墙、靠柱、碰顶、贴灯，不能紧挨旁边的货垛。无论采用哪一种垛形，都必须留出相应的通道，以方便商品的进出和消防措施的实施。

1. 垛距

货垛与货垛之间的必要距离称为垛距。常以支道作为垛距。垛距能方便工作人员进行存取作业，起通风、散热的作用，也方便消防工作的进行。库房垛距一般为 0.3～0.5m，货场垛距一般不小于 0.5m。

2. 墙距

为了防止库房墙壁和货场围墙上的潮气对商品产生影响，也为了方便进行散热通风、消防工作、收发作业，货垛必须留有墙距。墙距可分为库房墙距和货场墙距，其中，库房墙距又分为内墙距和外墙距。内墙距是指货垛与没有窗户墙体的距离，一般为 0.1～0.3m；外墙距是指货垛与有窗户墙体的距离，一般为 0.1～0.5m。

3. 柱距

为了防止库房柱子的潮气影响商品，也为了保护仓库建筑物的安全，货垛必须留有柱距。柱距一般为 0.1～0.3m。

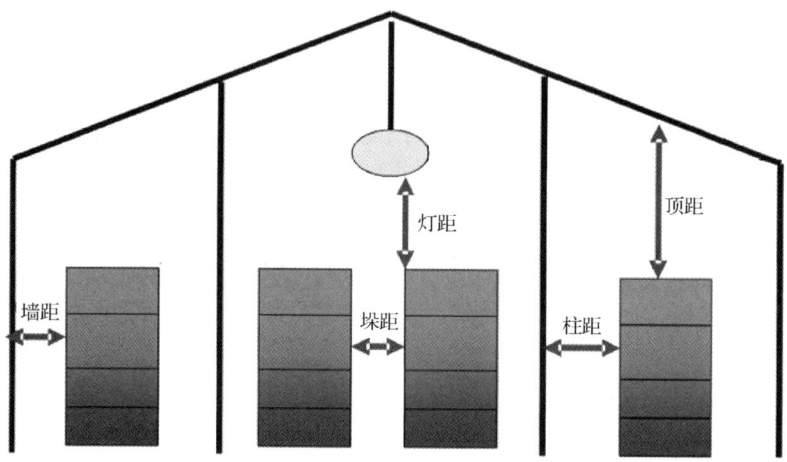

图 1-4　货垛的五距

4. 顶距

货垛的最大高度与库房、货棚屋顶横梁间的距离称为顶距。顶距能便于进行装卸搬运作业及通风散热，有利于消防工作，有利于收发、查点。顶距一般为 0.5～0.9m。

5. 灯距

货垛与照明灯之间的必要距离称为灯距。为了确保商品的安全，防止照明灯散发的热量引起靠近灯具的商品燃烧而发生火灾，货垛必须留有足够的灯距。灯距应不小于 0.5m。

二、托盘堆码

目前，托盘堆码是在仓库中应用最多的一种堆码方式。

（一）托盘堆码方式

托盘堆码方式主要有重叠式堆码、正反交错式堆码、纵横交错式堆码、旋转交错式堆码 4 种。

1. 重叠式堆码

重叠式堆码是指逐件、逐层向上重叠码高，一件压一件的堆码方式，各层的码放方式相同，如图 1-5 所示。这种堆码方式易于操作，包装物的 4 个角边和 4 条垂直重叠，承载力大，但各层之间的咬合强度很低，货垛的稳定性差，容易坍塌。重叠式堆码适用于自动堆码，但工作人员需对货垛进行紧固。

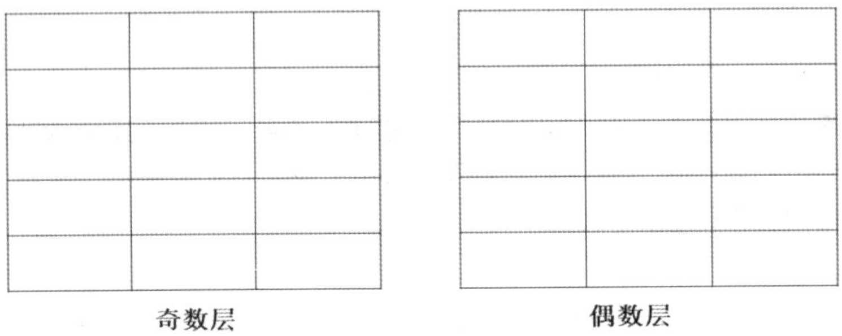

图 1-5　重叠式堆码

2. 正反交错式堆码

正反交错式堆码是指在同一层中，不同列的包装物垂直码放，相邻两层的包装物以另一层旋转 180° 的形式码放的堆码方式，如图 1-6 所示。这种方式类似于建筑上的砌砖方式，各层间的咬合强度较高，相邻层之间不重复，稳定好高，但操作较为麻烦。

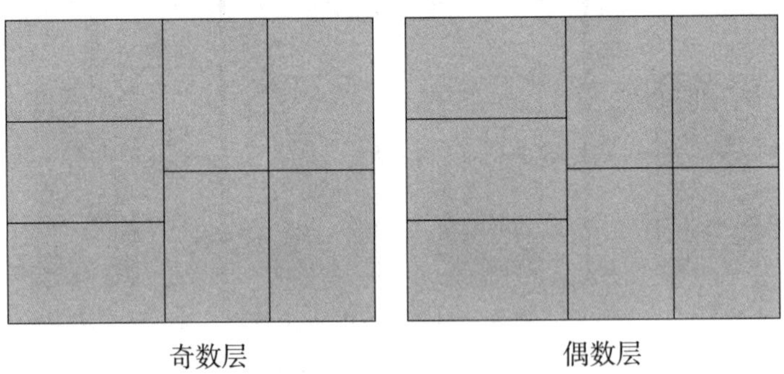

图 1-6　正反交错式堆码

3. 纵横交错式堆码

纵横交错式堆码是指将相邻两层包装物的摆放旋转 90°，一层横向放置，另一层纵向放置，层间纵横交错堆垛的堆码方式，如图 1-7 所示。这种方式的各层间有一定的咬合强度，适用于自动组托操作，但咬合强度不高。

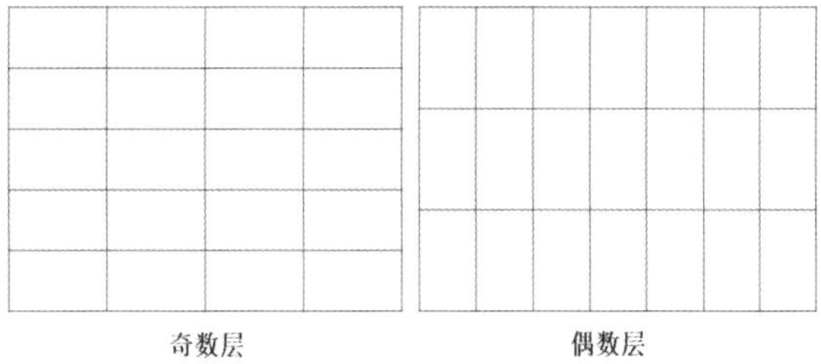

图 1-7　纵横交错式

4. 旋转交错式堆码

旋转交错式堆码是指第一层相邻的两个包装物都互相垂直，两层包装物间的码放旋转 180°的堆码方式，如图 1-8 所示。这样相邻两层之间咬合交叉，托盘货体的稳定性较好，不易塌垛，但码放的难度较大，且中间形成空穴，降低了托盘的利用率。

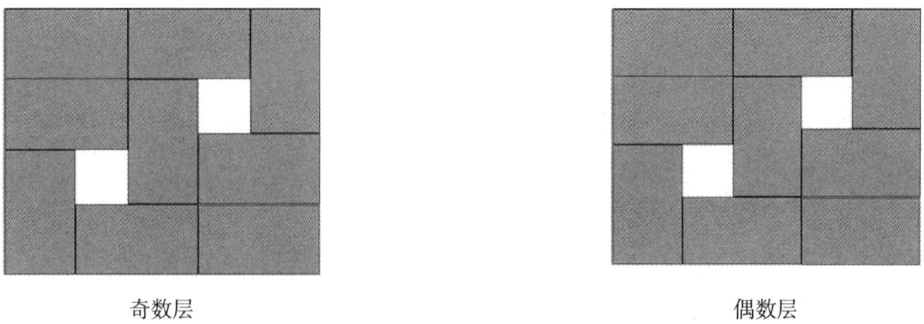

图 1-8　旋转交错式堆码

（二）托盘堆码的操作要求

托盘堆码的操作要求如下。

（1）按先远后近的原则堆码。

（2）大不压小、重不压轻、高度适中。

（3）包装标志一律向外，以便于工作人员查找。

（4）避免超过堆码层数限制。

（5）避免货垛超出托盘。

（6）箱装商品避免包装颠倒。

包装箱常见标志图例如图 1-9 所示。

图 1-9　包装箱常见标志图例

（三）托盘堆码层数和托盘需求数量的计算

在实际托盘堆码过程中，工作人员要注意不要超过堆码层数极限，通常在商品的包装箱上都印有堆码层数极限的标志。若商品存放在平堆区，则堆码层数应不超过堆码层数极限；若商品存放在托盘货架区，则还要考虑其他因素。这些因素主要有货架层高、托盘厚度、包装箱高度、叉车上架作业空间的高度等，它们影响着托盘堆放商品的层数和数量。托盘堆码层数的计算公式如下：

托盘堆码层数＝（货架层高-托盘厚度-叉车上架作业空间的高度）/包装箱高度

在商品入库时，托盘需求数量（所需货位数）的计算公式如下：

托盘需求数量（所需货位数）＝入库商品的总量/单位托盘堆放数量

例如，某公司有 520 箱商品需要入库，包装箱的尺寸为 395mm×295mm×180mm，堆码层数极限为 6 层，使用规格为 1 200mm×1 000mm×160mm 的托盘，货架层高为 1 250mm，叉车上架作业空间的高度≥120mm。请问：每个托盘可以堆多少层？一共需要准备多少个托盘和多少个货位？

根据托盘堆码层数的计算公式，计算如下：

托盘堆码层数＝（货架层高-托盘厚度-叉车上架作业空间的高度）/包装箱高度
＝（1 250-160-120）/180
≈5.39≈5（层）

根据商品包装箱和托盘的尺寸，可以采用正反交错式堆码方式，每层堆 10 箱（见图 1-10）。这样，一个托盘堆 5 层，每层堆 10 箱，一共可以堆 50 箱。

托盘需求数量（所需货位数）＝入库商品的总量/单位托盘堆放数量
＝520/50＝10.4≈11（个）

因此，在该批商品入库时，工作人员需要准备 11 个托盘和 11 个货位。

图 1-10　正反交错式堆码

任务实施

1. 确定托盘堆码方式

根据入库商品及托盘规格确定堆码方式，入库商品为百事可乐，包装规格为 385mm×260mm×315mm，可以采用旋转交错式堆码方式，每层堆放 9 箱商品，如图 1-11 所示。

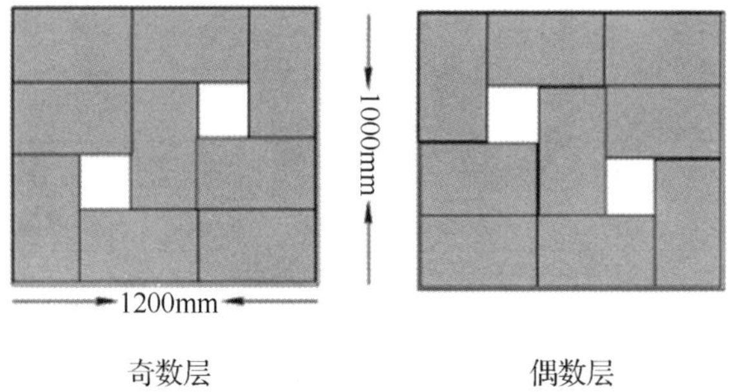

图 1-11　百事可乐的堆码方式

2. 准备托盘

计算托盘堆码层数和托盘需求数量。

托盘堆码层数=（1 350-120-160-90）/315≈3.1≈3（层）

一个托盘堆 3 层，每层堆 9 箱，一共可以堆 27 箱货。

托盘需求数量=96÷27≈3.6≈4（个）

根据上述计算结果，在该批商品入库时，工作人员需要准备 4 个 1 200mm×1 000mm 的托盘。

3. 完成托盘堆码

根据前两步规划的结果，将 96 箱百事可乐，采用旋转交错式堆码方式进行堆码。

任务评价

任务评价表如表 1-10 所示。

表 1-10　任务评价表

序号	评价项目	评价标准	分值	得分
1	确定堆码方式	选择合适的堆码方式	30	
2	准备托盘	正确确定托盘需求数量	20	
		准备好合适规格的托盘及数量	20	
3	完成托盘堆码	托盘利用率最大化，奇数层和偶数层间的压缝整齐，货垛牢固、美观	30	
合计			100	

同步案例

佳洁公司入库商品堆码业务

佳洁公司有 240 箱光能苏打水无汽饮料需要入库，包装箱的尺寸为 315mm×210mm×180mm，堆码层数极限为 6 层，仓库使用规格为 1 200mm×1 000mm 的托盘，货架层高为 1 350mm，横梁高 120mm，托盘厚度（高）为 160mm，叉车上架作业空间的高度≥90mm。仓库的工作人员陈刚收到的入库通知单如表 1-11 所示。

表 1-11 入库通知单

入库单编号：JEGS　　　　　　　　　　　　　　　　　　　　　　收货时间：2021 年 3 月 20 日

序号	商品名称	包装规格（长×宽×高）/mm	入库数量/箱	单价/（元·箱$^{-1}$）	重量/kg
1	光能苏打水无汽饮料	315×210×180	240	120	20

陈刚在收到入库通知后，安排相关工作人员做好入库接货准备，与送货司机一起核对了送货清单和入库通知单，清点了商品数量并进行了外观质量检验。商品外观正常，无破损、无质量问题，可正常入库。

根据仓库相关规格、商品规格和堆码的要求，工作人员可采用重叠式堆码方式对该批商品进行堆码。每层堆放 16 箱，放置 5 层。因为共有 240 箱商品，所以工作人员需要准备 3 个托盘来完成堆码工作。光能苏打水无汽饮料的堆码组托图如图 1-12 所示。

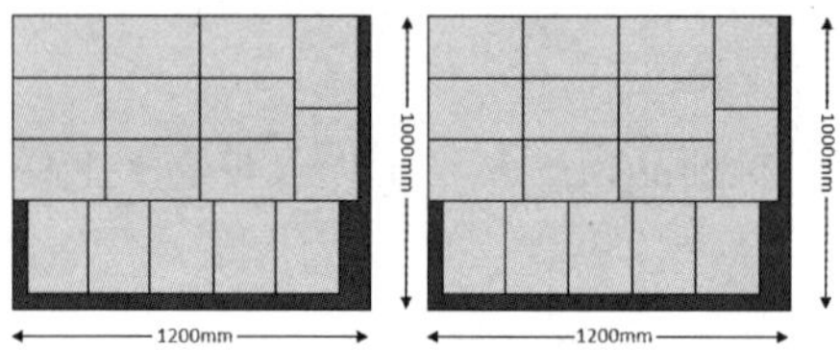

图 1-12 光能苏打水无汽饮料堆码组托图

工作人员填写入库理货单，如表 1-12 所示。

表 1-12 入库理货单

送货单位：			入库日期：			
序号	商品名称	包装规格（长×宽×高）/mm	单价/（元·箱$^{-1}$）	数量/箱	检验结果	实收数量/箱
1	光能苏打水无汽饮料	315×210×180	120	240	完好	240

工作人员完成 RF 手持终端操作入库理货界面操作。

同步实训

能力拓展

扫一扫，看同步实训　扫一扫，看能力拓展

任务三 货位管理

学习目标

✧ 能熟练地进行货位编号。

✧ 能选择合适的储存策略。

✧　能运用货位分配原则，合理地为不同种类的物品分配货位。

学习任务

扫一扫，看学习任务

任务分析

要完成此项任务，我们需要完成以下两项工作。

（1）货位编号。要完成货位编号，我们需要掌握货位编号的规则或方法。

（2）货位分配。要完成货位分配，我们需要先确定储存策略，而在具体分配货位时，还需要遵循一定的原则。

货位管理的流程和知识点如图 1-13 所示。

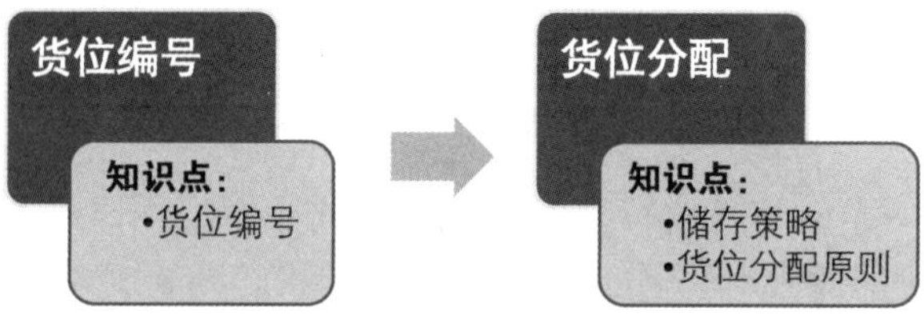

图 1-13　货位管理的流程和知识点

任务引导

货位是仓库中存放物品的具体位置。货位管理是指在物品进入仓库之后，对物品如何处理、如何放置、放置在何处等进行合理、有效的规划和管理。物品如何处理、如何放置，主要由储存策略决定；物品的具体存放位置，则需要工作人员根据货位分配原则来决定。

一、储存策略

常见的储存策略有定位储存、随机储存、分类储存、分类随机储存、共同储存 5 种。每种储存策略都有各自的优缺点和适用范围。

（一）定位储存

每一类物品都有固定的货位，各类物品不能互用货位。因此，每一类物品的货位容量都不得小于其可能的最大在库量。

1. 定位储存的优点

（1）每一类物品都有固定的货位，以便于拣货员熟悉物品的货位。

（2）物品的货位可按周转率（或出货频率）高低来安排，能缩短出入库搬运距离。

（3）可根据物品特性安排调整货位，将不同特性物品之间的相互影响减至最小。

2. 定位储存的缺点

货位必须按各类物品可能的最大在库量设计，因此存储区的空间利用率较低。

3. 定位储存的适用范围

总体来讲，定位储存的总搬运时间较少，容易管理，但需要占用较多的储存空间。因此，定位储存的适用范围为空间大的厂房、多种少量的物品。

（二）随机储存

每一类物品被指派的货位都是随机产生的，任何物品都可以被存放在任何可利用的位置上。在随机储存策略下，工作人员一般按习惯确定货位，且通常按物品入库先后顺序将物品存放于靠近出入口的货位。

1. 随机储存的优点

（1）货位可共用，因此存储区的空间利用率较高。

（2）只需按所有库存物品的最大在库量来设计货位。

2. 随机储存的缺点

（1）如果将具有相互影响特性的物品相邻存放，就可能使物品受到损害或发生危险。

（2）周转率高的物品可能被存放于离出入口较远的货位，增加了出入库搬运距离。

（3）物品的出入库管理及盘点工作难度较大。

3. 随机储存的适用范围

随机存储的适用范围：空间有限的厂房；种类少或体积较大的物品。

（三）分类储存

所有物品都被按一定的特性进行分类，每一类物品都有固定的货位；同属一类的不同物品又被按一定的规则指派货位。通常，工作人员按物品的相关性、流动性、尺寸、重量、特性等来对物品进行分类。

1. 分类储存的优点

（1）便于存取周转率高的物品，具有定位储存的各项优点。

（2）可根据物品的特性选择货位，有利于物品的储存管理。

2. 分类储存的缺点

虽然分类存储比定位储存有弹性，但仍有缺点，最大的缺点在于存储区的空间利用率低，这是由于货位必须按各类物品的最大在库量设计所致的。

3. 分类储存的适用范围

分类存储的适用范围：相关性大，经常被同时订购的物品；尺寸相差大的物品；周转率差别大的物品。

（四）分类随机储存

每一类物品都有固定的存储区，但在每类存储区内，各个货位的指派是随机的。

1. 分类随机储存的优点

分类随机存储既具有分类储存的部分优点，又可提高存储区的空间利用率，节省货位。

2. 分类随机储存的缺点

物品出入库管理与盘点工作难度较大。

3. 分类随机储存的适用范围

由于分类随机储存兼具分类储存与随机储存的特点，需要的存储空间介于二者之间，因此分类随机储存适用于仓库面积相对不足，物品的品种又多的情况。

（五）共同储存

不同的物品可以共用相同的货位。

1. 共同储存的优点

共同储存有助于减少货位空间，缩短搬运时间，有一定的经济性。

2. 共同储存的缺点

由于不同的物品共用相同的货位因此，因此物品的出入库管理及盘点工作难度较大。

3. 共同储存的适用范围

当确切知道各类物品进出仓库的时间时，工作人员可以采用共同储存策略。

二、货位编号

货位编号是储存管理的前提。所谓货位编号，是指按照一定的排列规则，采用统一标记的方式对货位编排相应的号码，并做出明显标志。

货位编号的要求：按照统一的规则进行编号，每个货位编号都必须代表特定的货位；货位编号所用的代号和连接符号必须一致；每种代号的先后顺序都必须固定，可以是字母，也可以是数字。

（一）库房内的货位编号

工作人员综合考虑库房内的业务量及作业通道分布情况，将仓库划分为若干货区、货位，并对每个货区、货位都按顺序以各种简明的符号、数字进行编号，将号码标于明显处，如图 1-14 所示。此方法适用于库内货位简单、就地堆码的货位。

图 1-14　库房内的货位编号

（二）货架上的货位编号

货位编号的方法有地址法、区段法、品类群法，常用的方法是地址法中的四号定位法。我国国家标准 GB/T 18354—2006《物流术语》将四号定位法描述为“用库房号、货架号、货架层次号和货格号表明货物储存的位置，以便查找和作业的物品定位方法”。这种货位编号方法，从左至右依次是库号、货架号、层号、位号。如图 1-15 所示，货位编号 A-04-02-03 表示 A 号仓库 4 号货架第 2 层第 3 号货位。货架上的单元格号码可先由上至下列出层号，也可由下至上列出层号，再从左至右标明位号。

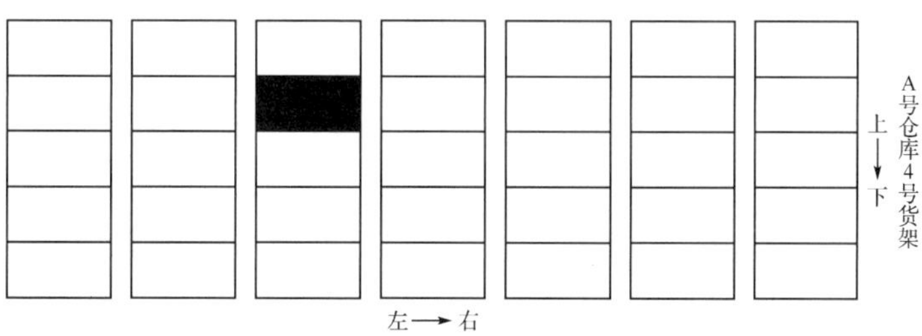

图 1-15　四号定位

（三）货场的货位编号

货场亦称露天仓库，是指用于存放物品的场地。常见的编号方法有两种：一种是先按照货位的排列编成排号，再在排号内顺序编号；另一种是不分排号，直接按货位顺序编号。

三、货位分配原则

物品在仓库中具体的存放位置，要结合相关的货位分配原则来确定。

（一）符合出入库频率和储存期的要求

持续入库或持续出库的物品，应存放在靠近出入口的货位，以方便出入；流动性差的物品，可以离出入口较远；同理，储存期短的物品应存放在出入口附近的货位。

（二）考虑物品的尺寸、数量、特性、保管要求

货位的尺寸要与物品的尺寸匹配，特别是大件、长件物品要能存入所选货位；货位的容量要与物品的数量接近；工作人员在选择货位时，要考虑相近物品的特性，防止相近物品互相影响；需要经常检查的物品，应存放在方便检查的货位；货位的通风、光照、温度、排水等条件要满足物品的保管要求。

（三）小票集中、大不围小、重近轻远

多种小批量物品，应合用一个货位或者集中在一个货位区，避免夹存在大批量物品的货位中，以便查找。重货应离装卸作业区最近，以减少搬运作业量或者可以直接用装卸设备进行堆垛作业。重货应放在货架下层，需要人力搬运的重货，应存放在高度与工作人员腰部高度相近的货位。

（四）先进先出、缓不围急

先进先出是仓储保管的一项重要原则，能避免物品超期变质。工作人员在安排货位时要避免后进物品围堵先进物品、储存期长的物品围堵储存期短的物品。

（五）方便作业

所指定的货位应能够保证搬运、堆垛、上架等作业的方便性，有足够的机动作业场地，方便使用机械进行直达作业。

任务实施

1. 货位编号

（1）确定编号方法。根据任务描述，我们可以选择仓库常用的四号定位法进行货位编号。红星配送中心的货位编号规则如表 1-13 所示。

表 1-13　红星配送中心的货位编号规则

名称	代码	位置（左起）	位数
库号	D	第 1 位	1
货架号	01-20	第 2、第 3 位	2
层号	01-03	第 4、第 5 位	2
位号	01-10	第 6、第 7 位	2

（2）对货位进行编号。

①确定库号。根据任务描述，我们可选择字母 D 作为库号。

②确定货架号。我们可从仓库入口处按一定的顺序编制货架号，如图 1-16 所示。

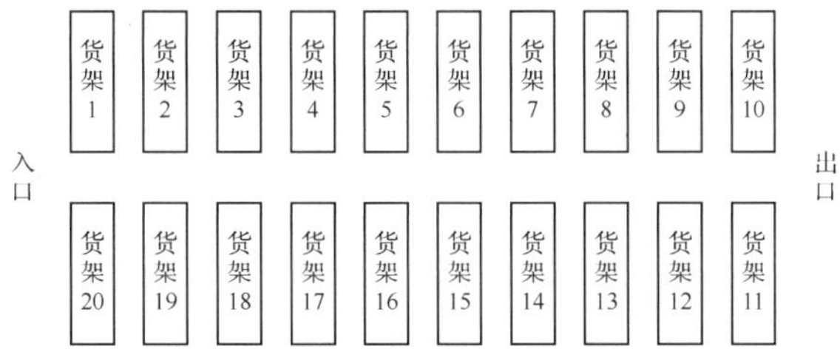

图 1-16 红星配送中心的货架号示意图

③确定层号与位号。我们先从上层到下层列出层号，再从左至右编制位号。例如，我们可以用 D-01-02-03 来表示 D 号仓库 1 号货架第 2 层第 3 号货位。

（3）注意事项。

①编号的唯一性。要保证每个编号对象都仅有一个唯一的编号。

②编号的层次性。无论选择哪种编号方式，编号的层次都一定要清楚。

③编号的简明性。尽可能使编号的长度短一些。

2. 货位分配

（1）确定储存策略。

根据客户提供的信息，所需的货位数为 480 个，而红星配送中心提供的货位数为 600 个，即提供的货位数大于所需的货位数，因此我们可以不必考虑随机储存策略。由于储存的物品主要为方便面、饮品、饼干，因此我们可以考虑分类储存策略或分类随机储存策略。

（2）分配货位。

为了方便管理，我们可以将物品按方便面、饮品、饼干分区分类储存。在分配货位时，我们需要遵循货位分配原则，如符合出入库频率和储存期的要求、重近轻远等。因饮品较重，所以我们可以将其存放于入口或出口附近。另外，在同一区域内，我们应将出入库频率高的物品存放在方便作业的地方。

（3）注意事项。

根据具体的任务，结合所学知识灵活地进行货位分配。

任务评价

任务评价表如表 1-14 所示。

表 1-14 任务评价表

序号	评价项目	评价标准	分值	得分
1	货位编号	货位编号规范、正确	30	
2	货位分配	货位分配合理地体现了储存策略；遵循了货位分配原则	50	
3	团队合作	分工合理、有效组织、有效协作	20	
合计			100	

同步案例

某光电科技有限公司的仓储管理

某光电科技有限公司位于广东惠州金源工业区，成立于1998年，是一家专业照明器与电气装置产品制造商，是行业的龙头公司。为了适应新形势下的战略发展需要，该公司在全国各地成立了35个运营中心，完善了公司的供应链系统、物流仓储与配送系统及客户服务系统。

该公司仓库货位管理的储存策略是定位储存。从理论上讲，定位储存是指每一类物品都有固定的货位，物品不能互用货位，因此在规划货位时，每一类物品的货位容量都不得小于其可能的最大在库量。但在实际操作中，定位储存一般会根据具体情况进行适当的调整。在该公司仓库的货位管理中，该公司把理论与实际相结合，实行定位、定点、定量管理的方法，因此该公司仓库的货位容量不是全部按照最大在库量进行设定的。这是因为该公司的产品属于季节性差异较大的产品，如果按照最大在库量设定货位，就会使仓库的空间利用率下降，从而出现浪费资源的情况。从该公司仓库的管理现状看，全部使用定位储存策略是不太合理的，而应按照产品的特点与储存要求，将产品进行分类，对于重要的产品、数量少品种多的产品使用定位储存策略。由于该公司的产品特性几乎都一样，它们的特性是不会相互排斥的，因此从产品特性上看，它们可以被随机放在一起。

另外，该公司在仓储管理的货位分配上也有一些原则：①先进先出原则，该原则一般适用于生命周期短的物品；②面对通道原则，即将物品的标志、名称面对通道摆放，以便让作业人员能快速辨识物品，从而使物品的存、取能够容易且有效率地进行；③重量特性原则，即重物存放在地面上或货架的下层位置，轻物存放在货架的上层位置。

（资料来源：微信公众号“供应链金融”，经本书编者整理）

问题：

（1）在上述案例中，这家光电科技有限公司采用的是哪种储存策略？请分析该储存策略的优势与不足。

（2）这家光电科技有限公司的货位分配原则有哪些？

同步实训

能力拓展

扫一扫，看同步实训 扫一扫，看能力拓展

任务四　物动量分析

学习目标

能运用ABC分类法对库存物品进行分类。

学习任务

红星配送中心的库存物品品众多，请根据以下 6 周的出库作业周报，将库存物品进行 ABC 分类。

扫一扫，看学习任务

任务分析

要完成上述任务，我们需要完成以下几项工作。

（1）收集数据。

（2）处理数据。

（3）根据分类标准进行分类。

（4）实施分类管理。

首先，我们需要掌握 ABC 分类标准，利用 Excel 中的各类公式计算出库总量；其次，根据分类标准进行分类；最后，根据分类结果进行分别管理。物动量分析的流程和知识点如图 1-17 所示。

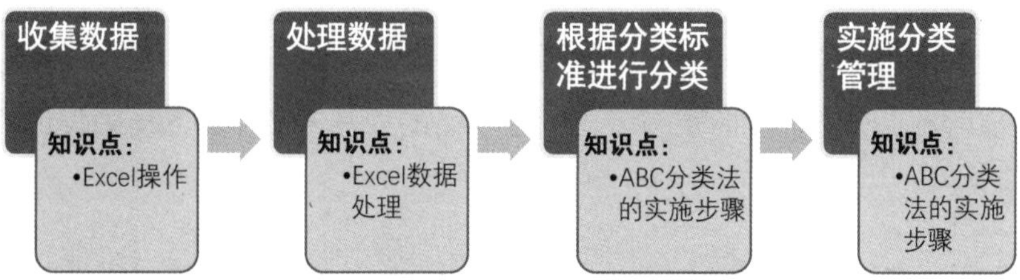

图 1-17　物动量分析的流程和知识点

任务引导

ABC 分类法是由意大利经济学家维尔弗雷多·帕累托首创的，也叫主次因素分析法，是社会、经济工作中的一种基本工作和认识方法。它是根据事物在技术或经济方面的主要特征，对事物进行分类、排队，分清重点和一般，从而有区别地确定管理方式的一种分析方法。由于它把被分析的对象分成 A、B、C 三类，所以又称 ABC 分析法。

一、ABC 分类标准

ABC 分类法是储存管理中常用的分析方法。该方法在运用于控制库存时，将库存物品按品目所占百分比和资金所占百分比分为特别重要的（A 类）、一般重要的（B 类）、不重要的（C 类）3 个等级（见表 1-15），并对不同等级的库存物品分别进行管理和控制。

表 1-15　ABC 分类标准

类别	品目所占百分比/%	资金所占百分比/%
A	5～10	60～70
B	15～20	20～25
C	70～80	5～10

注：在划分等级时，可对 ABC 分类标准中的参考数据做适当调整。

二、ABC 分类法的实施步骤

（1）收集数据。

收集物品的名称、数量、单价或金额等数据，并按库存金额降序排列。

（2）处理数据。

计算物品的品目百分比、品目累计百分比、库存金额百分比、库存金额累计百分比。

（3）根据分类标准进行分类。

根据品目累计百分比、库存金额累计百分比，参考 ABC 分类标准，对库存物品进行分类。

在实际应用中，ABC 分类标准中的资金，可以根据需要换成其他合适的指标，如根据物品出库量的大小对物品进行 ABC 分类，此时更多考虑的是物品的周转率而非物品所占用的资金。

（4）实施分类管理。

根据 A、B、C 分类，确定分类管理的方式，并组织实施物品的分类管理。

任务实施

在本次任务中，对物品进行分类仍然采用 ABC 分类法，只是分类标准变成品目所占百分比和周转量所占百分比，此时更多考虑的是物品的周转率而非物品所占用的资金。

1. 实施步骤

（1）收集数据。

收集“学习任务”中给出的 6 周的出库作业周报中的数据，并整理到 Excel 中，计算出每一类物品的周转量。

（2）处理数据。

用 Excel 进行数据处理，按照出库量（周转量）由大到小排序，用求和公式计算出库量（周转量）总和，计算物品的品目百分比、品目累计百分比、周转量百分比、周转量累计百分比。

（3）根据分类标准进行分类。

根据品目累计百分比、周转量累计百分比，参考 A 类、B 类、C 类物品的分类标准（见表 1-16），对物品进行分类，分类结果如表 1-17 所示。

表 1-16　分类标准

品目累计百分比/%	0<A≤15	15<B≤45	45<C≤100
周转量累计百分比/%	0<A≤65	65<B≤90	90<C≤100

表 1-17　ABC 分类结果

序号	物品名称	出库量/箱	所占百分比/%		累计百分比/%		分类
			品目	周转量	品目	周转量	
1	天地粮人有机红花生	5 750	3.33	28.75	3.33	28.75	A
2	亨氏铁锌钙营养米粉	3 100	3.33	15.50	6.67	44.25	

续表

序号	物品名称	出库量/箱	所占百分比/%		累计百分比/%		分类
			品目	周转量	品目	周转量	
3	如意年糕	2 210	3.33	11.05	10.00	55.30	A
4	花王纸尿裤	1 470	3.33	7.35	13.33	62.65	
5	奥利奥饼干	1 000	3.33	5.00	16.67	67.65	B
6	味品堂黄桃罐头	980	3.33	4.90	20.00	72.55	
7	三只松鼠甘栗仁板栗	890	3.33	4.45	23.33	77.00	
8	贝亲奶嘴	680	3.33	3.40	26.67	80.40	
9	恰恰香瓜子原味	500	3.33	2.50	30.00	82.90	
10	清风湿巾	430	3.33	2.15	33.33	85.05	
11	神丹健康松花蛋	400	3.33	2.00	36.67	87.05	
12	庄民白杏仁	320	3.33	1.60	40.00	88.65	
13	蓝山咖啡	270	3.33	1.35	43.33	90.00	
14	蒙牛奶粉	260	3.33	1.30	46.67	91.30	C
15	品利葡萄籽油	240	3.33	1.20	50.00	92.50	
16	古龙茄汁沙丁鱼罐头	200	3.33	1.00	53.33	93.50	
17	五芳斋杂粮营养粥	190	3.33	0.95	56.67	94.45	
18	华冠芝士微波炉爆米花	130	3.33	0.65	60.00	95.10	
19	好利来西点蛋糕	120	3.33	0.60	63.33	95.70	
20	海德福章鱼小丸子	110	3.33	0.55	66.67	96.25	
21	欢乐家水果罐头	100	3.33	0.50	70.00	96.75	
22	丘比特沙拉酱	100	3.33	0.50	73.33	97.25	
23	锐澳果酒	90	3.33	0.45	76.67	97.70	
24	爱他美奶粉	90	3.33	0.45	80.00	98.15	
25	康师傅方便面	90	3.33	0.45	83.33	98.60	
26	王致和玫瑰腐乳	90	3.33	0.45	86.67	99.05	
27	桥头火锅底料	70	3.33	0.35	90.00	99.40	
28	东鹏瓷砖	70	3.33	0.35	93.33	99.75	
29	汤臣倍健蛋白粉	30	3.33	0.15	96.67	99.90	
30	上好佳青柠薯片	20	3.33	0.10	100.00	100.00	

注：表中的数据均为四舍五入后的数据，保留两位小数。

（4）实施分类管理。

A 类物品的品目少、周转量大，属于畅销品，需要重点管理，每天盘点，不能缺货，出入库频率高，采用固定货位，放在靠近仓库出入口的位置，如货架底层；B 类物品需要次重点管理，每周进行盘点和检查；C 类物品的品目很多，但周转量小，可远离出入口位置，随机存储。

2. 注意事项

（1）分类标准中的品目累计不是数量累计，两个概念不要混淆。

（2）在企业中，A类、B类、C类物品不是固定的，企业需定期根据最新数据重新计算和分类。

任务评价

任务评价表如表1-18所示。

表1-18 任务评价表

序号	评价项目	评价标准	分值	得分
1	处理数据	计算准确、分类合理	30	
2	进行分类	分类标准正确	30	
3	绘制图表	正确展示品目累计百分比、周转量累计百分比	20	
4	分类管理	管理策略正确	20	
合计			100	

同步案例

ABC分类法与CVA分类法对比分析

在库存管理工作中，有些企业发现ABC分类法并不令人满意，因为C类物品往往得不到应有的重视。例如，把鞋带列为C类物品，但是如果鞋带短缺，就会严重影响鞋的销售。一家汽车制造厂商把螺丝钉列为C类物品，但缺少一个螺丝钉往往会导致整个生产链的停工。因此，人们开始思考用新的库存分析方法来解决上述问题，CVA（Critical Value Analysis，关键因素分析）分类法由此诞生。

一、CVA分类法

CVA分类法的基本思想：将库存物品按照关键性分成3～5类，对不同类型的库存物品采取不同的管理方式。

最高优先级物品：企业经营活动中的关键性物品，或A类重点客户需要的物品。这类物品在库存管理中不允许缺货。

较高优先级物品：企业经营活动中的基础性物品，或B类客户需要的物品。这类物品在库存管理中允许偶尔缺货。

中等优先级物品：企业经营活动中比较重要的物品，或C类客户需要的物品。这类物品在库存管理中允许在企业确定的服务水平范围之内缺货。

较低优先级物品：企业经营活动中需要，但可替代性高的物品。这类物品在库存管理中允许缺货。

二、ABC分类法与CVA分类法的结合使用

CVA分类法与ABC分类法相比有更强的目的性，在使用中，人们往往倾向于为库存物品制定高的优先级，以显示物品的重要性。不过，高优先级的库存物品太多，就会导致哪类库存物品都没有得到应有的重视，甚至使库存管理缺乏主次。因此，CVA分类管理法的使用必须建立在企业对客户进行详细分类管理的基础上。在实际应用中，将 CVA 分类法与 ABC 分类法结合使用，可以达到分清主次、抓住关键环节的目的。

（资料来源：仓库社区）

同步实训

能力拓展

扫一扫，看同步实训　扫一扫，看能力拓展

任务五　上架作业

学习目标

- ✧ 能准确识别上架货位，正确确认待上架物品。
- ✧ 能使用装卸搬运设备完成物品的搬运。
- ✧ 能合理利用装卸搬运合理化的原则。

学习任务

红星配送中心收到某大型连锁超市的入库单编号为 R20200912 的物品，已经完成收货及堆码作业。为了能更快地完成这批物品的入库储存作业，仓库上架组组长根据红星配送中心的仓库管理系统中的上架任务的指示，安排上架员将蒙牛奶粉上架到指定货位上，货位分配图如图 1-18 所示。请问：上架员应该如何完成这次上架任务？

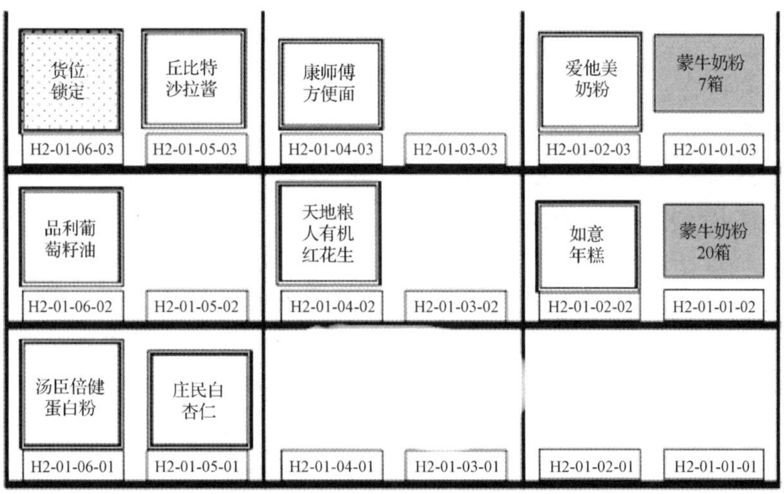

图 1-18　货位分配图

任务分析

要完成本次上架任务，上架员需要做以下几项工作。

（1）领取上架任务，搬运物品至存储区。

（2）找到目标货位，确定上架位置。

（3）进行物品上架和系统上架。

上架员要在仓库信息管理系统中领取上架任务，确认上架货位，使用叉车等装卸搬运设备将上架物品搬运并上架到指定货位，同时在仓库信息管理系统中完成上架操作。上架作业的流程和知识点如图 1-19 所示。

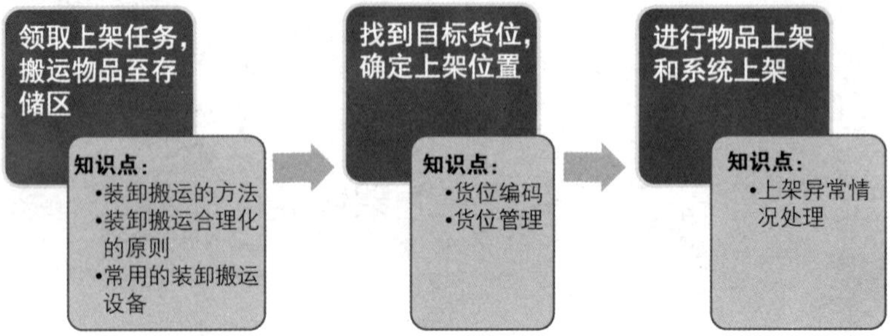

图 1-19　上架作业的流程和知识点

任务引导

在完成理货堆码及入库交接手续后，上架员需要通过装卸搬运工具将物品上架至对应货位。

一、上架作业的流程

（一）领取上架任务，搬运物品至存储区

上架员到待上架区领取上架任务，用 RF 手持终端扫描待上架托盘的条码，利用装卸搬运工具将物品搬运至存储区。

（二）找到目标货位，确定上架位置

上架员找到物品上架的货位，用 RF 手持终端扫描物品的条码，检查物品有无破损，数量、型号、颜色是否匹配。

（三）进行物品上架和系统上架

上架员根据 RF 手持终端的提示，将物品或托盘放在指定的货位。在再次确认无误后，上架员用 RF 手持终端扫描该货位的货位条码，就完成了上架任务。

在上架过程中，上架员要对出现的异常情况做出如下处理。

（1）多货：实际物品数量多于验收数量，通过电话、邮件或系统联系送货部门，确认处理方式（补单、退货）。

（2）少货：实际物品数量少于验收数量，若确认为验收时系统多入，则修改验收数量，按实际数量上架。

（3）错货/混货：实际物品与验收物品不一致，按实际物品上架。

二、装卸搬运的方法

装卸搬运是指在同一地域范围内进行的，以改变物品的存放状态和空间位置为主要内

容和目的的活动。装卸主要是指在垂直方向上改变物品的存放状态和空间位置，搬运主要是指在水平方向上改变物品的存放状态和空间位置。装卸搬运是连接各物流环节的桥梁。

（一）单件作业

单件作业是指将物品逐个进行装卸搬运操作的作业方法，主要采用人工方法，并依作业环境和条件适当辅以机械化和半机械化的作业方法。该方法的适用范围：贵重、易碎物品；体积过大、形状特殊，不宜集装或难以进行包装的物品；没有或难以设置装卸搬运机械的场所。

（二）集装作业

集装作业是指先把许多单件物品集中起来作为一个运送单位（集装单位），再进行装卸搬运的方法。集装作业有以下几种。

（1）托盘作业法：将多个单件物品集中在托盘上进行装卸搬运。

（2）集装箱作业法：把一定数量的单件物品集装在一个特定的箱子内进行装卸搬运。

（三）散装作业

散装作业是对大批量粉状、颗粒状的物品（如煤炭、矿石、建材、水泥、原盐、粮食等）进行无包装散装、散卸的装卸方法。

三、装卸搬运合理化的原则

装卸搬运合理化是指以尽可能少的人力和物力消耗，高质量、高效率地完成装卸搬运任务。

（一）利用重力原则

在对物品进行装卸搬运时，工作人员应尽可能利用物品本身的重量和落差原理，设法利用重力移动物品。例如，利用地形差进行装货，采用重力式货架堆货等，能往下则不往上，能直行则不拐弯，能用机械则不用人力，能水平移动则不要上坡，能连续则不间断，能集装则不分散。

（二）搬运活性原则

在物品流动过程中，物品时时处于运动状态中，物品放置的状态要有利于下次搬运，这种状态称为搬运活性。物品的搬运活性用搬运活性指数表示。

若很容易转变为下一步的装卸搬运，而不需过多做装卸搬运前的准备工作，则搬运活性指数高；若难于转变为下一步的装卸搬运，则搬运活性指数低。

为了对搬运活性有所区别，使每一步的装卸搬运都能按一定的搬运活性要求进行操作，业界对不同放置状态的物品的搬运活性做了规定，即搬运活性指数。搬运活性指数分为 0～4 共 5 个等级：散堆于地面上为 0 级；装入箱内为 1 级；装在托盘或垫板上为 2 级；装在车台上为 3 级；装在输送带上为 4 级。搬运活性指数越高，物品越容易进入装卸搬运状态。

物品的搬运活性能反映物流的合理化程度。从物流合理化的角度看，我们应尽可能使物品处于搬运活性指数高的状态。

（三）合理利用机械原则

对于劳动强度大、工作条件差、搬运装卸频繁、动作重复的环节，我们应尽可能采用有效的机械化作业方式。例如，采用自动化立体仓库可以将人力作业降低到最低程度，而使机械化、自动化水平得到很大提高。

（四）消除无效搬运原则

无效搬运具体表现为装卸次数过多、装卸过大的包装及装卸无效物质。因此，我们要遵循搬运最少原则，尽量减少装卸搬运的次数；避免过度包装，尽可能减少附加工器具的自重和包装物的重量；提高搬运的纯度，避免装卸无效物质。

（五）集装单元化原则

为了提高装卸搬运和堆存效率，提高机械化、自动化程度和管理水平，我们应根据设备能力，尽可能扩大物品的物流单元，如采用托盘、货箱等。目前，广泛使用的集装箱就是一种标准化的大单元装载物品的容器。

（六）各环节均衡、协调原则

装卸搬运作业是由多个环节有机组成的。只有各环节均衡、协调，才能使整条作业线产生预期的效果。我们应使装卸搬运作业的各环节协调一致，能力相互适应。因为个别薄弱环节的生产能力决定了整个装卸搬运作业的综合能力，所以我们要针对薄弱环节，采取措施，提高其生产能力，使装卸搬运系统的综合效率最高。

（七）系统效率最大化原则

在物品的流通过程中，我们应力求提高包装、装卸、运输、保管等各物流要素的效率。由于各物流要素间存在着效益背反的关系，如果分别独自进行，那么物流系统的总体效率不一定能够提高，因此我们要以物流全局的观点来研究问题。

四、常用的装卸搬运设备

仓库和配送中心有大量的装卸搬运作业需要用到装卸搬运设备。装卸搬运设备是指用来搬移、升降、装卸和短距离输送物品的机械。它是仓库和配送中心使用频率最高、使用数量最多的一类机械设备，可以完成物品的堆码、拆垛、运输及起重输送和搬运。

装卸搬运设备按用途可分为专用装卸搬运设备、搬运车辆、输送机、起重机。

（一）专用装卸搬运设备

叉车又称铲车、叉式取货机，是专用装卸搬运设备。它以货叉作为主要的取货装置，依靠液压起升机构升降物品，由轮胎式行驶运动实现物品的水平搬运。叉车除了使用货叉，还可以更换各类取物装置，以适应多类物品的装卸、搬运和堆垛作业。叉车有平衡重力式叉车、前移式叉车、插腿式叉车等，如图 1-20 所示。按动力划分，叉车有内燃叉车和电动叉车。

平衡重力式叉车　　前移式叉车　　插腿式叉车

图 1-20　叉车

在实际中，我们可以根据不同需要选用不同的叉车，仓库最常用的是平衡重力式叉车。

（二）搬运车辆

1. 托盘搬运车

托盘搬运车是仓库中最简便、最常见的搬运车辆，只具有搬运功能，不具有装卸功能。托盘搬运车有手动液压托盘搬运车和电动托盘搬运车两种，如图 1-21 所示。手动液压托盘搬运车俗称地牛，是传统仓库的工作人员在搬运物品时必不可少的搬运设备。工作人员在使用手动液压托盘搬运车时，将其货叉插入托盘孔内，用人力驱动液压系统来实现托盘物品的起升和下降，并用人力拉动完成搬运作业。电动托盘搬运车用电驱动，用电拉动托盘移动，不用人力搬运。

手动液压托盘搬运车　　电动托盘搬运车

图 1-21　托盘搬运车

2. AGV

AGV（Automated Guided Vehicle，自动导引运输车）是装备有电磁或光学等自动导引装置，能够沿规定的导引路线行驶，以电为动力，无人驾驶的自动化搬运车辆，如图 1-22 所示。工作人员一般可通过计算机来控制 AGV 的行进路线及行为，或利用电磁轨道来设定 AGV 的行进路线。电磁轨道被粘在地板上，AGV 根据电磁轨道带来的信息做出动作。

图 1-22　AGV

在现代化程度高的配送中心，自动化立体仓库和无人仓大量使用 AGV，利用机械设备来完成搬运作业，可降低人力搬运的劳动强度，提高装卸搬运效率。

3. 手推车

工作人员在近距离搬运轻型物品时可以使用手推车。手推车如图 1-23 所示。

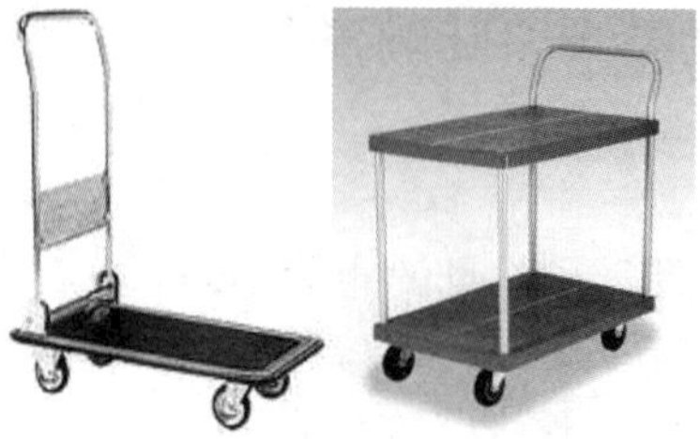

图 1-23　手推车

（三）输送机

输送机也大量运用于自动化立体仓库和无人仓。利用输送机完成物品的搬运作业，可以大大提高搬运效率。常用的输送机有辊道式输送机、皮带输送机、链式输送机、悬挂输送机等，如图 1-24 所示。几乎所有类型的物品都可以用输送机输送，如散料、小件物品（电子元器件、机械零件、罐装、瓶装等）、大件物品、各种箱装物品、托盘物品等。输送机可组成出入库流水线和自动分拣线。

辊道式输送机

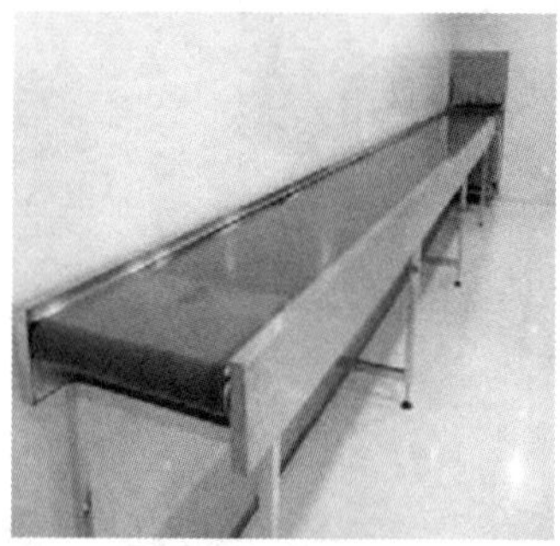

皮带输送机

链式输送机

悬挂输送机

图 1-24　输送机

（四）起重机

起重机用来垂直升降物品或兼作水平移动物品。起重机的主要功能是装卸，其搬运功能较差，主要应用于港口、车站、仓库、物流中心等场所，如自动化立体仓库中的巷道式堆垛起重机。

自动化立体仓库如图 1-25 所示。自动化立体仓库是由高位立体货架、巷道式堆垛起重机（堆垛机）、连续输送系统、条码扫描识别系统、自动控制系统、计算机管理系统及其他周边设备组成的物品自动存取系统。巷道式堆垛起重机是自动存取物品的设备。在入库时，输送系统负责将物品输送到巷道式堆垛起重机，巷道式堆垛起重机按指令将物品放到高层货架上；在出库时，巷道式堆垛起重机将出库物品从货架上取出，输送系统将物品移走。

图 1-25 自动化立体仓库

任务实施

1. 领取上架任务，搬运物品至存储区

上架员启动 RF 手持终端，进入上架系统，扫描托盘上的条码或容器上的条码，从 RF 手持终端上领取上架任务。上架员使用手动液压托盘搬运车将物品搬运至存储区。

2. 找到目标货位，确定上架位置

上架员使用 RF 手持终端扫描物品的条码，确认物品上架货位。货位 H2-01-01-02 上架蒙牛奶粉 20 箱，货位 H2-01-01-03 上架蒙牛奶粉 7 箱。在进行物品上架前，上架员对物品的数量、外包装及是否粘贴条码逐一进行检查和确认。

3. 进行物品上架和系统上架

上架员按照下重上轻原则、操作便捷原则、和易混物品分开存放原则对物品进行合理摆放。上架员在 RF 手持终端上进行系统操作，按照物品实际数量输入上架数量，扫描 H2-01-01-02、H2-01-01-03 货位条码，完成系统上架操作。

任务评价

任务评价表如表 1-19 所示。

表 1-19 任务评价表

序号	评价项目	评价标准	分值	得分
1	领取上架任务，搬运物品至存储区	正确使用 RF 手持终端，领取上架任务	10	
		正确使用手动液压托盘搬运车、叉车等设备	10	
		确认物品的外观、数量等，将物品正确地码放在指定货位上	10	

续表

序号	评价项目	评价标准	分值	得分
2	找到目标货位，确定上架位置	正确使用 RF 手持终端扫描物品的条码，确定物品上架位置	20	
		对物品的数量、外包装及是否粘贴条码逐一进行检查和确认	10	
3	进行物品上架和系统上架	上架操作符合物品合理摆放原则	20	
		正确使用 RF 手持终端完成系统上架操作	20	
合计			100	

同步案例

联华便利物流中心的装卸搬运合理化

联华公司共有 4 个配送中心，分别是两个常温配送中心、一个便利物流中心、一个生鲜加工配送中心，总面积超过 70 000m^2。

联华便利物流中心的总面积为 8 000m^2，由 4 层楼组成。为了实现物品的装卸搬运合理化，联华便利物流中心配置的主要装卸搬运设备为电动叉车、手动液压托盘搬运车、垂直升降机、辊道式输送机、笼车、数字拣选设备。其装卸搬运的操作过程如下：工作人员将物品卸下后，装在托盘上，用电动叉车将物品运至手动液压托盘搬运车上，手动液压托盘搬运车上升，将物品送上入库输送带，当物品被传送至位置时，入库输送带自动搬运物品至入库区平台；当物品下平台时，电动叉车从输送带上取下托盘入库；当物品出库时，工作人员根据订单进行拣货、配货，将出库物品用笼车装载，由笼车和垂直升降机送至一层的出库区，装入相应的运输车中。

先进、实用的装卸搬运系统，为联华便利物流中心的发展提供了强大的支持，使联华便利物流中心的运作能力和效率大大提高。

问题：联华便利物流中心在装卸搬运业务中是如何实现装卸搬运合理化的？

同步实训

能力拓展

扫一扫，看同步实训　扫一扫，看能力拓展

任务六　入库作业计划编制

学习目标

- ✧ 明确入库作业计划的内容和编制步骤。
- ✧ 能完整地编制入库作业计划。

学习任务

红星配送中心与某大型连锁超市合作，负责该大型连锁超市各门店的仓储配送业务。该大型连锁超市的经营范围较广，包括食品、母婴用品、电器等。入库通知单如表 1-20 所示。

表 1-20　入库通知单

入库单编号：R20200912　　　　计划入库时间：到货当日

序号	商品名称	包装规格（长×宽×高）/mm	单价/（元·箱$^{-1}$）	重量/kg	入库数量/箱
1	花王纸尿裤	316×211×180	100	5	96
2	贝亲奶嘴	448×276×180	100	8	27
3	蒙牛奶粉	498×333×180	100	22	27
4	清风湿巾	398×272×180	100	10	40

供应商：万事通达商贸有限公司

红星配送中心用于该批商品的相关货位信息如下。

货架规格：重型货架（托盘货架），1 排 6 列 3 层，双货位，单货位承重≤500kg。

货位参考尺寸：第一层，1 210mm×900mm×1 150mm；第二层，1 210mm×900mm×1 175mm；第三层，1 210mm×900mm×1 150mm。

托盘信息：参考尺寸为 1 200mm×1 000mm×150mm。

红星配送中心的货位分配图如图 1-26 所示。

图 1-26　红星配送中心的货位分配图

请编制这批商品的入库作业计划：①制作入库验收单；②完成入库托盘组托；③绘制货位分配图。

任务分析

根据对入库作业计划的分析，我们需完成以下几项工作。

（1）制作入库验收单，做好入库验收准备。

（2）确定托盘组托方式，计算所需货位。

（3）安排货位，绘制货位分配图。

入库作业计划编制的流程和知识点如图 1-27 所示。

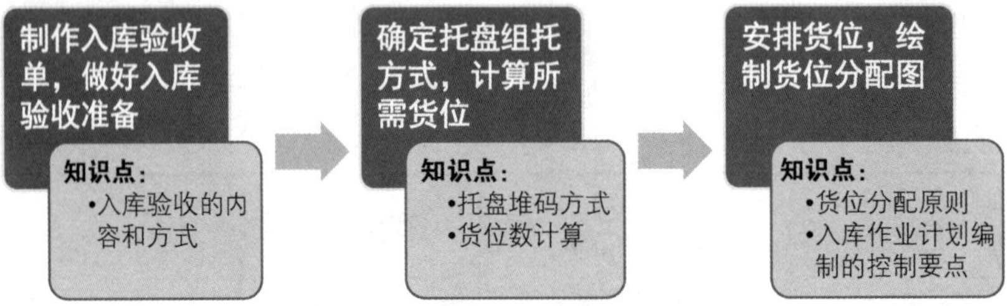

图 1-27　入库作业计划编制的流程和知识点

任务引导

入库作业计划是指仓库根据本部门和存货人等外部实际情况，权衡存货人的需求和仓库存储的可能性，通过科学的预测而提出的在未来一定时期内仓库要达到的目标和实现目标的方法。

一、入库作业计划的内容

入库作业计划是存货人发货和仓库进行入库准备工作的依据。入库作业计划主要包括到货时间、接运方式、包装单元与状态、存储时间，以及物品的名称、品种、规格、数量、单件体积与重量、物理特性、化学特性、生物特性等详细信息。仓库要对入库作业计划的内容进行分析，并根据物品的在库时间，物理、化学、生物特性，单件体积、重量，包装物等，合理安排货位。仓库在对入库作业计划做出测评与分析之后，即可进行入库准备工作。

二、入库作业计划编制的影响因素

1. 物品的属性

普通物品在普通仓库中存储，特种物品在特种仓库中存储。物品的属性同时影响作业设备的选择。

2. 客户的要求与存储规划

若客户无特殊要求，则仓库应按自己的存储规划分配资源；若客户有特殊要求，则仓库应满足客户的要求。

3. 存储区的存储条件

不同的仓库，如自动化立体仓库、平置库、“货到人”仓库等，有不同的存储条件。

4. 到货数量与到货时间

到货数量影响存储区的规划与资源准备，到货时间影响资源协调与班组安排。

5. 物品的物动量

物品的物动量决定着物品存放的货位。物品的物动量越大，代表物品的出库频率越高或出库量越大，因此工作人员在分配货位时，应为其优先分配便于进行出库作业的货位。

6. 托盘的规格

托盘的规格影响着物品成组化设计。

三、入库作业计划编制的控制要点

（一）物动量

在仓储过程中，进出库管理一般都是根据物品的进出库频率来加以区分的，而非根据物品占用的资金，所以进出库管理中的 ABC 分类一般都采用物动量 ABC 分类法。

物动量 ABC 分类法的基本原理：A 类物品的品目所占百分比为 5%～10%，而周转量所占百分比为 60%～70%；B 类物品的品目所占百分比为 15%～20%，而周转量所占百分比为 20%～25%；C 类物品的品目所占百分比为 70%～80%，而周转量所占百分比为 5%～10%。

A 类物品的周转率最高，应存储于最方便装卸的货位；B 类物品的周转率次之，工作人员应根据仓库的实际情况和货位分配原则科学、合理地摆放 B 类物品；C 类物品的周转率最低，一般存储于存储区深处或货架高处的货位。

（二）托盘组托图的设计

托盘堆码方式、最大码放量及可堆码层数的相关内容详见本项目的任务二。

（三）仓库货位使用计划

物动量 A、B、C 三类物品的存储控制：A 类物品的周转率最高，应存储于最方便装卸的货位，如存储区通道附近的货架或货架的底层；B 类物品的周转率次之，工作人员应根据仓库的实际情况和货位分配原则科学、合理地摆放 B 类物品；C 类物品的周转率最低，一般存储于存储区深处或货架高处的货位。

物动量 ABC 分类法不一定局限于把物品分成 A、B、C 三类，也可以根据物品的实际进出库情况，按照二八法则，将物品分成 A、B 两类。对于品种繁多的物品，我们也可以在物动量 ABC 分类的基础上对 A 类物品继续用物动量 ABC 分类法分为 AA、AB、AC 三类，并实施不同的管理策略。

任务实施

1. 制作入库验收单，做好入库验收准备

（1）制作入库验收单，如表 1-21 所示。

表 1-21 入库验收单

入库单编号：R20200912　　　　收货时间：

序号	商品名称	包装规格（长×宽×高）/mm	应入库数量/箱	实际收货数量/箱	备注
1	花王纸尿裤	316×211×180	96	96	

续表

序号	商品名称	包装规格（长×宽×高）/mm	应入库数量/箱	实际收货数量/箱	备注
2	贝亲奶嘴	448×276×180	27	27	
3	蒙牛奶粉	498×333×180	27	27	
4	清风湿巾	398×272×180	40	40	

供应商：万事通达商贸有限公司

（2）物品 ABC 分类。

由表 1-17 可知，花王纸尿裤为 A 类物品，贝亲奶嘴、清风湿巾为 B 类物品，蒙牛奶粉为 C 类物品。

2. 确定托盘组托方式，计算所需货位

根据“学习任务”中提供的商品和托盘尺寸，入库商品的组托及所需货位如下。

（1）花王纸尿裤：包装规格为 316mm×211mm×180mm，采用重叠式堆码方式，如图 1-28 所示；每层放置 16 箱，放置 2 层，共计入库 96 箱；需要使用 3 个托盘；花王纸尿裤为 A 类物品，置于货架第一层（货架从下往上数）。

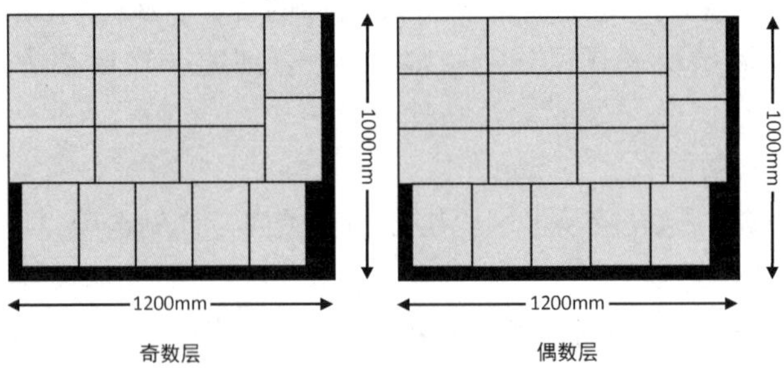

图 1-28　花王纸尿裤的托盘组托图

（2）贝亲奶嘴：包装规格为 448mm×276mm×180mm，采用旋转交错式堆码方式，如图 1-29 所示；每层放置 9 箱，放置 3 层，共计入库 27 箱；需要使用一个托盘；贝亲奶嘴为 B 类物品，置于货架第一层。

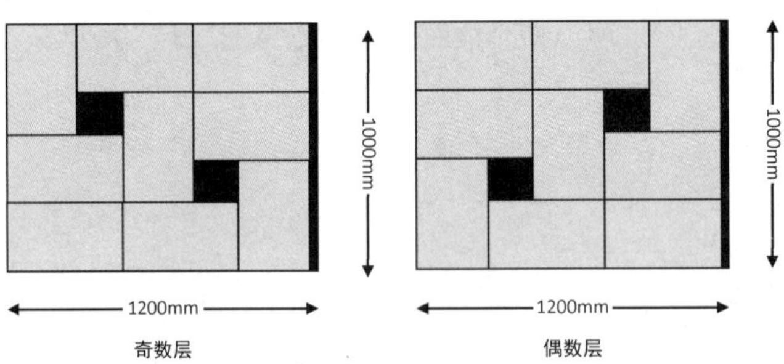

图 1-29　贝亲奶嘴的托盘组托图

（3）蒙牛奶粉：包装规格为 498mm×333mm×180mm，采用正反交错式堆码方式，如图 1-30 所示；单层放置 7 箱，第一托放置 20 箱，第二托放置 7 箱，共计入库 27 箱；使用两个托盘；蒙牛奶粉为 C 类物品，置于货架第二层和第三层。

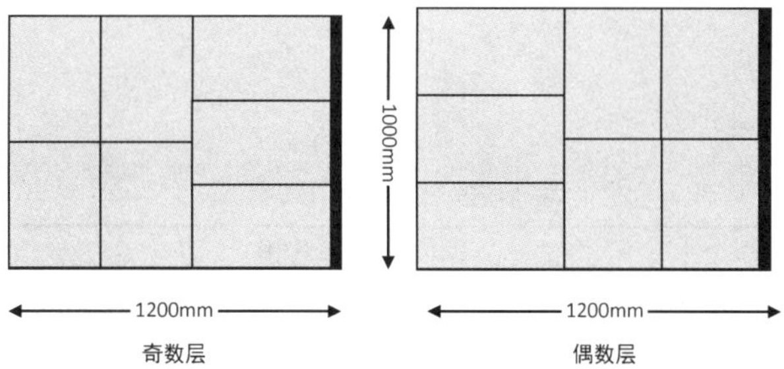

图 1-30　蒙牛奶粉的托盘组托图

（4）清风湿巾：包装规格为 398mm×272mm×180mm，采用旋转交错式堆码方式，如图 1-31 所示；单层最多放置 9 箱，第一托放置 3 层，27 箱，第二托放置两层，13 箱，共计入库 40 箱；使用两个托盘；清风湿巾为 B 类物品，置于货架第二层。

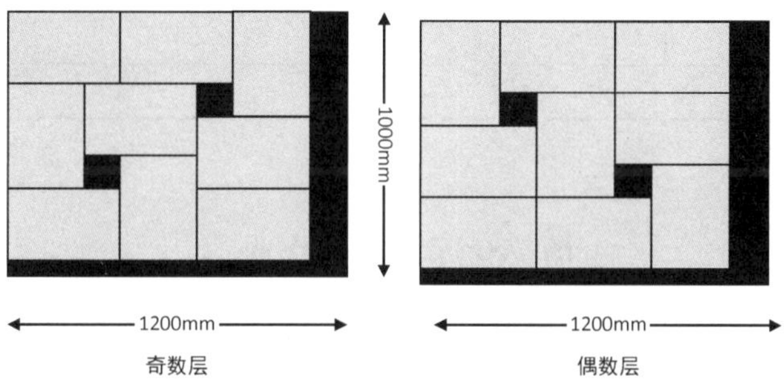

图 1-31　清风湿巾的托盘组托图

3. 安排货位，绘制货位分配图

货位分配图如图 1-32 所示。

图 1-32　货位分配图

任务评价

任务评价表如表1-22所示。

表1-22 任务评价表

序号	评价项目	评价标准	分值	得分
1	制作入库验收单，做好入库验收准备	分析并了解入库物品的特性、数量、规格等基本信息	10	
		制作物品入库验收单	10	
		对物品进行ABC分类	30	
2	确定托盘组托方式，计算所需货位	选择合理的托盘堆码方式，完成组托	30	
3	安排货位，绘制货位分配图	正确地为入库物品分配货位，画出货位分配图	20	
合计			100	

同步案例

扬美仓库的入库作业

扬美风衣股份有限公司成立于2000年，是一家从事成品风衣进出口贸易的综合性股份制企业。拥有独立的商品及原材料仓库，并设立了仓储业务部门，独立开展仓储业务。其主要的工作范围有：原材料及各类商品的入库、保管、出库等流程。

扬美风衣股份有限公司仓库于2021年1月1日收到客户编号为YANGJIE001的原材料供应商YJ贸易公司的一批商品，办理入库准备、接运货物、单据审核、货物验收等作业，作业流程同本项目任务一的同步案例。下面介绍后续作业流程。

一、初步验收

保管员张田首先查验外包装是否有破损等情况，再查验货物的数量及相关单据。有20袋商品名称为女式风衣布料Ff的商品外包装破损，现放入暂存区。经查核，该20袋外包装破损的责任由YJ贸易公司承担。换货申请单如表1-23所示。

表1-23 换货申请单

客户名称：YJ贸易公司				2021年1月1日		
退货单号	商品名称	规格/（件·袋$^{-1}$）	数量/袋	送货单号	退货原因	备注
EFG001	女士风衣布料Ff	50	20	QUM001	外包装破损	无
制单人：张田		仓库人员：张田			财务：	

二、货位分配

保管员张田将合格商品存放在编号为YMVIA-1的仓库中，并编制货位分配计划表，如表1-24所示。

表 1-24 货位分配计划表

作业计划单号	RTY001						仓库	YMVIA-1
制单人	张田						日期	2021 年 1 月 1 日
货物明细								
序号	货物名称	规格/（件·袋$^{-1}$）	批次	应收数量/袋	实收数量/袋	单位	货位号	备注
1	女士风衣布料 Aa	50	QUM001	20	20	袋	CPBM001	无
2	女士风衣布料 Bb	50	QUM001	20	20	袋	CPBM001	无
3	女士风衣布料 Cc	50	QUM001	20	20	袋	CPBM001	无
4	女士风衣布料 Dd	50	QUM001	20	20	袋	CPBM001	无
5	女士风衣布料 Ff	50	QUM001	20	0	袋	暂存 D 区	未入库，外包装破损

三、入库验收

对到货通知单、商品明细表、合同、装箱单、货运单等单据进行核对，所有单据均有效、合格。但是商品并不完善，有 20 袋商品的外包装破损，需由 YJ 贸易公司更换。

四、办理交接手续

办理商品编号为 TIAN001a、TIAN001b、TIAN001c、TIAN001d 的商品交接手续，编制入库单，如表 1-25 所示。商品编号为 TIAN001f 的商品未入库，暂存于仓库 D 区。

表 1-25 入库单

仓库：YMVIA-1						作业计划单号：RTY001		
客户名称：YJ 贸易公司				客户编号：YANGJIE001			制单时间：2021 年 1 月 1 日	
入库通知单：DFGH001				应收总数：100 袋			实收数量：80 袋	
商品名称	产品编号	规格/（件·袋$^{-1}$）	单位	应收数量/袋	实收数量/袋	货位号	批号	备注
女士风衣布料 Aa	TIAN001a	50	袋	20	20			
女士风衣布料 Bb	TIAN001b	50	袋	20	20			
女士风衣布料 Cc	TIAN001c	50	袋	20	20			
女士风衣布料 Dd	TIAN001d	50	袋	20	20			
女士风衣布料 Ff	TIAN001f	50	袋	20	0			外包装破损，等待换货

问题：保管员张田是如何进行货位分配的？

同步实训

能力拓展

扫一扫，看同步实训 扫一扫，看能力拓展

项目二

在库作业

引例

中外运久凌储运有限公司天津公司仓库“10·28”重大火灾事故

2018 年 10 月 28 日，位于天津滨海新区大港经济开发区安和路的中外运久凌储运有限公司天津分公司（以下简称久凌天津公司）的大港仓库发生火灾，过火面积为 23 487.53m^2，事故造成直接经济损失（不含事故罚款）约 8 944.95 万元人民币。

通过调查分析，事故调查组认为引起此次火灾的直接原因是久凌天津公司的大港仓库 5 号仓库 501 仓间西墙北数第三根与第四根立柱之间上方的视频监控系统电气线路发生故障，产生的高温电弧引燃线路绝缘材料，燃烧的绝缘材料掉落并引燃下方存放的润滑油纸箱和塑料薄膜包装物，随后蔓延成灾。

此次事故被事故调查组认定为责任事故。事故发生单位久凌天津公司存在仓储场所用电安全管理不到位、违规设置建筑消防设施控制状态、消防控制室部分值班人员无证上岗、未及时消除火灾隐患等问题，对事故的发生负有责任。依据《中华人民共和国安全生产法》第一百零九条第（三）项的规定，滨海新区应急管理局对久凌天津公司处以 420 万元人民币的行政处罚。久凌天津公司的总经理、分管消防安全的副总经理、安全监管部经理、仓库总监、仓库经理、仓库行政主管、仓库小项目组长，招商局物流（天津）有限公司的技安部经理，精英保安服务有限公司保安队的两名保安共 10 名人员，涉嫌重大责任事故罪，被公安机关依法逮捕。

（资料来源：微信公众号“应急管理知事”，经本书编者整理）

分析：这起火灾造成的经济损失是巨大的。事实上，仓库具有比较大的火灾危险性，一旦发生火灾，就可能造成重大财产损失，甚至人员伤亡。防范火灾是仓库在库管理的重要内容之一，而在库管理又是仓储管理的重要环节。现代仓储业务有别于传统仓储业务，如何采取科学、有效的手段对库存物品进行管理，是本项目要讲解的主要内容。

物品在入库上架后，便进入在库作业阶段。在库作业是整个仓储作业的重要组成部分，也是出库作业的基础。这一阶段的工作内容一般包括物品养护、库区安全维护、盘点作业、库存管理等。

任务一　物品养护

学习目标

- ✧ 能对物品进行质量检查。
- ✧ 能根据物品的特性，对仓库的温度和湿度进行管理。
- ✧ 能采取有效的措施防治霉腐。
- ✧ 能采取有效的措施防治虫鼠。

学习任务

红星配送中心 A 仓库储存的物品为大米与面粉。李华是该仓库的管理员，其职责之一是养护该仓库中的物品。请问：要履行好这一职责，李华需要开展哪些工作？

任务分析

上述“学习任务”为我们提供了两项主要信息：①仓库储存的物品为大米与面粉；②在本次任务中，李华的工作是物品养护，具体来讲，本次任务是养护大米与面粉。

大米与面粉可能因温度和湿度的变化而变质，也可能因为遭受虫鼠害而变质。李华需要做好以下几项工作，以保障大米与面粉的质量。

（1）管理仓库的温度和湿度。

（2）防治霉腐。

（3）防治虫鼠。

物品养护的内容和知识点如图 2-1 所示。

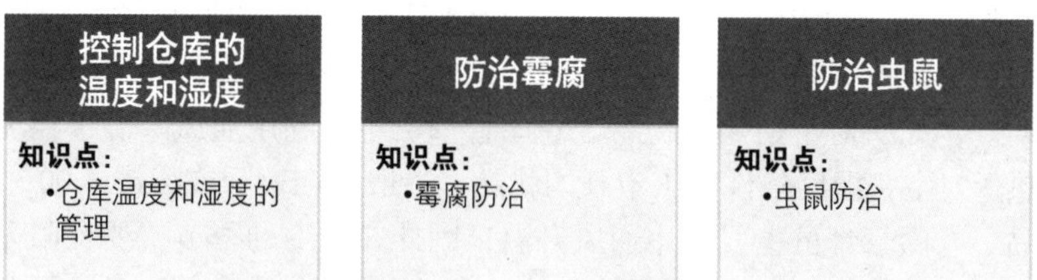

图 2-1　物品养护的内容和知识点

任务引导

物品养护是指仓库根据物品的特征，结合仓库的具体条件，采取各种科学手段对物品进行保养，防止或延缓物品质量发生变化的行为。

物品养护的基本任务就是面向物品，根据库存数量、发生质量变化的速度、危害程度、季节变化，按轻重缓急分别研究和制定相应的技术措施。对一般物品来说，养护工作的重点是做好温度和湿度管理、霉腐防治、虫鼠防治。

一、仓库温度和湿度的管理

（一）仓库温度和湿度的测定

物品在库储存过程中的变质问题，大多与仓库的温度和湿度有关。物品的特性不同，适宜的温度和湿度也不同（表 2-1 列出了部分物品的安全温度与安全相对湿度）。仓库的温度和湿度直接与环境的温度和湿度的变化有关，环境的温度高、湿度大，仓库的温度就随之升高，湿度变大。通常来讲，8:00—10:00 是一天当中气温变化最快的时间，14:00—16:00 是一天当中气温最高的时间。在其他条件不变的情况下，温度的变化影响着湿度，因此仓库可以选择在每日 8:00—10:00、14:00—16:00 各观测一次温度和湿度。仓库管理员每日必须定时对仓库的温度和湿度进行观测记录，并妥善保存记录资料，定期分析，摸出规律，以便掌握物品养护的主动权。

表 2-1　部分物品的安全温度与安全相对湿度

物品名称	安全温度/℃	安全相对湿度/%	物品名称	安全温度/℃	安全相对湿度/%
食糖	<30	<70	皮革制品	5～15	60～75
纸制品	<35	<75	金属制品	5～30	<75
棉织品	20～25	55～65	玻璃制品	<35	<80
卷烟	<25	55～70	橡胶制品	<25	<80
干电池	-5～25	<80	塑料制品	5～30	50～70
洗衣粉	<35	<75	汽油、煤油	<30	<75
仪表电器	10～30	70	树脂油漆	0～30	<75

（二）仓库温度和湿度的调节与控制

实践证明，通风、密封、吸潮是调节与控制仓库温度和湿度行之有效的方法。

1. 通风

通风主要有自然通风和机械通风两种方式。开窗、开门通风属于自然通风。机械通风通过通风机械（如排风扇）产生的压力所形成的压力差来达到使仓库内外的空气交流互通的目的。

仓库管理员可以根据空气温度和湿度的变化规律来确定适宜的通风时机。通风时机的选择非常重要。例如，对于怕热类物品，仓库管理员主要利用通风降温，在炎热的季节，对于那些怕热但对空气湿度条件要求不高的物品，一般可在夜间或凌晨 6:00 左右通风；对于怕冻类物品，仓库管理员主要利用通风升温，因此在寒冷的季节，要在阳光充足、库外温度最高时通风，一般在 14:00 左右通风；对于怕潮类物品，仓库管理员主要利用通风来减小湿度，在通风时必须对比当时库内外的绝对湿度。通风时机的选择还要考虑 3 种情况：①天气晴朗，在雨、露、雾、雪天不宜通风；②风力不宜超过 5 级；③仓库外无粉尘或有害气体。

2. 密封

密封就是把整库、整垛或整件物品尽可能严密地封闭起来，减少外界不良气候条件的影响，以达到安全保管的目的。密封方法要和通风、吸潮结合运用，如运用得当，则可以起到防潮、防霉、防热、防溶化、防干裂、防冻、防锈蚀、防虫等多方面的作用。

密封的注意事项：仓库管理员在密封前要检查物品的质量、温度和含水量是否正常，若发现生霉、生虫、发热、水凇等现象，则不能进行密封；若发现物品的含水量超过安全范围或包装材料过潮，则不宜密封；要根据物品的特性和气候情况来决定密封的时间；对怕潮、怕溶化、怕霉的物品，应选择在相对湿度较小的时节进行密封。

3. 吸潮

在梅雨季节或阴雨天，库内湿度过大，不利于物品保管。当库外湿度过大，不宜进行通风散潮时，仓库管理员可以在密封库内用吸潮的方法减小库内湿度。用吸湿剂或除湿机吸潮是减小库内湿度的有效方法。仓库常用的吸湿剂有生石灰、氯化钙、木炭、炉灰、硅胶等。除湿机一般适用于储存棉布、针棉织品、贵重百货、医药、仪器、电工器材、糖类物品的仓库吸湿散潮。

二、霉腐防治

霉腐是引起物品质量变化的一种常见现象。在储存保管过程中的霉腐，是附着在物品上的霉腐微生物在适宜的温度、湿度等条件下，分解物品的有机物质，从而使物品品质变劣的一种现象。常见的易霉腐物品如表 2-2 所示。

表 2-2　常见的易霉腐物品

类　别	物　品
食品	食糖、饼干、糕点、饮料、罐头、酱、醋、鲜蛋、肉类、鱼类等
药品	各种糖浆、蜜丸、以葡萄糖等溶液为主的针剂、以淀粉为主的片剂和粉剂、以动物胶为主的骨药等
纺织品	棉、毛、麻、丝等天然纤维及其各种制品
工艺品	竹、木、麻、草制品，绢画，绢花，绒绣及核雕等
皮革及其制品	各种皮鞋、皮靴、皮包、皮衣、皮箱、皮带等
日用品	各种化妆品等

（一）物品霉腐的预防

物品霉腐的防治工作必须贯彻“预防为主，防治结合”的方针。预防物品霉腐的措施：保持良好的环境卫生；严格控制仓库的温度和湿度；选择合适的库房；做好物品验收、检查工作；合理利用物品苫垫、堆码技术与方法。

防止物品霉腐的方法有温控法、湿控法、低温冷藏法、化学方法、除氧剂除氧法、气相防霉腐法等。

1. 温控法

常用的温控法是日光暴晒。在某些地方，夏季日光直晒温度可达 50℃以上，日光中含有的大量紫外线能直接杀灭霉菌。仓库采用此法可使大多数霉菌被杀灭。

2. 湿控法

水是微生物生存的必要条件，空气的干湿程度直接影响微生物体内的水分含量。因此，控制空气的湿度，可达到抑制微生物生长的目的。

3. 低温冷藏法

低温冷藏法利用液态氨、天然冰或人造冰及冰盐混合物等制冷剂降低温度，或通过将物品放置在专门的冷藏车中的方式，保持储存所需要的低温的温度。

4. 化学方法

化学方法是一种把抑制微生物生长的化学药物放在物品或其包装内进行防霉腐的方

法。仓库常用的防腐剂及其适用范围如表 2-3 所示。

表 2-3 仓库常用的防腐剂及其适用范围

序号	防 腐 剂	适 用 范 围
1	水杨酰苯胺	针织品、鞋帽、皮革、纸张等
2	多菌灵	针织品、纱线、皮革制品、鞋帽、水果、蔬菜等
3	多聚甲醛	单胶工作服、雨衣、布鞋、皮革制品、毛皮制品等
4	托布津	水果、蔬菜等
5	二氯乙烯基水杨酰胺	皮革制品
6	百菌清	皮革制品

5. 除氧剂除氧法

大多数易霉腐物品所生成的各种霉菌、细菌，都需要呼吸空气中的氧气才能生长和繁殖。把易霉腐物品放在严格密封的包装内，并放入化学除氧剂，使包装内的氧气含量达到 0.1%以下，就可以达到防止物品霉腐的目的。

化学除氧剂的种类很多，以铁粉为主要成分的效果最好。除氧剂除氧法主要用于各种食品、中药材、电子元件、光学零件、精密仪器等的防霉腐。仓库管理员在使用该方法时，要注意密封包装材料应有良好的阻氧性、一定的机械强度和良好的热塑性及热合性。

6. 气相防霉腐法

气相防霉腐法是通过控制环境中空气各成分的含量并结合适度的低温，让物品处于半休眠状态，从而达到防腐保鲜目的的方法。

提高环境中的二氧化碳或氮气的含量，使储存环境中的氧含量降至 3%，二氧化碳含量升高到 2%以上，可抑制库存物品的呼吸作用，减少库存物品中营养物质的消耗，阻止库存物品生成乙烯，延缓其衰老和变质。

此方法适用于粮食、农副土特产、副食品、果品、蔬菜、中药材、竹木制品、皮革制品，以及棉、毛、丝、麻制品等。

（二）霉腐物品的救治

救治霉腐物品通常要经过除湿、灭菌、刷霉 3 个阶段。物品霉腐一般是从受潮开始的，控制好物品的含水量，可以有效防止霉变。常见的除湿方法有晾晒、烘烤。去除物品上的霉腐可以从灭菌入手，杀灭物品上的致霉微生物，可以防止物品继续霉腐。常见的灭菌方法有紫外线杀菌法、药剂熏蒸杀菌法、加热杀菌法 3 种。在物品的含水量降低、物品上的霉菌被杀死之后，仓库管理员可以用毛刷将物品上的霉迹刷掉，使物品恢复本色。

三、虫鼠防治

仓库中的虫鼠种类繁多，如果不加以防治，就可能给仓库造成损失。防治害虫的方法有驱虫剂驱虫法、灯光诱杀除虫法、高温或低温除虫法、熏蒸除虫法、触杀和胃毒除虫法、密闭法等。防治老鼠的方法有器械捕鼠法、毒饵诱杀法和粘鼠胶法等。当然，保持仓库清洁对于防治虫鼠也是有帮助的。

任务实施

大米与面粉的养护可从以下 3 个方面开展。

1. 管理仓库的温度和湿度

（1）清楚物品的适宜温度和湿度。大米的适宜温度为 18℃，适宜湿度为 60%；面粉的适宜温度为 18℃～24℃，适宜湿度为 60%。

（2）测定仓库的温度和湿度。仓库管理员要定时测定仓库的温度和湿度，可在每天 8:00—10:00、14:00—16:00 各测一次，并如实填写仓库温度和湿度记录表（见表 2-4）。

表 2-4 仓库温度和湿度记录表

______仓库 ______年______月

<table>
<tr><td colspan="12">适宜温度范围：______℃～______℃ 适宜相对湿度范围：______%～______%</td></tr>
<tr><td rowspan="3">日期</td><td colspan="5">上午（8:00—10:00）</td><td rowspan="3"></td><td colspan="5">下午（2:00—4:00）</td></tr>
<tr><td rowspan="2">温度/℃</td><td rowspan="2">相对湿度/%</td><td rowspan="2">调节措施</td><td colspan="2">采取措施后</td><td rowspan="2">温度/℃</td><td rowspan="2">相对湿度/%</td><td rowspan="2">调节措施</td><td colspan="2">采取措施后</td></tr>
<tr><td>温度/℃</td><td>相对湿度/%</td><td>温度/℃</td><td>相对湿度/%</td></tr>
<tr><td></td><td></td><td></td><td></td><td></td><td></td><td></td><td></td><td></td><td></td><td></td><td></td></tr>
<tr><td></td><td></td><td></td><td></td><td></td><td></td><td></td><td></td><td></td><td></td><td></td><td></td></tr>
<tr><td></td><td></td><td></td><td></td><td></td><td></td><td></td><td></td><td></td><td></td><td></td><td></td></tr>
<tr><td></td><td></td><td></td><td></td><td></td><td></td><td></td><td></td><td></td><td></td><td></td><td></td></tr>
<tr><td></td><td></td><td></td><td></td><td></td><td></td><td></td><td></td><td></td><td></td><td></td><td></td></tr>
<tr><td></td><td></td><td></td><td></td><td></td><td></td><td></td><td></td><td></td><td></td><td></td><td></td></tr>
</table>

（3）采取有效的方法控制仓库的温度和湿度。

仓库管理员可通过通风、吸潮等方法控制仓库的温度和湿度。

2. 防治霉腐

大米与面粉是可食用的物品，同时考虑成本的经济性，所以仓库管理员可以考虑采取温控法、湿控法、除氧剂除氧法、气相防霉腐法等方法防霉腐，重点考虑前两种方法。

3. 防治虫鼠

仓库管理员应首先杜绝仓库虫鼠的来源；然后，采取一定的方法防治虫鼠，如采用灯光诱杀法防虫，采用器械捕鼠法、粘鼠胶法等方法防治虫鼠。

任务评价

任务评价表如表 2-5 所示。

表 2-5 任务评价表

序号	评价项目	评价标准	分值	得分
1	管理仓库的温度和湿度	正确读出温度计和湿度计等仪器上的温度与湿度；正确填写仓库温度和湿度记录表	25	
2	防治霉腐	选择有效的防治霉腐的方法	25	
3	防治虫鼠	选择有效的防治虫鼠的方法	25	
4	团队合作	分工合理、有效组织、有效协作	25	
合计			100	

同步案例

上海市松江区粮库利用仓虫的习性进行防治，采用物理与化学并用的方法做了杀虫效果的对比实验，实验结果如表 2-6 所示。

表 2-6 习性防治诱杀麦蛾的实验结果

方法	诱蛾总数/只	雌蛾		雄蛾		诱蛾效率/%
		数量/只	百分比/%	数量/只	百分比/%	
麦蛾性诱剂+电网	891	261	29.3	630	70.7	13.3
黑光灯+电网	2 447	717	29.3	1730	70.7	21.13
麦蛾性诱剂+黑光灯+电网	2 279	528	23.2	1751	76.8	18.99
电网	786	236	30.0	550	70.0	

实验装置：以高压（4000V）电网击杀器、20W 黑光灯管、麦蛾性诱剂（麦蛾聚乙烯球）为诱集物，在仓库内的四角设置 4 个诱杀装置。用表 2-6 中的 3 种不同的方法在同一仓库内做对比实验。其结果是黑光灯的诱蛾效果最好，诱蛾效率达 21.13%，比用麦蛾性诱剂的效果高 7.83%（21.13%-13. 3%）。具体方法如下。

（1）掌握诱杀蛾类成虫的时机。当发现第一代的第一只蛾子时，要及时布置诱杀装置。

（2）诱杀装置的材料可用陶质或搪瓷的敞口浅盆，1%的敌百虫药液（对人、畜的毒性极低），20W 黑光灯。

（3）根据仓库面积大小决定诱杀装置的数量。诱杀装置点可按梅花形排列，点与点的距离一般为 10m 左右，均匀分布。

（4）诱杀装置可放在散装库存物品表面及货垛的走道上。诱杀装置的底下垫塑料薄膜，以防药液渗漏。

（5）黑光灯要悬挂在药液盆的上面，距药液面 15～20cm。

（6）通电亮灯时间。在每天 17:00 前后通电亮灯，在 22:00 左右断电熄灯。如此连续 10～15 天，直至未见羽化成虫出现为止。

（7）检查杀虫效果。当天诱杀，在第二天中午检查杀虫效果。

（8）处理虫尸。在检查效果的同时将水面或药液面上的虫尸捞出埋掉。

问题：

（1）上海市松江区粮库采用了怎样的方法来诱杀麦蛾？

（2）你从上述案例中获得哪些诱杀麦蛾的经验？

同步实训

能力拓展

扫一扫，看同步实训　扫一扫，看能力拓展

任务二　库区安全维护

学习目标

- ✧ 能正确进行仓库防火管理。
- ✧ 能正确进行仓库防盗管理。
- ✧ 能正确进行仓库防水管理。
- ✧ 能正确进行仓库安全作业管理。

学习任务

红星配送中心的 A 仓库主要储存大米与面粉。装卸搬运作业中的主要设备为前移式电动叉车。红星配送中心向来重视仓库的安全管理工作，将仓库安全管理列为仓库管理员绩效考核的重要内容，并将防火、防盗、防水、防作业事故作为仓库安全管理的重点。

李华是该仓库的管理员，为了提高绩效水平，他应从哪些方面开展库区安全维护工作？

任务分析

由上述“学习任务”可知：A 仓库储存的物品为大米与面粉；装卸搬运设备为前移式电动叉车；李华的任务是维护 A 仓库的安全。要完成这项任务，根据红星配送中心绩效考核内容，李华应重点从以下 4 个方面入手。

（1）防火。

（2）防盗。

（3）防水。

（4）防作业事故。

库区安全维护的内容和知识点如图 2-2 所示。

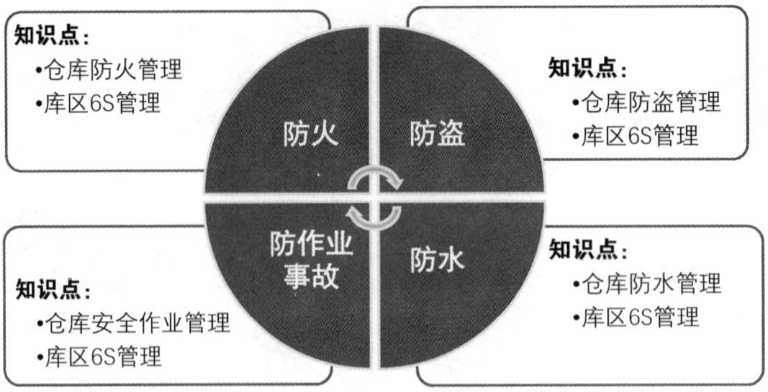

图 2-2　库区安全维护的内容和知识点

任务引导

库区安全维护是仓库管理的重要部分，物品在库管理过程中存在较多的安全隐患。安全隐患一旦转变为安全事故，就可能造成财产损失或人员伤亡。因此，仓库管理的重要任务之一是发现、分析并消除物品在库管理过程中的各种隐患与危险，维持仓库内的安全，保护仓库中的人、物免遭破坏和损害，并取得最佳的经济效益与社会效益。

一、仓库防火管理

仓库防火管理必须贯彻“预防为主，防消结合”的方针。其中，“预防为主”是指要把预防摆在仓库防火管理工作的首位，采取有力措施，从根本上取得与火灾做斗争的主动权。

（一）仓库火灾的火源

防止火灾就是要防止火源同可燃物接触而燃烧。仓库火灾的火源分为直接火源和间接火源。

1. 直接火源

直接火源主要有 3 种：明火，如火柴的火焰、打火机的火焰、香烟烟头火、烧红的电热丝等；电火花，即当电路开启或切断和电气保险丝熔断，以及短路而产生的电火花；雷击，瞬时高压放电所引起的可燃物燃烧。

2. 间接火源

间接火源主要有两种：加热自燃燃烧，如危险品之间相互撞击而起火，生石灰遇水后大量放热而使可燃物起火；物品本身自燃起火，指在既无明火又无外来热源的条件下物品本身自行发热、燃烧起火，如黄磷能在常温下与氧气发生剧烈氧化反应而自燃。

（二）仓库防火的方法

防火的方法很多，为了让大家更好地掌握这些方法，我们可以从燃烧要素的角度去分析与总结。燃烧必须具备可燃物、助燃物、着火源 3 个要素，当这 3 个要素同时存在并达到一定量时，燃烧就会发生。因此，我们可通过以下 4 种基本方法预防火灾。

1. 控制可燃物

可燃物是指在常温条件下能燃烧的物质，包括一般植物性物料、油脂、煤炭、蜡、硫磺、大多数有机合成物等。

控制可燃物的方法：在具有火灾、爆炸危险性的场所，加强通风以降低可燃气体、蒸汽和粉尘在空气中的浓度，使其浓度被控制在爆炸下限以下；限制易燃物品的存放量，并将能发生作用的物品分开存放；及时清除滴漏在地面或污染在设备上的可燃物等。

2. 控制助燃物

助燃物是指支持燃烧的物质，包括空气中的氧气、释放氧离子的氧化剂等。

控制阻燃物的方法主要是限制燃烧的助燃条件。具体方法很多，如隔绝空气储存某些化学品，将钠存放于煤油中，将磷存放于水中；使用易燃、易爆物品的生产过程在密封的容器、设备内进行；对有异常危险的生产，可充装惰性气体来起到保护作用。

3. 消除着火源

着火源是物质燃烧的热能源，是引起火灾的罪魁祸首，是仓库防火管理的核心。

消除着火源的具体方法很多，如在有火灾危险的场所严禁明火照明，严禁吸烟或穿带钉子的鞋；接地防静电；安装避雷装置防雷击；在可能由易燃、易爆物品引起着火的场所使用防爆电气设备，如防爆灯；隔离火源、控制温度、遮挡阳光等。

4. 阻止火热蔓延

阻止火热蔓延的基本原理是不让新的燃烧条件形成，以阻止火势扩大。

阻止火热蔓延的具体方法很多，如在可燃气体管路上安装阻火器、安全水封；为汽车、推土机等机动车辆的排烟和排气系统配备防火帽或防火罩；在压力容器设备上安装防爆膜、安全阀；在建筑物之间留防火间距、筑防火墙。

（三）仓库灭火的方法

1. 冷却法

冷却法是灭火的主要方法，常用水和二氧化碳作为灭火剂冷却降温灭火，属于物理灭火方法。其基本原理是将灭火剂直接喷射到燃烧物上，以增加散热量，降低燃烧物的温度至燃点以下，使燃烧停止；或者将灭火剂喷洒在火源附近的物体上，使其不受火焰辐射热的威胁，避免形成新的着火点。

2. 隔离法

隔离法是将火源处或其周围的可燃物隔离或移开，使燃烧因缺少可燃物而停止的方法。具体方法：把火源附近的可燃、易燃、易爆和助燃物品搬走；关闭可燃气体、液体管道的阀门，以减少和阻止可燃物进入燃烧区；设法阻拦流散的易燃、可燃液体；拆除与火源相毗连的易燃建筑物，形成防止火势蔓延的空间地带。

3. 窒息法

窒息法是阻止空气流入燃烧区或用不燃烧的物质冲淡空气，使燃烧物得不到足够的氧气而熄灭的方法。具体方法：用沙土、水泥、湿麻袋、湿棉被等不燃或难燃物质覆盖燃烧物；喷洒雾状水、干粉、泡沫等灭火剂覆盖燃烧物；用水蒸气或氮气、二氧化碳等惰性气体灌注发生火灾的容器、设备；密闭起火建筑、设备和孔洞；把不燃气体或不燃液体（如二氧化碳、氮气、四氯化碳等）喷洒到燃烧区或燃烧物上。

二、仓库防盗管理

仓库防盗管理是库区安全维护的重要内容，不仅涉及库区的财产安全，还涉及人员的人身安全。仓库防盗管理工作应遵循预防为主、严格管理、确保重点、保障安全、谁主管谁负责的原则。

要做好仓库防盗管理工作，仓库需要经常对员工进行安全教育，组织相关知识的培训，提高员工的安全意识，还应建立安全检查制度，制定相关措施，组织相关人员进行定期或不定期的安全检查。

1. 建立库区门卫制度

仓库必须做好安全保卫工作，根据仓库的大小设置警卫人数，负责门卫值勤工作，对出入库区的人员、车辆、物品进行检查、验证和登记；外来人员、车辆须经相关领导或有关部门批准，并有本库人员陪同方可进入库区；夜间值班人员要做好巡逻，严防物品被破坏或被盗。

2. 建立每天巡回检查制度

仓库应建立每天巡回检查制度，仓库管理员在下班时，拉下电闸，关好门窗，锁好门锁；在上班时，检查门、窗、锁有无异样，无异样，方可开锁进库。

3. 制定仓库保密规则

仓库应定期对其员工进行保密教育：严禁向无关人员泄露仓库的性质、位置、面积、隶属关系、人员编制、库存物品的品种和供应范围等机密；仓库的各种文件、单据等应妥善保管，以防丢失；严禁在私人通信、电话或公共场所谈论仓库的相关事宜；外来办公或访友人员必须在规定的范围内活动，严禁在库区内乱转。

4. 使用防盗设施

仓库的防盗设施很多，如围墙、防盗门等。仓库需根据有关法律法规的规定和保管的需要，设置与安装防盗设施。仓库使用的防盗设施除了专职保安员的警械，还有视频监控设施、报警设施、自动警报设施。仓库应按照规定合理地配置防盗设施，并指派专人负责防盗设施的操作与管理，确保其有效运作。

三、仓库防水管理

洪水和雨水虽然是一种自然现象，但时常会对库存物品的安全管理带来不利影响，所以仓库应认真做好仓库防水管理工作。仓库可从以下几个方面做好仓库防水管理工作。

1. 建立组织

仓库应成立防水工作机构，使其具体组织仓库防水管理工作。

2. 准备防水物资

仓库应准备必要的沙袋、雨布、地台板等防水物资。防水物资应放置在重点位置或集中在专门区域，避免暴晒和风吹雨淋。在存放时，防水物资应分类码放，设置标识，注明种类和数量。

3. 做好防水安全检查、整改工作

仓库应检查其屋面、墙壁、下水管道有无损坏、裂缝、渗漏，如有，则及时维修。仓库还应改造陈旧的仓库排水设施，提高货位。新建仓库应考虑历年汛情的影响，使仓库的设施能抵御汛情的影响。

4. 做好货垛衬垫

室内地势较低的仓库，在雨季时必须为其仓库入口的货位垫防水湿垫垛。防水湿垫垛要有足够的高度，场地垫垛为 30～50cm，仓库垫垛为 10～30cm。仓库应尽可能建设高出地面 30～50cm 的平台货位。

5. 及时苫盖物品

若库存物品需要防湿，则仓库在入库作业开始时就要在现场准备好苫盖材料。在作业过程中，当因下雨和天气不稳定而停工时、作业人员休息或离开时，作业人员要用苫盖材料盖好库存物品；当天气不好时，作业人员也要及时苫盖已堆好的货垛端头；在货垛堆好后，作业人员在离开前必须把货垛苫盖妥当。无论天气怎样，怕水湿物品都不能露天过夜。

四、仓库安全作业管理

仓库安全作业管理是指仓库在装卸、搬运、堆码、理货、打包等各项出入库作业及在库作业过程中，为了防止和消除作业的安全隐患与事故，保障人员安全和降低人力作业管理的劳动强度所采取的各项措施。仓库安全作业管理的要求是按规范、按要求进行作业，而人力作业的安全要求与机械作业的安全要求有所不同。

（一）人力作业的安全要求

1. 仅限于轻负荷的作业

人力作业仅限于轻负荷作业。一般来讲，男性作业人员搬举物品每次不超过 80kg，距离不超过 60m；女性作业人员搬举物品每次不超过 25kg；在集体搬运时，每个作业人员的负荷都不得超过 40kg。

2. 只在安全的环境中进行作业

在进行作业前，仓库应让作业人员明白作业的安全要求、了解作业环境，并指明危险因素和危险位置。

3. 做好作业人员的安全防护工作

作业人员必须根据作业环境和接触的物品的性质，穿戴相应的安全防护用具，携带相应的作业用具，按照规定的作业方法进行作业；不得使用自然滑动、滚动和其他野蛮作业方式作业；在进行作业时，要注意人机的配合；在进行机械移动作业时，需避开移动的机械和物品。

4. 作业现场必须设专人指挥和进行安全指导

安全人员要严格按照安全规范进行作业指挥，指导作业人员避开不稳定货垛的正面、运行起重设备的下方等不安全位置进行作业；当作业设备调整时，应暂停作业，指导作业人员适当避让；当发现作业现场存在安全隐患时，应及时停止作业，在消除安全隐患后方可恢复作业。

5. 适当安排工间休息

仓库应使作业人员每作业 2h 至少有 10min 的休息时间，每作业 4h 至少有 1h 的休息时间，并且根据人的生理需要适当进行调整。

6. 尽可能采用人力机械作业

人力机械承重也有一定的限制范围，如人力绞车、拖车、手推车等承重不超过 500kg。

（二）机械作业的安全要求

1. 使用合适的机械、设备进行作业

仓库尽可能采用专用设备或工具作业；若使用通用设备，则必须使通用设备满足作业需要且进行必要的防护。

2. 在设计负荷范围内作业

机械作业设备不得超负荷作业；在进行危险品作业时，还需降低负荷 25%；所用的设备应无损坏，特别是设备的承重机件应无损坏且符合使用要求；不得使用运行状况不好的设备。

3. 所使用的设备具有良好的工况

设备不得带“病”作业，特别是设备的承重机件；设备应在其许用负荷范围内进行作业，不能持续性地超负荷作业；在进行危险品作业时，设备应降低负荷 25%。

4. 设备作业要有专人进行指挥

仓库应采用规定的指挥信号，按作业规范进行作业指挥。

5. 移动吊车必须在停放稳定后方可作业

叉车不得直接叉运压力容器和未包装物品；移动设备在载货时需控制行驶速度，不可高速行驶；物品不能超出车辆两侧 0.2m，禁止两车共载一物。

五、库区 6S 管理

6S 即整理（Seiri）、整顿（Seiton）、清扫（Seiso）、清洁（Seiketsu）、素养（Shitsuke）安全（Safety）。仓库实施 6S 管理有利于提高仓库的空间利用率，提升仓库管理员的素质。

（一）整理

整理是将工作场所的物品区分为必需品和非必需品，留下必需品，清除非必需品。整理的推行要领如下。

（1）对工作场所（范围）进行全面检查，包括看得见和看不见的地方。

（2）制定“要”和“不要”的判别基准。

（3）按照判别基准清除不要的物品。

（4）制定非必需品的处理方法，并按此方法清理非必需品。

（5）每日自我检查，循环整理。

（二）整顿

整顿是指把留下来的必需品按规定位置摆放整齐，并加以标识。整顿工作的推行要领如下。

（1）前一步骤“整理”的工作要落实。

（2）进行流程布置，确定放置场所。

（3）规定摆放方法。

（4）划分定位。

（5）进行场所、物品的标识。

（三）清扫

清扫是指将工作场所内看得见与看不见的地方都清扫干净，保持工作场所干净、整洁。清扫工作的推行要领如下。

（1）建立清扫责任区。

（2）每个人都在工作岗位及责任区范围内（包括一切物品与设备）进行彻底清扫。

（3）查明污垢的发生源，并予以及时处理。

（4）及时解决清扫过程中发现的问题。

（四）清洁

清洁是指将整理、整顿、清扫进行到底，并且制度化，经常保持环境处于美观的状态。清洁工作的推行要领如下。

（1）落实前项 3S 工作。

（2）制定各种制度（如考评办法、奖惩制度），加大执行力度。

（3）领导经常巡查，带动员工重视 6S 工作。

（五）素养

素养是指使每位员工都养成良好的习惯，并遵守规则做事，培养积极主动的精神。素养工作的推行要领如下。

（1）持续推行前项 4S 工作，直到使其成为员工共有的习惯。

（2）仓库的员工要严格遵守规章制度。

（六）安全

安全是指重视员工的安全教育，使员工每时每刻都有安全第一的观念，防患于未然。安全工作的推行要领如下。

（1）严格贯彻执行各种安全政策及法规。

（2）配置完善的安全设备和器材。

（3）制定详细的安全操作规程和制度。

（4）及时消除不安全的行为和状态。

任务实施

1. 防火

仓库管理员可从以下几个方面开展火灾的预防工作。

（1）日常检查。

仓库管理员应从火源、电气设备、器械、存储规范 4 个方面进行检查，明确是否存在消防隐患，对易燃物品、电线线路等进行重点检查。仓库防火检查项目如表 2-7 所示。

表 2-7 仓库防火检查项目

序号	检查项目	具体内容
1	火源	有无直接火源，如明火、电火花、雷击等；有无间接火源，如加热自燃起火的物品或易燃物品等

续表

序号	检查项目	具体内容
2	电气设备	检查用电负荷、电线等
3	器械	叉车进出库区是否有防护罩；是否存在易产生火花的工具；器械是否在库房内维修等
4	存储规范	易燃物品是否被隔离；易燃物品是否有跑气、冒水、滴液等情况；物品与灯具之间的距离是否合理；有无进行通风散热等

（2）处理消防隐患。

仓库管理员在发现仓库存在消防隐患时，应立即处理，并向上级汇报。

（3）检查仓库的消防设施。

仓库管理员应认真检查仓库的消防设施，保证消防设施完好、数量充足，并在检查后填写仓库消防设施检查记录表（见表 2-8）。

表 2-8　仓库消防设施检查记录表

设施名称	设施编号	报废时间	有无异常	异常情况	处理方式

（4）采取积极预防措施，防止火灾发生。

在物品入库时，仓库管理员应确定有无火种，无火种方可入库。仓库管理员应将易燃物品、可燃包装物放置于安全的地方，并在使用后及时归位。在冬季供暖时，散热器、供暖管道与物品应有 0.3m 以上的距离。仓库管理员应清理库区的消防通道和仓库的安全出口，保证这些地方无物品堆放。

2. 防盗

虽然大多数仓库设有专职保安人员负责治安保卫工作，以防止库存物品被盗，但仓库管理员也兼有防止库存物品被盗的职责。仓库管理员的重要职责有两项。

（1）每天检查仓库内的防盗设施，并在检查后填写仓库防盗设施检查记录表（可依照表 2-8 进行设计）。若发现仓库防盗设施损坏，则及时报修。

（2）在每天下班前，将所有门窗都关闭并锁好。

3. 防水

仓库管理员要经常进行防水检查，并在发现问题及时处理。仓库防水检查项目如表 2-9 所示。

表 2-9　仓库防水检查项目

序号	检查项目	具体内容
1	地面	地面是否有积水
2	管道	供水管道是否漏水；下水管道是否通畅

续表

序号	检查项目	具体内容
3	墙壁	墙壁防水材料是否脱落；墙壁上是否有水珠
4	顶棚	顶棚防水漆有无脱落；防雨布有无破损；顶棚有无漏洞

4. 防作业事故

人力及机械作业应符合相关规定。

任务评价

任务评价表如表2-10所示。

表2-10 任务评价表

序号	评价项目	评价标准	分值	得分
1	防火	正确进行仓库防火管理，规范填写仓库消防设施检查记录表	20	
2	防盗	正确进行仓库防盗管理，规范填写仓库防盗设施检查记录表	20	
3	防水	正确进行仓库防水管理	20	
4	防作业事故	正确进行仓库安全作业管理	20	
5	团队合作	分工合理、有效组织、有效协作	20	
合计			100	

同步案例

叉车竟变成了夺命工具

叉车因方便、好用而得到广泛的使用。但是，如果不能得到安全使用，叉车就可能使人受伤，甚至丢掉性命。下面来看两起事故。

事故一

2020年3月18日，在某工业园的一间库房内，一名工人在用叉车在起重尾板上拉抛光机机架（重约1t）时，叉车和抛光机机架一起将该工人从起重尾板上挤下，紧接着倾倒的抛光机机架砸到该工人的上半身，该工人当场死亡。

事故原因：该工人在将货车内的抛光机机架用叉车转移至起重尾板的过程中操作不当，造成自身、叉车及抛光机机架一起失稳，从起重尾板跌落至地面，抛光机机架砸中该工人。

事故二

2020年7月7日，在某物流公司的库区内，叉车司机在使用叉车卸货时，货物突然倾倒，压到该物流公司的装卸工身上，致其当场死亡。

事故原因：该物流公司的装卸工未将货物放置在托盘上，而是直接将货物放置在叉车上，造成货物与叉车接触面过小。叉车司机未认真观察货物的重心位置，在使用叉车将货物从货车车箱转运至起重尾板时发生倾斜，货物、叉车连同叉车司机一起从起重尾板倾倒至地面，并压到该物流公司的装卸工身上。

（资料来源：微信公众号“零售信息”，经本书编者整理）

问题：

（1）两起事故的原因分别是什么？

（2）结合案例，谈谈仓库应采取哪些措施以防止这类事故的发生。

同步实训

能力拓展

扫一扫，看同步实训　扫一扫，看能力拓展

任务三　盘点作业

学习目标

- ✧ 能设计及填写盘点表单。
- ✧ 能进行账面及实物盘点。
- ✧ 会核对盘点结果与账面数量。
- ✧ 能处理盘点结果。

学习任务

红星配送中心要在本月底对 D 仓库存储的物品进行一次月末盘点，并检查库存物品的质量、储存保管条件及库区的安全，在下个月 10 日前反馈盘点结果。

任务分析

要完成本次任务，我们需要完成以下 3 项工作。

（1）盘点前的准备。

（2）盘点的实施。

（3）盘点结果的处理。

我们首先需要提前做好相关准备，包括明确盘点的内容、选择盘点的方法等；然后，实施盘点并完成后续的盘点结果处理工作。盘点作业的流程和知识点如图 2-3 所示。

图 2-3　盘点作业的流程和知识点

任务引导

盘点是指定期或临时对库存物品进行核对，清点实存数，查对账面数的业务活动。其目的是确保库存物品不受损失。盘点是保证账实相符、加强物品管理的重要手段。

一、盘点的内容

（一）查数量

通过点数、计数查明库存物品的实际数量，核对库存账面数量与实际库存数量是否一致。

（二）查质量

检查库存物品的质量有无变化、有无超过有效期和保质期、有无长期积压等现象，在必要时还必须对物品进行技术检验。

（三）查保管条件

检查保管条件是否与物品的保管要求相符，如堆垛是否合理、库内的温度和湿度是否符合要求等。

（四）查安全

检查各种安全措施和消防设施、器材是否符合安全要求，建筑物和设施是否处于安全状态。

二、盘点的方法

根据盘点时间频率，盘点的方法可分为期末盘点和循环盘点。

（一）期末盘点

期末盘点是指在期末一起清点所有物品的数量。期末可以是月末、季末、年末，期末盘点的工作量大，需要集中所有工作人员突击工作。期末盘点一般分小组进行，每组的盘点人员至少为 3 人，以便能互相核对，从而减少错误。

（二）循环盘点

循环盘点是指按计划对物品交替轮流盘点，在每天、每周按顺序一部分一部分地进行盘点，到期末完成对所有物品的一次盘点。循环盘点因一次只进行少量盘点，所以只需专门的人员负责即可，不需动用所有工作人员。

三、盘点的流程

不同仓库的盘点流程可能存在差异，但基本流程大致相同。盘点的流程可以划分为 3 个阶段。

（一）盘点前的准备

盘点前的准备工作是否充分，决定着盘点作业进行的顺利程度。盘点前的准备工作一般包括以下几项。

（1）明确盘点的内容。

（2）选择盘点的方法。

（3）安排盘点人员。初盘、复盘、监盘或抽盘人员应该有一定的级别或职能等级。

（4）确定盘点时间。盘点时间可以根据物品的特点、价值、流动速度、重要程度来确定。盘点时间间隔可以为一天、一周、一个月或一年不等。例如，A 类物品，每天或每周盘点一次；B 类物品，每 2～3 周盘点一次；C 类物品，每月盘点一次即可。

（5）确定盘点范围。按照盘点范围，盘点可分为全面盘点和局部盘点。全面盘点是对仓库内存放的所有物品逐一进行盘点。局部盘点是对仓库内存放的部分物品进行盘点。仓库在进行盘点前要确定盘点范围。一般来讲，每月、每季、每年进行的定期盘点采用全面盘点形式。当仓库发生物品损失事故，或仓库管理员更换时，仓库可根据具体情况，确定盘点范围，组织一次局部盘点或全面盘点。

（6）准备盘点所需的表单，如盘点单、盘点盈亏表等。

（7）准备盘点工具。若使用盘点机盘点，则盘点人员需先检查盘点机是否可正常操作；若采用人员填写方式，则盘点人员需准备红、蓝色圆珠笔。

（8）告知客户。若在营业中盘点而影响客户，则仓库应通过公告、广播、登报等形式告知客户，以取得谅解。

（9）清理盘点现场。清理盘点现场的主要工作包括：①在盘点前对已验收入库的物品进行整理，将其归入货位；②在盘点现场关闭前，提前发出通知，提前准备好需要出库配送的物品；③在整理后统一结清账卡、单据、资料，以便及时发现问题并加以预防；④预先鉴别变质、损坏物品，及时清理报废品；⑤整理仓库内、货架上的物品，使其整齐有序，以便于清点计数；⑥清除仓库、配送中心内的死角；⑦确定在途运输物品是否在盘点范围内。

（二）盘点的实施

盘点的实施工作主要包括在系统中冻结盘点物品、账面盘点与现货盘点。在进行盘点工作前，盘点人员需在系统中冻结盘点物品，以免出现差错。由于盘点工作量大，且非常烦琐，为确保现货盘点数据的准确性，不少仓库采用“初盘→复盘”的方式进行盘点。

1. 账面盘点与现货盘点

账面盘点又称永续盘点，是指为每一类物品都分别设立存货账卡，将每一类物品的出入库数量、单价等有关信息都记录在计算机或账簿中，而后逐笔汇总出账面上的库存量及库存金额，以便可以随时从计算机或账簿中查询物品的出入库信息及库存结余量。

现货盘点又称实地盘点或实盘，是指先实际去清点仓库内的库存数，再依物品的单价计算出实际库存金额的方法。在实际中，账面盘点与现货盘点的结果要完全一致。若产生账物不符的现象，则仓库必须找出原因，是账面盘点记错还是现货盘点点错，并得出正确的结果。按盘点频率不同，现货盘点可分为期末盘点和循环盘点。

2. 初盘与复盘

初盘是指初盘人员先清点所负责区域的物品，再将清点结果填入盘点单中。盘点单如表 2-11 所示。

表 2-11　盘点单

编号：　　　　　　　　　　　　　　　　　　　　　　　盘点日期：

物品编号	物品名称	物品规格	计量单位	账面数量	初盘数量	复盘数量	初盘人员	复盘人员

另一人进行复盘，并将复盘结果填入盘点单的对应位置。若复盘结果与初盘结果不一致，则由初盘人员再次清点，以确定最终结果。

（三）盘点结果的处理

盘点结果的处理可按以下 3 步进行。

1. 核对账面数与实存数

盘点人员将各类物品的账面数与实存数进行对照，核对账面数与实存数是否一致。若发现账物不符，且盘点差异超过误差范围，则应查明盘点差异产生的原因。

2. 分析盘点差异产生的原因

盘点差异产生的原因很多，可能是仓库的日常管理出现差错，也可能是盘点人员的盘点有误。在产生盘点差异时，仓库可以按照以下程序追查原因。

（1）检查盘点记录。确定盘点差异是不是由于盘点工作中的计数差错或记录差异造成的。

（2）询问盘点人员。确定盘点人员是否不遵循盘点步骤，或漏点、复点等。

（3）复核库存账目及记账凭证。通过复核库存账目及记账凭证，检查记账过程中是否有无凭据记录、重复记录、记录差错等情况。

（4）确定盘点差异产生的原因。如果经过以上步骤，均未发现原因，就可以考虑盘点差异是由物品被盗、丢失等原因造成的。仓库在日后的管理过程中，须加强安保措施。

3. 处理盘点差异并解冻盘点物品

针对盘点差异，仓库首先要判断是否是重大差异，然后采取不同的措施，如图 2-4 所示。若盘点差异在允许范围内，则盘点人员可在报告领导审批后调整库存，并填写盘点盈亏表（见表 2-12）。若盘点差异属于重大差异（超出单位规定或行业标准），则盘点人员应重新盘点。若盘点差异超过正常范围，则仓库除调整库存、填写相关表格外，还要追查所有相关责任人的责任。在处理完盘点差异后，盘点人员应在系统中解冻盘点物品。

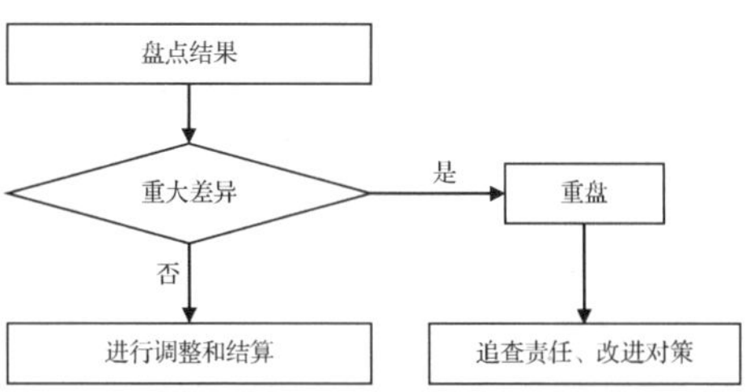

图 2-4　盘点差异的处理

表 2-12　盘点盈亏表

编号：　　　　　　　　　　　　　　　　　　　　　　盘点日期：

品名	规格	账面资料		现货盘点资料		盘盈		盘亏		差异原因
		数量	金额	数量	金额	数量	金额	数量	金额	
制表人：		仓储部经理：			财务部经理：			总经理：		

任务实施

1. 实施步骤

（1）盘点前的准备。

盘点前的准备工作主要有：明确盘点的内容；选择盘点的方法；安排盘点人员；确定盘点时间；确定盘点范围；准备盘点所需的表单；准备盘点工具；告知客户；清理盘点现场等。

（2）盘点的实施。

盘点的实施工作主要有：在系统中冻结盘点物品；进行账面盘点；进行现货盘点，填写盘点单。

（3）盘点结果的处理。

盘点结果的处理工作主要有：核对账面数与实存数是否一致，填写盘点盈亏表，若不一致，则分析盘点差异产生的原因；处理盘点差异；在系统中解冻盘点物品。

2. 注意事项

（1）为了保证盘点数据的准确性，盘点人员必须在盘点前冻结盘点物品。

（2）在盘点期间，盘点人员必须认真核对实物的品名、编号、数量等信息，做到准确无误。

（3）盘点不只是清点与核对库存物品的数量，还需要检查库存物品的质量、检查库区的安全状态和保管条件。

任务评价

任务评价表如表 2-13 所示。

表 2-13 任务评价表

序号	评价项目	评价标准	分值	得分
1	盘点前的准备	盘点前的准备充分，盘点的内容明确；盘点的方法选择得当；盘点单、盘点盈亏表等表单准备妥当；清理了盘点现场	30	
2	盘点的实施	盘点的内容完整；盘点物品无遗漏，现货盘点数据准确；账面数据统计无差错；盘点表单填写完整、规范	30	
3	盘点结果的处理	能核对账面数与实存数；在出现盈亏时，能合理分析原因，并采取正确的方式处理盈亏数据	30	
4	团队合作	分工合理、有效组织、有效协作	10	
合计			100	

同步案例

JS物流有限公司的盘点制度、盘点流程及盘点要求

JS物流有限公司成立于1998年。在从成立至今的这20多年里，JS物流有限公司积累了丰富的管理经验。下面主要介绍该公司的盘点制度、盘点流程及盘点要求。

1．盘点制度

（1）定期或不定期地盘点库存成品。在盘点时，会计部门将盘点项目依规格类别填制成品盘点单，会同物料管理部门进行盘点，并将实际盘点数量填入数量栏内。

（2）在实施计算机化后，成品盘点单由计算机编制。

（3）会计部门将成品盘点单的盘点数量与账面数量核对。若有差异，则填制盘点异常报告单，并计算其盘点盈亏数及金额送物料管理部门查明原因，再送业务部主管提出改善措施，呈送总经理审核。

（4）在盘点盈亏数量经总经理审核后，物料管理部门开具调整单。

2．盘点流程

（1）建立月末盘存制度。每月26日为盘点日，盘点人员在3日内交盘点单，将盘点情况书面汇报给部门经理。

（2）对于在盘点过程中产生的差异，必须找出原因，并予以更正。

（3）在日常拣货、理货过程中，如怀疑物品有短缺现象，则随时对问题物品进行盘点，以核对账目，对问题物品的差异数量、金额做书面记录并报部门经理。

3．盘点要求

（1）所有物品每个月都必须大盘一次。

（2）针对每天出库的物品进行盘点，并对其他物品的一部分进行循环盘点，以保证数量的准确性。

（3）盲盘。针对每次盘点，接单人员打印盘点单，交给盘点人员。至少两名盘点人员进行盘点，将盘点数量填写在空白处。在盘点后，两名盘点人员共同签字确认数量。盘点人员将盘点单交给报表人员，报表人员将盘点数量输入盘点单中，进行数量的匹配，如有数量的差异，则需重新打印差异单，进行二次盘点，在二次盘点无差异后存档。如有差异，则需进行核查。如发现有收发货错误的，则需及时联系客户，以落实能否挽回损失，无法挽回损失的，按照事故处理程序办理。

问题：

（1）JS物流有限公司的盘点作业可能在什么情况下发生？

（2）JS物流有限公司的盘点工作涉及哪些部门和表单？

（3）在JS物流有限公司中，出现了盘点差异应如何处理？

同步实训

能力拓展

扫一扫，看同步实训 扫一扫，看能力拓展

任务四　库存管理

学习目标

✧ 能根据 ABC 分类结果，对库存物品实施分类管理。

✧ 能区分不同类别物品的订货方法，严格控制库存，节约库存成本。

学习任务

以红星配送中心的海尔洗衣机为例，其每次订货费用（C）包括通信费、手续费等 1 600 元，订货提前期（L）约为 30 天。每台洗衣机的进货成本是售价的 70%，每台洗衣机的每月库存费用约为进货成本的 0.5%。海尔洗衣机的售价为 3 200 元，去年的销量为 3 110 台。销售部门预测，今年海尔洗衣机的销量可能比去年增加 20%。红星配送中心在对库存物品进行 ABC 分类后得知，海尔洗衣机为 A 类物品。

请完成以下任务。

（1）根据物品的不同类别选择合适的库存控制方法。

（2）确定库存控制参数。

（3）编制红星配送中心的库存计划。

任务分析

库存管理的流程和知识点如图 2-5 所示。

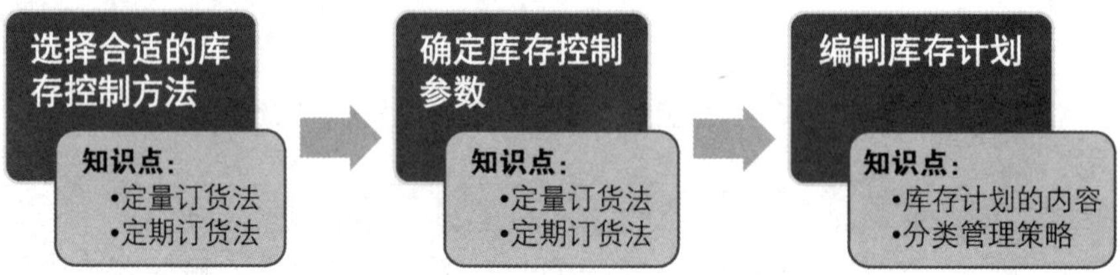

图 2-5　库存控制的流程和知识点

任务引导

库存过多将占用大量的流动资金；库存过少则不能较好地满足客户的需求，可能导致客户流失。由此可见，对库存进行有效的管理十分重要。我国国家标准《物流术语》对库存的定义："储存作为今后按预定的目的使用而处于闲置或非生产状态的物品。广义的库存还包括处于制造加工状态和运输状态的物品。"

《物流术语》对库存控制的定义："在保障供应的前提下，使库存物品的数量合理所进行的有效管理的技术经济措施。"库存控制的目标：在满足客户需求的前提下，通过对企业的库存水平进行控制，力求尽可能降低库存水平、提高物流系统的效率，以提高企业的市场竞争力。

为了合理地控制库存，学术界和企业界探索出多种行之有效的方法。下面介绍几种常用的库存控制方法。

一、定量订货法

定量订货法是指当库存量下降到一定水平（订购点）时，按固定的订购数量进行订购的一种库存控制方式。定量订货法的基本原理：预先确定一个订货点 ROP 和订货批量 Q^*，随时检查库存，当库存量下降到 ROP 时，就发出一个订货批量 Q^*。

（一）订货点的确定

订货点即仓库（配送中心等）进行补货时的库存量。订货点取决于交货期（或订货提前期）的需求量和安全库存量。订货点的计算公式如下：

$$\mathrm{ROP}=(R_d \times L)+S$$

式中，R_d——需求或使用速度（月/天/周）；

L——交货期（月/天/周）；

S——安全库存量。

例如，当需求速度为每周 150 件，交货期为 4 周，安全库存量为 300 件时，订货点为

ROP＝（150×4）＋300＝900（件）

（二）订货批量的确定——经济订货批量

确定经济订货批量的基本思路是以库存总成本最低作为依据。库存总成本最低时的订货批量称为经济订货批量（Economic Order Quantity，EOQ）。库存总成本可分为采购成本、订货成本、储存成本、缺货成本几个方面。在不允许缺货的情况下，年库存总成本＝年采购成本+年订货成本+年保管成本，即

$$\mathrm{TC}=DP+DC/Q+QK/2$$

式中，TC——年总库存成本；

D——年需求总量；

P——单位物品的采购成本；

C——每次订货成本；

Q——批量或订货量；

K——单位物品的年储存成本，平均存货等于订货批量的一半，$K=PF$（F 为年仓储保管费用率）。

将 TC 函数对 Q 微分：

$$\mathrm{EOQ}=\sqrt{\frac{2CD}{K}}\text{或}\mathrm{EOQ}=\sqrt{\frac{2CD}{PF}}$$

例如，某公司每年需要采购某种物料 1 000 件，每次订购成本为 10 元，每件物料每年的储存成本为 0.5 元，则该物料的经济订货批量为

$$\mathrm{EOQ}=\sqrt{\frac{2CD}{K}}=\sqrt{\frac{2\times 1\,000\times 10}{0.5}}=200\text{（件）}$$

（三）安全库存量的计算

在确定订货点时，需要确定安全库存量。安全库存量的大小主要由客户服务水平（或订货满足率）决定。对于安全库存量的计算，可借助数量统计方面的知识，对需求量的变

化和订货提前期的变化做一些基本的假设，从而在需求量发生变化、订货提前期发生变化及二者同时发生变化的情况下，分别求出各自的安全库存量。在大多数情况下，需求量和订货提前期都是随机变化并服从正态分布的，如果假设需求量和订货提前期是相互独立的，那么安全库存量的计算公式如下：

$$S=z\sqrt{Q_d^2\overline{L}+\overline{R}_d^2Q_t^2}$$

式中，Q_d——订货提前期内需求量的标准差；

$\overline{L}$——平均订货提前期；

$\overline{R}_d$——订货提前期内的平均需求量；

Q_t——订货提前期的标准差；

z——在一定客户服务水平下需求量变化的安全系数，可以根据预定的客户服务水平，从正态分布表中查得。

例如，某店铺某产品的需求量和订货提前期都是随机的并服从正态分布，日需求量服从均值为 10 件、标准差为 2 件的正态分布，订货提前期服从均值为 6 天、标准差为 1.5 天的正态分布。请确定在 98%的客户满意度下的安全库存量。

由题意知 $\overline{R}_d=10$（件），$Q_d=2$（件/天），$\overline{L}=6$（天），$Q_t=1.5$（天）。$F(z)=98$，查正态分布表可得 $z=2.05$，代入公式

$$S=\sqrt{Q_d^2\overline{L}+\overline{R}_d^2Q_t^2}=2.05\times\sqrt{2^2\times6+10^2\times1.5^2}\approx32.35\text{（件）}$$

（四）适用范围

定量订货法适用于以下情况。

（1）单价比较低，而且不便于少量订货的物品。

（2）比较紧缺，订货较难，管理复杂的物品。

（3）需求均匀、稳定的物品。

（4）需求预测比较困难的物品。

二、定期订货法

定期订货法是指按预先确定的订货时间间隔进行订货补充的库存管理方法。定期订货法的原理是预先确定一个订货周期 T 和最高库存量 Q_{max}，周期性地检查库存，根据最高库存量实际库存、在途订货量和待出库物品数量，计算出每次订货批量，发出订货指令，组织订货。

（一）订货周期的确定

在定期订货法中，订货点实际上就是订货周期，其间隔时间总是相等的。订货周期直接决定最高库存量的大小，即库存水平的高低，进而决定了库存成本的多少。

（二）最高库存量的确定

定期订货法中的最高库存量是用以满足（$T+T_K$）期间的库存需求的，因此我们可以（$T+T_K$）期间的库存需求量为基础。考虑到随机发生的不确定库存需求，我们再设置一定的安全库存。

最高库存量的计算公式如下：

$$Q_{max}=R（T+T_K）+Q_s$$

式中，Q_{max}——最高库存量；

R——（$T+T_K$）期间的库存需求量平均值；

T——订货周期；

T_K——平均订货提前期；

Q_s——安全库存量。

（三）订货量的确定

在定期订货法中，每次的订货数量都是不固定的，订货量是由当时的实际库存量决定的，考虑到订货点时的在途订货量和已发出出货指令尚未出货的待出库物品数量，则每次订货的订货量的计算公式如下：

$$Q_i=Q_{max}-Q_{ni}-Q_{ki}+Q_{mi}$$

式中，Q_i——第 i 次订货的订货量；

Q_{max}——最高库存量；

Q_{ni}——第 i 次订货点的在途订货量；

Q_{ki}——第 i 次订货点的实际库存量；

Q_{mi}——第 i 次订货点的待出库物品数量。

（四）适用范围

定期订货法适用于以下情况。

（1）价格高，需要实施严格控制的物品。

（2）需要经常调整生产或采购数量的物品。

（3）需求量变动幅度大，而其变动具有周期性，工作人员可以正确做出判断的物品。

三、编制库存计划

（一）库存计划的内容

库存计划是指企业以物资储备定额为基础，为使生产过程不受干扰，以最少的物资储备费用保证其正常活动进行，而合理确定物资储备数量的计划。库存计划包括确定订货的时间及数量。

（二）分类管理策略

利用 ABC 分类法将库存物品分为 A、B、C 三类，并采用不同的方法，对库存物品实施分类管理。

1. A 类物品的管理

对 A 类物品进行重点管理：现场管理需更加严格，A 类物品应存放在更安全的地方；为了保持库存记录的准确性，工作人员要经常检查和盘点 A 类物品；工作人员在预测时要更加仔细，一般采用定量订货法进行管理。

2. B 类物品的管理

对 B 类物品进行次重点管理：现场管理不必投入比 A 类物品更多的精力；库存检查与盘点的周期可以比 A 类物品长一些。

3. C类物品的管理

对C类物品只进行一般管理：现场管理可以更加粗化；由于C类物品的品种多，出现差错的可能性更大，因此工作人员必须定期进行库存检查和盘点，只是周期比B类物品稍长一些；采用定期订货法进行管理。

ABC分类法的应用在仓储管理中取得以下成效：第一，减少了库存总量；第二，解放了被占用的资金；第三，使库存结构更加合理；第四，节约了管理力量。

任务实施

1. 选择合适的库存控制方法

我们在对库存物品进行ABC分类后得知，海尔洗衣机为A类货物，对A类物品采用定量订货法进行管理。

2. 确定库存控制参数

（1）经济订货批量。

K=3 200×70%×0.5%×12=134.4（元）

D=3110×(1+20%)=3 732(台)

C=1 600(元)

$$\mathrm{EOQ}=\sqrt{\frac{2DC}{K}}=\sqrt{\frac{2\times 3\,732\times 1\,600}{134.4}}\approx 298(台)$$

（2）订货点。

海尔洗衣机的订货提前期L为1个月，假设海尔洗衣机每个月的需求速度R_d为今年销量预测值的均值，根据订货点的计算公式ROP=$(R_d\times L)+S$，可计算得到ROP=$\left[3110\times\left(1+20\%\right)\right]/12+10=321$(台)。

3. 编制库存计划

库存计划如表2-14所示。

表2-14 库存计划

物品类别	A类	B类、C类
物品名称	海尔洗衣机	
库存控制方法	定量订货法	定期订货法
订货周期	不定	可计算得出
最高库存量		可计算得出
订货点	321台	
订货量	298台	根据当次具体情况而定
库存检查	随时进行物品库存状况检查和记录	在订货周期到来时检查库存
缺货	缺货情况只发生在已经订货但未收到的提前订货期间内	在整个订货间隔内及订货提前期间内均可能发生缺货情况

任务评价

任务评价表如表 2-15 所示。

表 2-15 任务评价表

序号	评价项目	评价标准	分值	得分
1	选择合适的库存控制方法	选择了定量订货法	20	
2	确定库存控制参数	公式无误，计算正确	40	
3	编制库存计划	库存计划内容齐全、正确	40	
合计			100	

同步案例

库存管理的四大误区

许多看似不相关的两个事物，可能在道理上会有惊人的相似之处，如吃饭与库存管理。假如我们把人的胃看作仓库，把下订单收货看作进食，把销售行为看作人体的消化和吸收，把处理沉淀库存看作排毒，那么吃饭和库存管理是不是有很多共通之处呢?

1．误区一：“暴饮暴食”，导致库存积压

吃饭不能暴饮暴食，这是常识，但在实际的库存管理过程中经常存在“暴饮暴食”的现象。避免吃撑的办法就是要清楚自己的饭量到底有多大。我们要避免库存积压，就要清楚销量，进行销量预测。我们应该仔细对历史销售数据进行分析，而不是凭借大概的印象来判断。

我们不能把一天三顿合到一顿吃，也不能一次下一个很大的订单，以求“一劳永逸”，因此设定合适的订货频率是非常必要的。

2．误区二：“因噎废食”，进入“饥饿状态”

有时我们过于强调要避免库存积压，所以很多人自然而然地认为要减少库存积压就要减少订货和库存量，这往往会导致缺货情况的发生。应该如何避免缺货呢？我们还是应该进行销量预测，并按“1.5 倍原则”订货。举个例子，某品牌啤酒月销 100 万瓶，那么周销量预计在 25 万瓶左右，假设每周订一次货，那么仓库用于周转的库存应该为 25×1.5＝37.5（万瓶）。

3．误区三：“偏食”，导致“隐性饥饿”

吃饭不能仅仅满足于吃饱，还要吃得好，消除偏食。偏食可能会对人体产生危害。库存管理同样讲究“合理膳食，营养均衡”，这就是库存结构的合理性问题。

目前，比较先进的方法是 ABC 分类法。ABC 分类法将库存物品按品种和占用资金的多少分为特别重要的物品（A 类）、一般重要的物品（B 类）、不重要的物品（C 类）3 个等级，并针对不同等级的物品分别进行管理和控制，找到关键的少数和次要的多数。

4．误区四：没有及时“排毒排泄”

在库存管理过程中，往往会出现一些不适销物品、坏损物品或亚健康状态物品。这些物品是库存管理中的“垃圾”，往往会成为沉淀库存，长期积压在仓库中。对库存周转率影响最大的因素往往就是这些沉淀库存。

综上，对库存管理来说，销量预测非常重要。我们应根据销量预测合理设定订货频率、库存量及库存结构，同时应保留一定的弹性，根据各种突发销售需要及时调整库存。

问题：ABC 分类法的分类标准是什么？

同步实训

能力拓展

扫一扫，看同步实训　扫一扫，看能力拓展

项目三

出库作业

引例

东莞亚洲一号智能物流中心

京东物流亚洲规模最大的一体化智能物流中心——东莞亚洲一号（见图 3-1）的建筑面积近 50 万 m^2，是集自动入库、存货、打包、分拣、出库等全流程作业于一身的智能物流中心。

图 3-1　东莞亚洲一号

东莞亚洲一号的核心功能是处理中件及小件商品，单日订单处理能力达到 160 万单，自动立体仓库可同时存储超过 2 000 万件中件商品，78 台“身高”22m 的堆垛机可在自动立体仓库中穿梭自如，进行商品存储、上架和拣选，使得包裹的入仓和出仓效率更高。拥有 22km 长的大型交叉带分拣系统，其分拣机上的 800 多个分拣滑道将包裹分别拣选、运送到全国各地的亚洲一号及处理中心，准确率达到 99.99%。

东莞亚洲一号在各环节均大规模应用了机器人和自动化设备。其自主研发的“智能大脑”更是具备调度、统筹、优化及数据监控等多项功能。东莞亚洲一号利用京东物流十几年来积累的复杂订单处理能力和算法，极大地提高了其各环节的运转效率和质量。

此外，高标准的绿色物流贯穿东莞亚洲一号运营的全过程，黑灯仓库、人机 CP、减量包装、新能源车等环保举措和创新模式，可以助力当地实现环境保护和经济发展的双线并行。

以处理中件商品为核心的东莞亚洲一号与处理小件商品的九龙亚洲一号、处理大件商品的黄埔亚洲一号组成智能仓群，每日处理的大、中、小件单量可以达到近 250 万单。

在面向粤港澳大湾区企业开放的同时，京东物流智能仓群、全供应链服务能力与当地的一小时交通网连成一体，让粤港澳大湾区的商品流通更加顺畅、供应链服务更加高效，进一步降低社会物流成本，有效推动粤港澳大湾区的建设发展。除3座亚洲一号组成的智能仓群外，京东物流广州南沙保税仓、（中国）香港保税仓也坐落在东莞亚洲一号周边，借助粤港澳大湾区对“一带一路”国家和地区的辐射能力，为京东物流走向全球提供支持。

东莞亚洲一号的投入运营，标志着京东的仓储建设能力和运营能力有了一个质的飞跃，不仅可以满足京东日益增长的仓储物流需求，还可以降低成本、提升运营效率。

对企业而言，特别是电商企业，商品出库是企业仓库的核心任务。面对每天海量的订单，企业需要花费大量时间和人力来完成订单商品的拣选、复核等工作。如何提高出库作业效率是本项目要介绍的主要内容。

配送中心一旦接到客户的订单，就开始对订单进行处理，并进行订单商品的准备。出库作业一般包括订单处理、拣货作业、复核与打包几个环节。

任务一 订单处理

学习目标

- ✧ 能对订单进行有效性分析，判断订单是否有效。
- ✧ 能对订单进行确认和建档。
- ✧ 能确定库存分配模式。
- ✧ 能合理进行订单的存货分配，编制库存分配计划表。
- ✧ 能对缺货进行处理。

学习任务

扫一扫，看学习任务

任务分析

根据订单的实际情况进行分析，要完成上述任务，我们需要完成以下3项工作。

（1）订单确认。

（2）存货分配。

（3）订单处理作业管理。

我们首先需要根据订单信息和客户档案信息分析订单是否有效，若订单有效，则进行确认；然后，对客户进行优先等级分析，根据客户优先等级进行存货分配；最后，输出订单处理结果，从而启动拣货、配货、送货作业。订单处理的流程和知识点如图3-2所示。

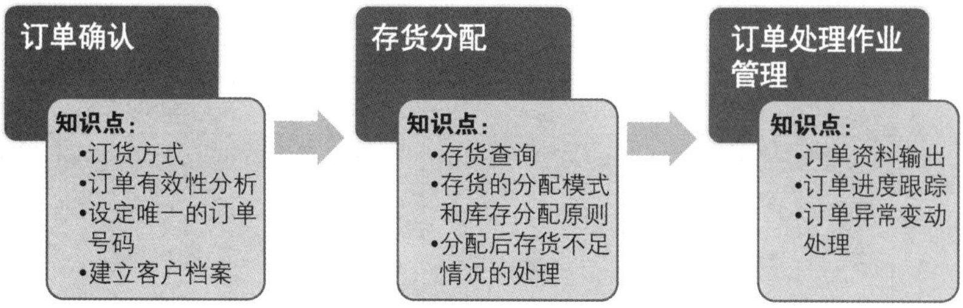

图 3-2　订单处理的流程和知识点

任务引导

配送中心的出库作业是受客户的订单拉动的。仓库在收到订单并进行确认后，就按照订单进行备货，启动拣货、配货、送货等作业。因此，订单是仓库各项作业的基础、出库操作的依据。订单处理一般包括订单确认、存货分配、订单处理作业管理等内容。

一、订单确认

（一）订货方式

订货方式有传统订货方式和电子订货方式两种。传统订货方式主要有电话口头订货、传真订货、邮寄订单、业务员跑单接单、厂商巡货、隔日送货、厂商补货等方式。电子订货方式是将订货资料由书面资料转变为电子资料，通过网络传送的订货方式，主要有订货簿与终端机配合订货、POS（Point of Sales，销售终端）系统订货、订货应用系统订货、电商平台订单处理系统订货方式。

（二）订单有效性分析

在配送中心收到订单后，订单处理人员需要对订单进行确认，审核订单是否有效，主要确认以下内容。

1. 商品数量和日期

订单处理人员需要核对订单信息是否完整、正确，检查订单商品的名称、规格、数量、送货日期等是否有遗漏、错误及不符合配送中心要求的情况，以及有无重复的订单等。如果订单信息出现错误，那么该订单无法完成交易，为无效订单。

2. 客户信用

无论是什么方式下的订单，配送中心都必须先审核客户的财务状况，以便确认其是否有能力支付该订单的货款。一般的确认方法是看其累计应收账款是否已经超过信用额度。如果客户本次订购的金额加上其应收账款超过信用额度，配送中心就不再接受该客户的订单。

3. 订单交易形态

不同客户的需求不同，其订单交易形态不同，配送中心对订单的处理方式也有所不同。订单交易形态及其对应的处理方式如表 3-1 所示。因此，配送中心在收到订单并进行确认后，应确定订单交易形态，并针对不同交易形态的订单采取不同的处理方式。

表 3-1 订单交易形态及其对应的处理方式

订单形态	概念	处理方式
一般交易订单	一般、正常的交易订单，配送中心在收到订单并进行确认后，按正常的程序拣货、出货、配送、收款的订单	配送中心在收到订单并进行确认后，将资料输入系统中，按正常的订单处理程序处理，在数据处理完成后进行拣货、出货、配送、收款等作业
现销式交易订单	客户当场直接交易、直接给货的交易订单，如业务员至客户处巡货、铺销所取得的订单，或客户直接至配送中心取货的订单	因为商品已交给客户，所以配送中心不需要参与拣货、出货、配送等作业。在输入订单资料后，配送中心只需记录交易资料，以便收取应收账款
间接交易订单	客户向配送中心订货，直接由生产商进行配送的订单	配送中心在收到订单并进行确认后，将客户的出货资料传给供应商，由其代配。配送中心需要将自己的出货单与供应商的送货单进行核对
合约式交易订单	与客户签订配送合同的订单，如签订的配送合同约定在某期间内定时配送某数量商品的订单	配送中心在约定的送货日，需将订单的信息输入系统中进行处理，以便进行出货、配送作业；或一开始便输入订单信息并设定各批次送货时间，在约定日期到时由系统自动产生需送货的订单信息
寄库式交易订单	客户因促销、降价等市场因素而先行订购一定数量的商品，今后再根据需要要求出库的订单	当客户要求配送寄库商品时，系统核查客户是否确实有此寄库商品。若有，则配送中心出此商品；若无，则配送中心拒绝

4. 订单价格

由于不同的客户、不同的订购量可能有不同的订单价格，因此配送中心在输入订单价格时应加以核实。

5. 加工包装

配送中心应检查客户对订购的商品是否有特殊的包装、分装或贴标签等要求，对有关赠品的包装等资料也需要进行确认和记录。

（三）设定唯一的订单号码

为了有效地管理订单，配送中心应为每张订单设定唯一的订单号码。配送中心的出库、配送作业的相关单据上都要有此订单号码，以方便订单的跟踪和查询。

（四）建立客户档案

配送中心应建立一个完整的客户档案，详细记录客户的信息，这样既便于本次交易的进行，又利于以后与客户的长期合作。订单信息系统一般都设计有客户档案表单，配送中心按照客户档案表单将客户的相关信息完整、正确地录入即可。

二、存货分配

（一）存货查询

配送中心应查看现有库存是否能满足客户需求、是否缺货。若缺货，则生成相应的采购订单，并将缺货信息通知采购部门。

（二）存货的分配模式和库存分配原则

配送中心每天都会收到大量的订单，如何对存货进行分类、调拨，以便后续物流作业的顺利进行？在收到订单并进行确认后，配送中心的主要任务就是进行存货的分配。

1. 存货的分配模式

存货的分配模式可分为单一订单分配和批次分配两种。

（1）单一订单分配。

单一订单分配多为线上实时分配，配送中心在输入订单信息时，就将存货分配给该订单。

（2）批次分配。

配送中心先汇总数笔已输入订单的信息，再一次分配存货。因为订单数量多，所以配送中心一般多采用每天固定次数进行配送的模式。因此，批次分配是最佳的存货分配模式。

配送中心根据作业的不同，可以采用不同的分批原则进行批次划分。批次划分的方法通常有以下几种。

① 按收到订单的先后顺序划分：将整个收到订单的时间划分成几个时段，将订单按收到订单的先后顺序分为几个批次。

② 按配送区域/路线划分：将同一配送区域/路线的订单汇总起来进行处理。

③ 按流通加工需求划分：将有加工需求的订单汇总起来进行处理。

④ 按车辆需求划分：若配送商品需特殊配送车辆，如冷冻车、冷藏车，则可将这些订单汇总起来进行处理。

2. 库存分配原则

（1）特殊优先权者先分配。前次分配的缺货补送订单、延迟交货订单、紧急订单或远期订单，具有优先分配权。

（2）依客户等级分配。重要程度高的客户的订单具有优先分配权。

（3）依交易量/交易金额分配。对配送中心贡献大的订单具有优先分配权。

（4）依客户信用状况分配。信用较好的客户的订单具有优先分配权。

配送中心可以单独使用以上库存分配原则，也可以先根据实际情况挑选多个指标对客户进行综合评价，然后按一定的比例进行加权平均，得出评分，最后根据评分来确定客户优先权排序。

（三）分配后存货不足情况的处理

1. 重新调拨

当客户不允许延迟交货，配送中心也不愿失去此客户时，配送中心就有必要重新调拨。

2. 补送

若客户允许缺货配送，且同意缺货的商品待有货时予以补送，则配送中心需将这些缺货品项资料整理成文件。

3. 延迟交货

若客户不允许缺货配送，但同意将整张订单的商品延迟配送，则配送中心需将这些延迟交货的订单整理成文件。

4. 删除不足额订单

若客户允许不足额订单可等待有货时再予以补送，但配送中心并不希望分批出货，客户不允许延迟交货，而配送中心也无法重新调拨时，则配送中心应删除不足额订单。

5. 取消订单

若客户不允许延迟交货，而配送中心又无法重新调拨时，则配送中心应取消订单。

三、订单处理作业管理

（一）订单资料输出

1. 拣货单

拣货单是拣货作业的主要依据，用于提供商品出库指示。拣货资料的形式需配合配送中心的拣货策略及拣货作业方式来加以设计。详细且有效率的拣货信息有利于拣货作业的进行。

2. 送货单

送货单是在商品送到时，供客户清点、签收和确认的单据。配送中心要确保送货单上的资料与实际送到的商品相符，保证送货单的准确性。

3. 缺货资料

在完成存货分配后，对于缺货的商品或缺货的订单资料，系统应提供查询或报表打印功能，提供按商品或供应商查询的缺货商品资料，以提醒采购人员及时采购。

（二）订单进度跟踪

订单在进入配送中心后，其状态随着作业流程的进行相应地发生变动。订单状态一般可分为已输入、已分配、已拣货、已出货、已收款、已结案等。这是一般订单的基本处理状态，配送中心可针对本身作业的特性和需求加以补充。

（三）订单异常变动处理

1. 客户取消订单

若订单处于已分配状态，但订单商品还未出库，则将该订单删除，恢复订单商品的库存；若订单处于已拣货状态，则将该订单删除，恢复订单商品的库存，并将已拣出的商品按拣货的相反顺序放回拣货区。

2. 客户增订

如果客户在出货前临时增订某商品，那么配送中心应先查询订单处于何种状态，自己是否还有时间再去拣货。若接受增订，则应追加增订资料。若订单处于已分配状态，则修改已分配未出库资料中的此订单，更改商品库存资料。

3. 拣货时发生缺货

若配送中心在拣货时发现缺货，则从已拣货未出库销售资料中找出该订单并加以修改。若出货单已打印，则必须重新打印。

4. 配送前发生缺货

若配送中心在配送前装车清点时发现缺货，则从已拣货未出库销售资料中找出该订单并加以修改。若出货单已打印，则必须重新打印。

5. 送货时客户拒收/短缺

若客户对送货品项、数目有异议予以拒收，或者发生短缺等情况，则配送中心在回库时应从在途销售资料中找出该订单并加以修改，以反映实际出货资料。

任务实施

1. 订单确认

在收到订单后，红星配送中心对订单的有效性进行分析，分析哪些是有效订单、哪些是无效订单，对确定的无效订单予以锁定，本次不予考虑。

首先，核对客户订单信息中订货的数量、金额、日期、价格等信息有无错误和矛盾之处，此次 4 张订单信息均无误；然后，检查客户信用情况，看其累计应收账款是否超过信用额度。订单有效性分析表如表 3-2 所示。

表 3-2　订单有效性分析表

分析指标	客户名称			
	大平店	九龙店	北江店	南江店
信用额度/万元	160	150	190	90
应收账款/万元	152.5	142	178	89.9
本次订单金额/万元	0.26	0.215	0.14	0.205
累计应收账款/万元	152.76	142.215	178.14	90.105
是否有库存	是	是	是	是

南江店的累计应收账款超出信用额度，其订单为无效订单，大平店、九龙店、北江店的累计应收账款都没有超过信用额度，其订单为有效订单。

2. 存货分配

（1）客户优先权分析。

对 4 家门店进行客户优先权分析，确定各门店的优先等级，作为库存分配的依据。

①挑选满意度、忠诚度、客户类型、客户级别作为评估指标。根据客户档案，将客户信息列出，如表 3-3 所示。

表 3-3　客户信息表

评估指标	客户名称		
	大平店	九龙店	北江店
满意度	较高	高	较高
忠诚度	高	较高	高
客户类型	重点型	重点型	伙伴型
客户级别	B	A	A

②为评估指标赋值。

满意度：高、较高、一般、低、较低，分别赋值 2、1、0、−1、−2。

忠诚度：高、较高、一般、低、较低，分别赋值 2、1、0、−1、−2。

客户类型：重点型、伙伴型、普通型，分别赋值 3、2、1。

客户级别：A、B、C，分别赋值 3、2、1。

③确定评估指标的权重。满意度为 0.1，忠诚度为 0.2，客户类型为 0.4，客户级别为 0.3，各评估指标的权重之和为 1。

④计算评分，根据评分进行客户优先权排序，如表 3-4 所示。

表 3-4　客户优先权分析表

评估指标	权重	客户名称		
		大平店	九龙店	北江店
满意度	0.1	1	2	1
忠诚度	0.2	2	1	2
客户类型	0.4	3	3	2
客户级别	0.3	2	3	3
评分	—	2.3	2.5	2.2

由表 3-4 可知，客户优先权排序为九龙店、大平店、北江店。

（2）编制库存分配计划表。

库存分配计划表是将库存在不同的客户间进行分配，并记录分配数量和商品库存余量的表格。通常，在订单有效的前提下，当多个客户对某商品的订货量大于该商品的库存量时，配送中心需要对客户按优先权进行排序，按客户优先权排序来分配库存。红星配送中心按照有效订单的订货品项和数量，根据现有库存编制库存分配计划表，如表 3-5 所示。

表 3-5　库存分配计划表

序号	商品名称	库存总量/箱	客户名称			库存余量/箱	备注
			九龙店	大平店	北江店		
1	如意年糕	6	3	2	1	0	缺货 1 箱
2	贝亲奶嘴	35	10			25	
3	蒙牛奶粉	41		7		34	
4	康师傅方便面	5			4	1	
5	庄民白杏仁	3		1		2	
6	丘比特沙拉酱	5			1	4	
7	汤臣倍健蛋白粉	13	1			12	
8	品利葡萄籽油	5	1	1		3	
9	天地粮人有机红花生	13			1	12	
合计		126	15	11	7	93	

3. 订单处理作业管理

红星配送中心输出订单处理的结果——拣货单、送货单、缺货资料。根据订单信息，红星配送中心在进行库存分配时发现北江店订购的如意年糕缺货1箱，在与客户沟通后进行处理，同时应形成缺货资料，向采购部门提出，以便采购人员及时采购。缺货资料和缺货订单处理如表3-6和表3-7所示。红星配送中心打印拣货单和送货单，作为拣货作业和送货作业的凭据。

表3-6　缺货资料

序号	商品名称	缺货数量	部门
1	如意年糕	1箱	采购部门

主管签字：

表3-7　缺货订单处理

序号	商品名称	缺货数量	客户名称	处理意见
1	如意年糕	1箱	北江店	与客户进行沟通，允许缺货配送，同意缺货的商品等待有货时予以补送

任务评价

任务评价表如表3-8所示。

表3-8　任务评价表

序号	评价项目	评价标准	分值	得分
1	订单确认	订单有效性分析正确，准确判断出无效订单	15	
2	存货分配	客户优先权分析方法和结果正确，库存分配计划表编制正确	50	
3	订单处理作业管理	正确打印拣货单、送货单，正确处理缺货订单	15	
4	团队合作	分工合理、有效组织、有效协作	20	
合计			100	

同步案例

一家医药公司的订单处理

KD公司是一家专门从事医药产品批发、零售的大型医药公司。其服务对象为医院、药品零售店，经营近6 000种医药产品，拥有注册会员10余万人。

为了快速、准确地处理客户的订单，满足客户配送的需要，KD公司建立了统一的客户订单处理和仓储配送系统。对于各类订单，KD公司采用统一的订单处理流程，将来自各地的订单集中到订单中心进行处理，并由其配送中心统一进行配送。KD公司建有一个大型药品配送中心，共4层，每层2 000m^2。配送中心一层设有收货平台和发货平台，以及订单处理中心、管理部、发货组等。二层以上为药品存储区，药品存储区有仓库保管员及拣货员。配送中心使用一部货运电梯完成各楼层间货物的转运、传递工作。

KD公司的订单处理流程：在订单生成以后，由订单中心统一进行处理，在订单系统中生成发货单；配送中心在接收到发货单后，在仓储系统中生成拣货单；拣货员按照拣货单在各楼层进行拣货，在拣货完成后，将拣货单及拣货后的商品送到一楼的发货组，进行包装发货。拣货员穿梭于各楼层的货位之间，平均每张订单的拣货时间为10～20min，工作量十分大。

由于 KD 公司的销售规模快速扩大，这种订单处理方式暴露出越来越多的缺点：拣货员面对大量的客户订单，要一次次穿梭于各楼层的货位之间；由于工作量大，出错的订单增加了不少，电梯也成为一个制约拣货效率的瓶颈，拣货员和发货组不得不靠加班来处理日益增加的订单。面对困境，KD 公司的物流管理部门在经过多次考察分析以后，决定采取相应的改进措施，提高拣货效率，减少差错，减小工作量。

问题：

（1）KD 公司的订单处理流程是怎样的？

（2）请分析案例中的配送中心所面临的问题，并针对问题提出解决方案。

同步实训

能力拓展

扫一扫，看同步实训　扫一扫，看能力拓展

任务二　拣货作业

学习目标

✧ 熟悉摘果法和播种法两种拣货方法的优缺点。
✧ 能熟练应用不同的拣货方法和拣货工具进行拣货。
✧ 能根据订单情况选择不同的拣货方法，并设计拣货单。
✧ 能合理应用拣选策略，提高拣选效率。
✧ 熟悉补货的方式和时机。

学习任务

扫一扫，看学习任务

任务分析

要完成上述任务，我们需要完成以下 3 项工作。

（1）确定拣货方法。

（2）制作拣货单。

（3）按拣货单完成拣货任务。

不同的拣货方法对应的拣货单是不同的。在拣货单被制作出来后，拣货员即可按照拣货单进行拣货。拣货作业的流程和知识点如图 3-3 所示。

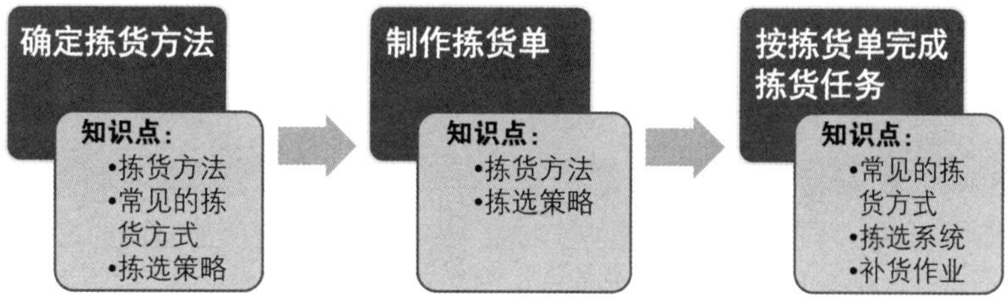

图 3-3　拣货作业的流程和知识点

任务引导

一、拣货方法

拣货是指拣货员按订单的要求，在拣货区拣出订单所需商品的工作。拣货是配送中心的重要环节，是需要人员最多、作业强度最大、最容易出错的环节。配送中心需要在这个环节好好规划，以提高拣货效率，同时减少差错。拣货方法有摘果法和播种法两种。

（一）摘果法

摘果法又称按单拣选法。针对一张订单，拣货员按照订单所列商品及数量，将商品从存储区或分拣区取出，将配齐的商品放到发货场所指定的位置，即可开始处理下一张订单。摘果法示意图如图 3-4 所示。

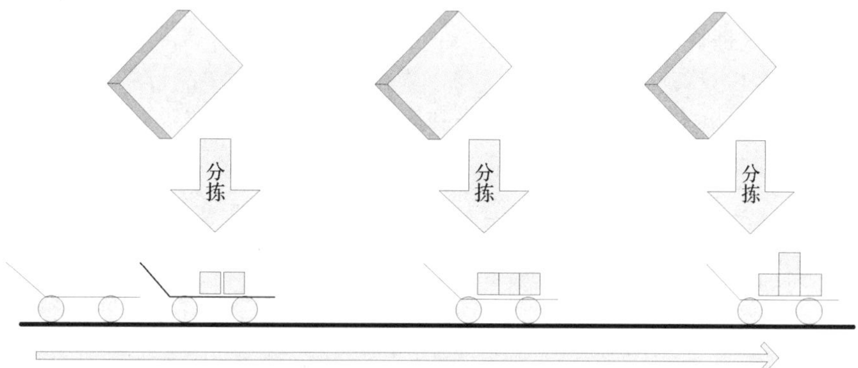

图 3-4　摘果法示意图

摘果法的优点：拣货员在接到订单后可立即拣货，作业前置时间短；作业方法简单，拣完一张订单，一个客户的订货便配齐，拣货后不必再进行分货作业。

摘果法的缺点：当商品品种多时，拣选时的行走距离过长，拣货效率降低；在少量、多批次拣选时，会造成拣货路线重复和拣货效率降低；当拣货区较大时，搬运系统设计困难。

（二）播种法

播种法又称分货式拣选法、批量拣选法。这种方法先将数张订单汇整成一批，再将各订单相同的商品订购数量加总，一起拣选，最后按不同的客户进行分货，直至配齐所有客户的订货。播种法示意图如图 3-5 所示。

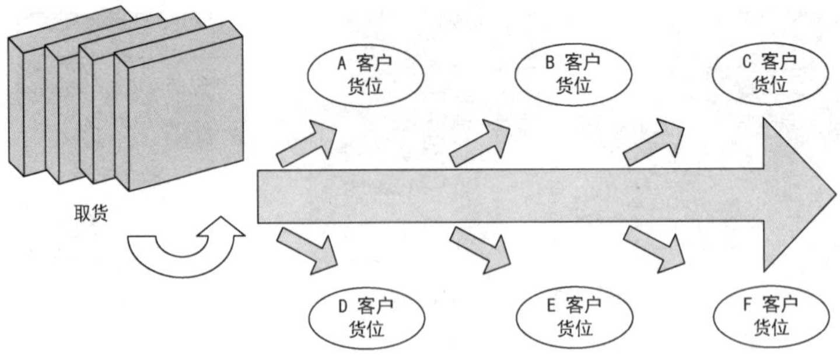

图 3-5　播种法示意图

播种法的优点：适合订单数量大的系统；可以缩短拣选时的行走距离，增加单位时间的拣选量。

播种法的缺点：订单处理前置时间长，由于必须等订单达到一定数量时才做一次处理，因此会有停滞时间；拣货员在批量拣选后还要进行分货作业。

二、常见的拣货方式

拣货方法虽然只有摘果法和播种法两种，但在实际中，配送中心可以单独使用一种方法，也可以将两种方法结合起来使用。由于各配送中心采取的拣选策略不同，因此在实际操作中就形成了不同的拣货方式。目前，常见的拣货方式有以下几种。

（一）单品批次拣货方式

单品订单是客户只订购一种商品的订单。在电商企业中，单品订单占有一定的比例。系统将这类订单筛选出来，将单品数量进行累加，合并拣货。由于每张订单的商品都一样，因此配送中心可以批量打包，还可以提前打印快递运单并批量贴单。此方式适用于电商企业的配送中心。

（二）边拣边分方式

边拣边分方式是指将一批订单集合起来处理，在拣货的同时完成分货的方式。在拣完货后，订单所需商品也准备完毕。

边拣边分方式需借助拣货车进行拣选，在拣选的同时将商品分播到每张订单。拣货车一般有 10～30 个货格（拣货篮），每个货格（拣货篮）代表一张订单。在拣货前，货格（拣货篮）和订单要匹配好，合并订单的数量取决于商品的大小和拣货车的容积。

边拣边分方式的具体做法：拣货员根据 RF 手持终端或拣货单上的拣货任务，在仓库相应区域找到需要拣选的商品，拿取相应数量的商品放入对应的货格（拣货篮）中。RF 手持终端可以给拣货员指示拣货路线，提示合并拣货的数量和每张订单需要分货的数量。在拣货结束后，拣货员可以直接按单进行复核与打包，不需要进行二次分拣。

此方式适用于商品的体积和质量不大，商品重合度不高的订单；经营服装、化妆品、3C（Computer、Communication、Consumer，计算机类、通信类、消费类）商品等小件商品的企业。

（三）先拣后分方式

先拣后分方式是指先采用分区摘果法拣货，再集中进行分类的方式。

先拣后分方式的具体做法：在一个拣货批次中，每一位拣货员都先采用摘果法将自己所负责区域的商品全部拣出来；然后，所有拣货员都将拣好的商品集中在一起进行分类，一般采用自动分货机进行分类，将订单所需的商品分出来。此方式适用于规模较大、订单量较大的配送中心。

（四）订单摘果方式

订单摘果方式是摘果法的典型应用，一张订单由一个拣货员独立完成拣货。在拣货时，拣货员可以使用拣货单或 RF 手持终端进行。此方式适用于仓库面积小、商品种类少的仓库，也可用于紧急订单、特殊商品订单的拣货。

（五）播种方式

播种方式是播种法的典型应用。系统对订单进行优化组合，将商品重合率高的订单合并在一起进行拣货。

播种方式的具体做法：先将一批订单集合起来，形成一个波次，将订单中相同商品的订购数量加总，一起拣出，在拣完后再到分播区按订单进行分播。拣货员在一种商品拣选完成后，就拣选其他商品，当这一波次的所有商品都拣选完毕后，订单上的商品就全部准备完毕。

为了提高效率，拣货员可借助电子标签拣货系统。配送中心在分播区安装播种货架，当扫描商品条码时，对应货格的灯就会亮起，显示需要播种的数量，拣货员按照指示来分播商品，一直到合并拣出来的所有商品分发完毕。此方式适用于商品的重合率很高的订单，以及大件商品的订单。

三、拣选系统

目前，配送中心的拣选系统有“人到货”系统和“货到人”系统两种。“人到货”系统是传统的仓库仓储管理技术，“货到人”系统是最近几年才兴起的一种新型仓储管理技术。

（一）“人到货”系统

在配送中心，“人到货”系统主要有借助 RF 手持终端的拣选系统、电子标签拣选系统、拣选小车辅助拣选系统等。

（二）“货到人”系统

“货到人”系统将存储与拣选合二为一，采用 AGV 将所需拣选的商品连同其货架一起送到拣选工位，由拣货员人工完成商品的拣选作业。自动化设备与智能终端相互配合，实现货物到人的自动传输，缩短了拣货员的行走距离，提高了拣货效率。

“货到人”系统由若干拣选站组成，每个拣选站都由单元货架、AGV、拣选台构成。一个拣选站通常有 5～10 个货架，这些货架排列成 U 形，拣货员只需在所属拣选站的范围内活动即可。“货到人”系统特别适用于订单量巨大和海量 SKU（Stock Keeping Unit，库存量单位）的作业场景。

四、拣选策略

拣选策略是影响拣选效率的重要因素。拣货员应对不同订单应采取不同的拣选策略。拣选策略有 4 种：分区策略、订单分割策略、订单分批策略及分类策略。

（一）分区策略

分区策略是指将拣选作业场地做区域划分的策略，可以按商品特性、拣选单位、拣选方式、工作等划分拣选作业场地。采用分区策略的配送中心，在相同的拣货方式下，将拣选作业场地划分为几个拣选分区，由一个或一组固定的拣货员负责拣选某拣选分区的商品。这些拣选分区可同时使用，也可单独使用。

（二）订单分割策略

当订单的商品较多时，拣货员为了能在短时间内完成拣选，可将订单分成若干子订单，在不同拣选分区同时进行拣选。将订单按拣选分区进行分解的过程称为订单分割。

订单分割一般是与拣选分区相对应的，对采用拣选分区的配送中心来说，订单处理的第一步就是按拣选分区进行订单的分割，拣货员在各拣选分区根据分割后的子订单进行拣选，在各子订单拣选完成后，进行订单的汇总。常见的几种订单分割策略如图 3-6～图 3-8 所示。

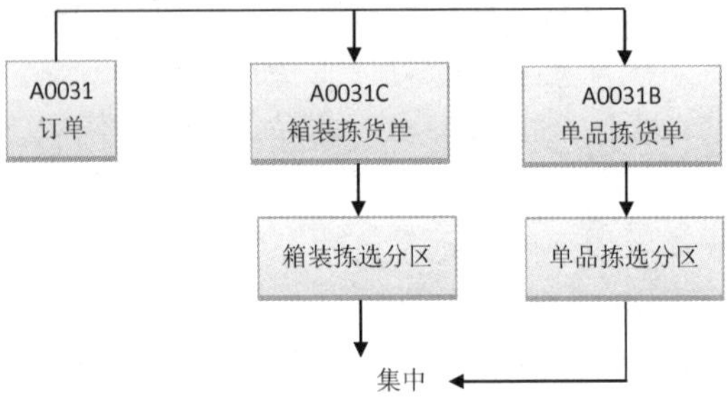

图 3-6　拣选单位分区的订单分割策略

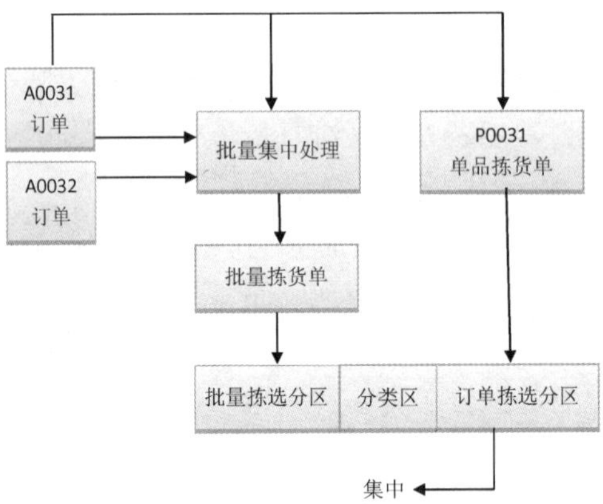

图 3-7　拣选方式分区的订单分割策略

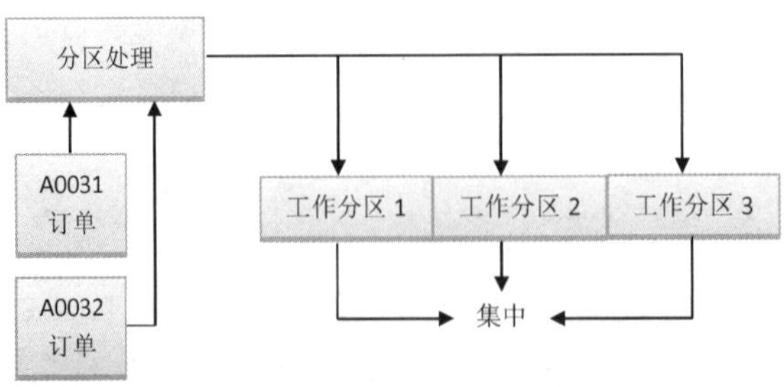

图 3-8　工作分区的订单分割策略

（三）订单分批策略

订单分批策略是指把多张订单集合成一批，进行批次拣选，以缩短拣选时的行走距离和拣选时间的策略。若先将每批次订单中的同一商品品项加总后拣选，再把商品分类给每一张订单，则形成批量拣选。这不仅缩短了拣货员在拣选时的行走距离，还减少了拣货员重复寻找货位的时间，使拣选效率得以提高。

（四）分类策略

在采用播种法时，拣货员在完成拣选后还必须进行分类。分类可以分为两类：一类是在拣选时分类，即在拣选的同时将商品按订单分类；另一类是在拣选后集中分类，即在按合计量拣选后再集中进行分类。

对于以上拣选策略，配送中心可以单独使用，也可联合运用。配送中心也可以不采取任何拣选策略，直接按订单拣选。

五、补货作业

在拣货过程中，如果拣货区没有货，那么作业人员可以进行库内补货。补货的目的是保证拣货区有货可拣。

（一）补货方式

1. 整箱补货

整箱补货是指由货架保管区补货到拣货区的方式。整箱补货的操作方式是作业人员到货架保管区取货，用手推车载箱至拣货区。整箱补货方式较适用于体积小且少量多样出货的商品。

2. 托盘补货

托盘补货是指以托盘为单位进行补货的方式。在这种方式下，保管区以托盘为单位存储商品，可以在平堆区存储商品，也可以用托盘货架存储商品。在补货时，作业人员使用叉车把托盘由保管区运到拣货区进行补货。这种方式适用于体积较大或出货量多的商品。

3. 货架上层至货架下层补货

此方式主要用于保管区与拣货区处于同一货架的情况。货架的上层作为存储区，下层作为拣货区，作业人员在补货时将商品由上层货架向下层货架补充。这种补货方式适用于体积不大、存货量不多，且多为中小量出货的商品。

（二）补货时机

补货作业的发生与否主要看拣货区的商品存量是否符合需求，因此补货时机主要取决于拣货区的商品存量。通常，补货时机可分为批次补货、定时补货和随机补货 3 种。

1. 批次补货

在每天或每一批次拣选之前，先用计算机计算所需商品的总拣选量，再查看拣货区的商品存量，计算差额并在拣货作业开始前补足商品。这种一次补足的补货时机比较适用于在一天内作业量变化不大、紧急追加订货不多，或者每一批次拣选量大的情况。

2. 定时补货

将每天划分为若干时段，作业人员在各时段内检查拣货区的商品存量，如果发现不足，就马上予以补足。这种定时补足的补货时机较适用于分批拣货时间固定且处理紧急追加订货的时间也固定的情况。

3. 随机补货

作业人员随时巡视拣货区的商品存量，发现不足就随时补货。此种不定时补足的补货时机较适用于每批次拣选量不大、紧急追加订货较多，以至于一天内的作业量不易事前掌握的情况。

任务实施

1. 确定拣货方法

拣货方法有摘果法和播种法两种。在实际应用中，拣货员可以单独采用摘果法或播种法，也可以根据拣选商品混合使用这两种方法。两种方法对应的拣货单不同。

通过对红星配送中心收到的有效性订单进行分析可知，3 家门店都订购了如意年糕，因此我们可以将 3 家门店所需如意年糕的数量加总，采用播种法进行拣货，对其余商品则采用摘果法进行拣货。

2. 制作拣货单

（1）播种法的拣货单。

由于 3 家门店都订购了如意年糕，订购总数量为 6 箱，因此我们采用播种法先将 6 箱如意年糕拣选出来，再进行分货。播种法的拣货单如表 3-9 所示。

表 3-9 播种法的拣货单

商品名称	货位	拣选数量/箱			
		合计	九龙店	大平店	北江店
如意年糕	H2-01-02-02	6	3	2	1

（2）摘果法拣货单。

如果采用摘果法进行拣选，一家门店一张拣货单，那么拣货员在拣完后不需要进行分货。九龙店、大平店、北江店的拣货单如表 3-10～表 3-12 所示。

表 3-10 九龙店的拣货单

序号	商品名称	货位	拣选数量/箱	拣选工具
1	贝亲奶嘴	H2-01-01-01 H2-01-02-01	10	手动液压托盘搬运车
2	汤臣倍健蛋白粉	H2-01-06-01	1	手动液压托盘搬运车
3	品利葡萄籽油	H2-01-06-02	1	叉车

表 3-11 大平店的拣货单

序号	商品名称	货位	拣选数量/箱	拣选工具
1	蒙牛奶粉	H2-01-01-03	7	叉车
2	庄民白杏仁	H2-01-05-01	1	手动液压托盘搬运车
3	品利葡萄籽油	H2-01-06-02	1	叉车

表 3-12　北江店的拣货单

序号	商品名称	货位	拣选数量/箱	拣选工具
1	康师傅方便面	H2-01-04-03	4	叉车
2	丘比特沙拉酱	H2-01-05-03	1	叉车
3	天地粮人有机红花生	H2-01-04-02	1	叉车

3. 按拣货单完成拣货任务

拣货员按表 3-9～表 3-12 进行拣货。拣货步骤如图 3-9 所示。若在拣货中出现问题，或拣货时的重复路线过多，则配送中心应优化拣货路线，调整拣货的顺序。

图 3-9　拣货步骤

任务评价

任务评价表如表 3-13 所示。

表 3-13　任务评价表

序号	评价项目	评价标准	分值	得分
1	确定拣货方法	选择的拣货方法合理，拣货次数最少、效率较高	20	
2	制作拣货单	拣货顺序合理，拣货路线最优	30	
3	按拣货单完成拣货任务	操作熟练、规范，正确地完成拣货任务	30	
4	团队合作	分工合理、有效组织、有效协作	20	
合计			100	

同步案例

华博公司的拣选系统

华博公司的配送中心每天接收两次订单，订单由计算机系统进行整理，为拣选作业做好准备。在订单中，整箱商品和拆零商品的比率是 9∶1，配送中心的商品拣选分为拆零拣选和整箱拣选两种。

一、拆零拣选

拆零商品拣选作业一天进行 3 次。配送中心按照商品的物动量大小将拣货区分为两个拆零拣货区。

1. 摘果法拣选

配送中心将出库频率高的商品放在流利式货架上，采用电子标签拣选系统拣选。拣货员按照电子标签拣选系统的指示，取出相应数量的商品，放在沿传送带自动移动的料箱内，完成该商品的拣选。料箱随即自动进入下一工作区域，拣货员再跟随料箱继续进行下一种商品的拣选，直至本区域内的全部商品拣选完成。料箱在装满后，即被放到输送线上。

2．播种法拣选

配送中心将出库频率低的商品放在轻量型货架上，配合使用电子标签拣选系统。首先，拣货员根据信息管理系统的计算结果，取出一次出货所需总量的商品放在货架上；然后，拣货员按照电子标签拣选系统显示的数字取出商品，放在料箱内。在一批商品拣选结束后，拣货员将另一批商品放在货架上，重复上述操作，直至全部商品拣选完毕。

二、整箱拣选

整箱拣选有 3 种方式。

1．全自动方式拣货

对于形状、尺寸规范的整箱商品，拣货员采用全自动化方式拣货。托盘商品在从自动化立体仓库中被取出后，由高速分拣车送到拆垛机械手旁，机械手按照系统指示，自动取走所需要数量的箱子，放在输送带上，箱子被自动贴上出库条码标签。托盘上剩余的商品仍随原托盘被送回自动化立体仓库。

2．人工拣货

超长、超宽的不规则整箱商品，一般数量非常少，超过了机械手的处理范围，由拣货员人工将箱子从托盘上取下，放在输送线上，贴上出库条码标签。

3．整托盘出库

整托盘出库一般适用于大批量订货的订单，拣货员将整托盘的商品直接出库装车。

三、出库检查和装车配送

所有拣选好的拆零商品和整箱商品在经过出库前的检查后，都进入滑块式自动分拣系统，在按照配送路线经过自动分拣后，被送到相应出库口。伸缩式皮带输送机和托盘输送机将纸箱或托盘按照反配送顺序直接送入配送车辆，进行配送。

问题：该配送中心针对不同的商品采用了什么拣货方式？使用了哪些拣货设备？

同步实训

能力拓展

扫一扫，看同步实训　扫一扫，看能力拓展

任务三　复核与打包

学习目标

- ✧ 能熟练地进行出库商品的复核。
- ✧ 熟悉包装的原则。
- ✧ 能根据商品的性质和数量选择适合的包装材料，完成打包工作。

学习任务

小张在某电商平台购买了一款手机，拣货员将这张订单的手机从仓库拣货区拣出来并准备好后，送到复核与打包区。请完成这张订单的复核与打包任务。

任务分析

要完成上述任务，我们需要完成以下 3 项工作。

（1）核对商品信息。

（2）选择包装容器和材料。

（3）装箱、贴快递运单。

我们需要对拣货完成的商品进行核对，在确认无误后，选择相应的包装容器和材料，装箱并贴快递运单。复核与打包的流程和知识点如图 3-10 所示。

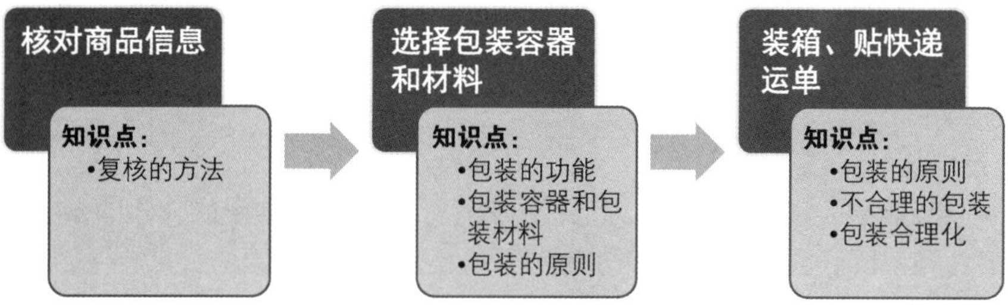

图 3-10　复核与打包的流程和知识点

任务引导

一、复核

在拣货完成后，复核人员需要对每张订单的商品进行检查，逐一核对每张订单商品的品种、数量、型号、批次等，核查商品的包装有无问题。复核一般采用扫描验货和人工验货两种方法。

（一）扫描验货

复核人员采用 RF 手持终端扫描订单条码和商品条码，利用信息系统，通过扫描的条码信息来判定商品信息与订单信息是否相符，如不正确，系统就会给出提示。

（二）人工验货

复核人员人工核对出库商品信息与订单信息是否相符。如果是线下连锁经营门店的订单，那么复核人员在复核完成后，将复核好的商品放至发货暂存区，等待装车配送；如果是线上的电商订单，那么复核人员在复核完成后还需对商品进行打包，形成包裹，以便快递公司进行配送。

二、打包

复核人员在完成出货复核后，需要对复核正确的商品进行打包。复核人员需选择适合的包装容器，将出货单、发票、商品放在包装箱或包装袋内，用胶带封箱或袋，将快递运单贴在包装箱或包装袋上，以便进行配送。

（一）包装的功能

包装是为在流通过程中保护商品、方便储运、促进销售，按一定技术方法而采用的容器、材料及辅助物等的总称。

在整个物流过程中，包装发挥着对商品储运的保护作用、装卸搬运的便利作用和销售宣传的促进作用。因此，包装的功能有以下几个。

1. 保护功能

保护商品是包装的首要功能。包装的保护功能主要体现在以下几个方面：防止商品破损或变形；防止商品发生化学变化；防止商品发生腐霉、被鼠咬虫食；防止异物混入、污物污染商品；防止商品丢失等。科学、合理的包装可以保护商品在流通过程、储运过程中的完整性和不被损坏。

2. 便利功能

包装的便利功能表现为包装便于运输、仓储、装卸搬运和销售，同时便于消费者使用。要实现便利功能，包装的大小、形态、材料、重量、标志等要素都应为运输、仓储、装卸搬运等作业创造便利条件，包装及拆装作业应简便、快速，拆装后的包装材料应当容易处理。

3. 促销功能

良好的包装能给人以美的享受，起到激发消费者的购买欲望的作用，成为商品推销的一种主要工具和手段。因此，包装被誉为“不讲话的推销员”。

（二）包装容器和包装材料

常见的包装容器有包装箱、包装盒、包装袋、包装瓶、包装罐等。电商订单商品的包装一般选用包装箱、包装盒、包装袋。

为了保护商品在运输、配送过程中不被损坏，作业人员通常采用缓冲包装技术和防破损保护技术，使用充气枕、气泡垫、珍珠棉、纸板等防震材料，将商品（尤其是易碎商品）进行不同程度的防损包装。一般内部填充级别为充气枕＞气泡垫＞纸板/二次纸箱＞无填充。

（三）包装的原则

1. 最低包装原则

一般包装级别为新纸箱＞二次纸箱＞PE（聚乙烯）气泡袋＞防水袋＞缠绕膜＞原包装。不同类别的商品应选用不同级别的包装，如表 3-14 所示。

表 3-14　不同类别的商品应选用的包装

序号	商品类别	选用的包装
1	服饰内衣	防水袋
2	个护健康用品	防水袋、PE 气泡袋
3	个人护理用品	防水袋
4	美妆护肤用品	纸箱
5	家用电器	纸箱
6	计算机等办公用品	纸箱
7	数码商品	纸箱
8	手机	纸箱

作业人员在进行商品打包时，使用耗材一般遵循等于或者高于标准包装的原则，在标准包装不足或者尺寸过大或过小，无法使用的情况下，可以使用更高级别的包装。

2. 耗材节约原则

在使用标准包装的情况下，作业人员应选用合适型号和种类的耗材进行包装，避免大箱小物、过度包装等，以控制耗材成本。若可使用更简易的包装，且能保证商品在运输途中保持完好，则作业人员要有节约耗材和绿色包装的意识，使用更简易的包装。

（四）不合理的包装

不合理的包装主要表现为包装不足和包装过剩。在实际中，作业人员应采用科学的方法确定最优包装，以防止包装在强度、材料、容量、成本等方面的不足和过剩。

1. 包装不足

包装不足造成的主要问题是被包装物遭受损失及包装的促销功能减弱。包装不足主要有以下几种情况。

（1）包装强度不足，使得包装的防护性不足，使被包装物遭受损失。

（2）包装容器的层次及容积不足，使被包装物遭受损失。

（3）包装材料不足，包装材料选择不当，使得包装不能很好地发挥保护功能。

（4）包装成本过低，不能达到必要的包装要求。

2. 包装过剩

消费者购买的是内装物，若包装过剩，则包装物大多成为废弃物被丢弃，造成浪费。而对物流而言，过重、过大的包装也提高了物流成本。包装过剩主要有以下几种情况。

（1）包装物的强度设计过高，使包装的防护性过高。

（2）包装级别过高。

（3）包装技术过高，包装层次过多，包装体积过大。

（4）包装成本过高。包装成本占商品成本的比例过高。

（五）包装合理化

包装合理化是指在包装过程中使用适当的材料和适当的技术，节约包装费用，降低包装成本，既满足包装保护商品、方便储运、促进销售的要求，又提高包装的经济效益。

1. 包装轻薄化

由于包装只是起保护作用，没有增加商品使用价值的作用，因此在强度、寿命、成本相同的条件下，更轻、薄、短、小的包装可以节约材料、提高运输和装卸搬运的效率。

2. 包装单纯化

为了提高包装作业的效率，包装材料、包装形状、包装规格应单纯化。包装材料的品种少，便于管理和减少浪费；包装形状和包装规格单一，有利于提高作业效率，从而实现机械化。

3. 包装绿色化

包装会产生大量废弃物，处理不好就可能造成环境污染。包装材料最好可反复多次使用并能回收再利用。在包装材料的选择上，作业人员还应该考虑对人体健康不产生不利影响、对环境不造成污染，即选择绿色包装。绿色包装是指既可充分发挥各种包装功能，又有利于环境保护，废弃物最少，易于循环及回收再利用或自行降解的包装。另外，在运输、仓储、装卸搬运等环节实行集装化作业，也可以减少包装材料的使用。

4. 包装便利化

包装物的大小、形状、重量、体积一要便于运输、仓储和装卸搬运；二要便于堆码、摆放、陈列、提取、携带；三要便于拆解、回收再利用。

5. 包装的协调化

包装环节是物流系统的一部分，需要和运输、仓储、装卸搬运等环节协调。

任务实施

1. 实施步骤

（1）核对商品信息。

复核人员先使用 RF 手持终端扫描容器号，系统会显示该容器中所有商品的信息；再扫描商品条码，核对商品信息是否一致并检查包装是否完好，如商品信息一致且包装完好，则进行装箱，如不一致，则说明拣选的商品有误，需要重新拣选。

（2）选择包装容器和材料。

根据订单的商品类别和商品数量，选择包装容器和材料。

（3）装箱、贴快递运单。

将订单的商品装箱，打印快递运单，使用胶带正确地进行封箱，将快递运单合规地贴在纸箱上，在粘贴时标签朝上。至此，打包完成。

2. 注意事项

（1）在复核时注意商品是否完好。

（2）拣货出现差异的订单不能复核。

（3）选用合适型号和种类的耗材进行包装，避免大箱小物、过度包装等。

（4）在使用胶带封箱时，不能用“十”字、“廿”字粘贴。

任务评价

任务评价表如表 3-15 所示。

表 3-15　任务评价表

序号	评价项目	评价标准	分值	得分
1	核对商品信息	商品信息核对无误，商品包装完好	30	
2	选择包装容器和材料	包装容器和材料选择合理，体现最低包装、耗材节约原则	30	
3	装箱、贴快递运单	打包方法正确、快递运单的粘贴位置正确	40	
合计			100	

同步案例

小米公司北京仓储中心的作业流程

小米公司北京仓储中心的主要工作分为两个方面：一是负责从工厂接收手机、配件；二是负责将一张张订单转换成一件件包装好的快件，发往全国各地。从订单到发货的主要步骤为打单、分拣、配货、发货。

1．打单

客户的订单会被按内容进行分类，相同内容的订单会被排在一起，一般 40 张订单为一组。之后，机器打印订单、发票、配送信息。

2．分拣

随后这些 40 张为一组的订单被送到分拣员手上。分拣员根据订单信息，从仓库中拣出这批订单所需的全部配件。仓库分为两个区域，手机和 SD 存储卡被单独放在高值区，电池、外壳等配件则被存放在另外一个区域。分拣好的配件会被小车送达配货区。

3．配货

配货是这样进行的：作业人员扫描第一张订单，配货信息出现在计算机屏幕上；作业人员将上面拣好的配件逐一选出、扫描，放入包装盒中并封好，一张订单的商品准备完毕；作业人员扫描下一张订单，完成相同的工作。一张订单的平均处理时间为 40s。

4．发货

在配货完成之后，作业人员进行称重并贴好快递运单，发货。

问题：小米公司北京仓储中心是如何进行配货的？

同步实训

能力拓展

扫一扫，看同步实训　扫一扫，看能力拓展

第二篇

智能配送

项目四

送货作业管理

引例

京东智能路线优化系统

《最强大脑》节目中曾出现过考验选手记忆多名运动员 15min 内奔跑路线的难题，让观众大呼不可思议。而对京东普通的配送员而言，要在最短的时间内将每一个包裹快速送达客户手中，这个任务的难度不亚于上述难题。

成熟的配送员依靠一段时间的摸索，能够逐渐得心应手地完成订单配送任务，但随着京东配送服务水平的不断提升，在快的基础上，"京准达"等个性化、定制化服务的推出，生鲜商品等特殊品类商品的加入，对配送员的工作提出了更高的要求。为了更好地辅助配送员的工作，满足客户更多个性化的配送需求，京东物流为配送员配上了"最强大脑"——智能路线优化系统。

京东物流自主研发的智能路线优化系统是用算法技术打造的决策系统，融合了目前业内领先的分支切割算法、可变邻域搜索、快速小邻域局部搜索、元启发式算法、分布式并行技术；融入了客户收货习惯、站点地址、订单号、订单时效、客户收货地址经纬度、配送员当前坐标、配送员配送习惯等各项参数，根据参数来匹配配送员的订单和客户的商品，实现最短的配送路线，满足客户的精准需求。智能路线优化系统可根据订单类型和配送时效计算出可视化地图，给出最佳配送建议和预估时间，让配送员在其指导下完成配送。

（资料来源：环球网）

配送中心在完成出库作业以后需要送货，送货作业管理的两个重要内容是配送路线优化和车辆配载。

任务一　配送路线优化

学习目标

✧ 掌握配送路线优化的方法。

✧ 能使用配送路线优化方法优化配送路线并制定运送方案。

学习任务

红星配送中心在完成订单拣货以后，要按时对有效订单进行配送。红星配送中心有一批稳定的客户资源（A～J），其中此次的有效订单为大平店（C）、九龙店（D）、北江店（E）。图 4-1 中的 P 代表红星配送中心，连线上的数字表示公路里程（单位：km），靠近各客户括号内的数字表示各客户对货物的需求量（单位：t）。红星配送中心有载重量为 2t 和 3t 的卡车可供使用，且车辆一次巡回里程不超过 40km。

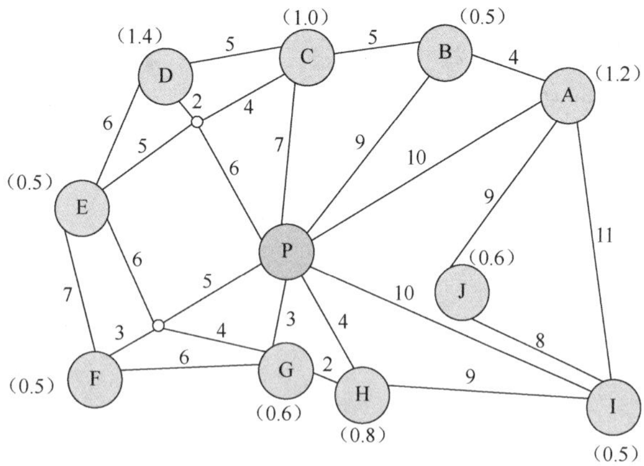

图 4-1 红星配送中心的客户分布图

请完成以下任务。

（1）选择合适的配送路线优化方法。

（2）优化配送路线，实现节能减排的目标。

（3）确定配送顺序。

任务分析

要完成上述任务，我们需要完成以下 3 项工作。

（1）确定配送路线优化的方法。

（2）计算最优配送路线。

（3）确定配送顺序。

配送路线优化的流程和知识点如图 4-2 所示。

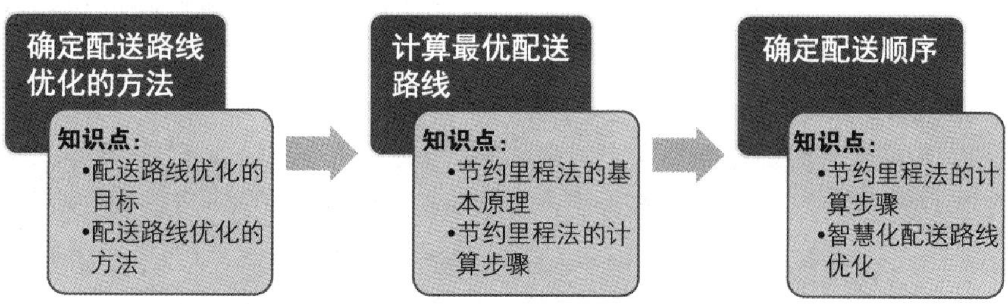

图 4-2 配送路线优化的流程和知识点

任务引导

配送路线是指车辆在向各客户送货时所经过的路线。配送路线的确定要根据客户的具体位置、沿途的交通情况、送货时间限制等做出判断和选择，使车辆不重复返回原地，同时使配送的货物被按时送给客户。

一、配送路线优化的目标和约束条件

（一）配送路线优化的目标

无论采用哪种方法进行配送，配送中心都必须根据想要实现的明确目标，以及实现该目标的限制因素来确定配送路线。根据配送的具体要求、配送中心的实力及客观条件来确定要实现的目标。配送路线优化的目标主要有以下几个。

（1）效益最高。

（2）成本最低。

（3）路程最短。

（4）吨公里数最小。

（5）准时性最高。

（6）运力运用最合理。

（7）劳动消耗最低。

在上述目标中，路程最短、吨公里数最小、劳动消耗最低都直接与成本相关，以成本为目标与以效益为目标事实上是相辅相成的，因此成本控制在配送路线的选择与确定工作中居于核心地位。

（二）配送路线优化的约束条件

无论选择哪个目标，都是有一定的约束条件的，只有在满足这些约束条件的前提下才能实现这些目标。一般来说，配送路线优化的约束条件有以下几个。

（1）满足所有收货人对货物品种、规格及数量的要求。

（2）满足收货人对货物送达时间的要求。

（3）在允许通行的时间内进行配送，各配送路线的货物量不得超过车辆容积和载重量的限制。

（4）在已有送货运力资源允许的范围内。

二、节约里程法

节约里程法又叫车辆调度程序法。节约里程法是解决单起点多回路最短路线问题最常用的方法，是形成人工和计算机计算单起点多回路最短路线的基础。

（一）节约里程法的基本原理

节约里程法的基本原理是根据配送中心的配送能力（包括车辆的多少和载重量）和配送中心到各客户及各客户之间的距离，来制定使总的车辆运输的吨公里数最小的配送方案。

如图 4-3 所示，O 表示配送中心，A、B 表示客户，三者相互间的距离分别为 a、b、c。从配送中心 O 运送货物给客户 A 和 B，有以下两种配送方案可供选择。

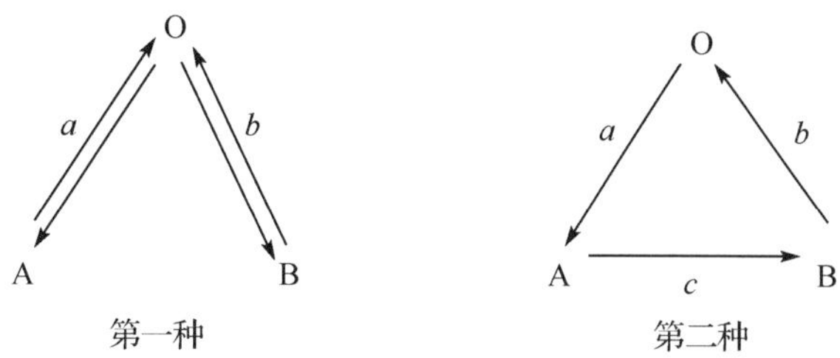

图 4-3　配送方案

第一种：O—A—O—B—O，总距离$=2a+2b$。

第二种：O—A—B—O，总距离$=a+b+c$。

在第二种配送方案中，节约里程数$=a+b-c$。

（二）节约里程法的适用条件

（1）配送中心有稳定的客户群。

（2）各配送路线的负荷尽量均衡。

（3）满足客户要求的交货时间要求（一条路线的送货总里程不能太长，否则会影响向客户交货的准时性）。

（4）货物总量不能超过车辆的额定载重量。

（三）节约里程法实例

已知配送中心 P_0 向 5 个客户（P_1、P_2、P_3、P_4、P_5）配送货物，其配送路线网络、配送中心与各客户的距离及各客户之间的距离如图 4-4 所示，图中括号内的数字表示客户的需求量（单位：t），路线上的数字表示两点之间的距离（单位：km），配送中心有 3 辆载重量为 2t 的卡车和 2 辆载重量为 4t 的卡车两种车辆可供使用。

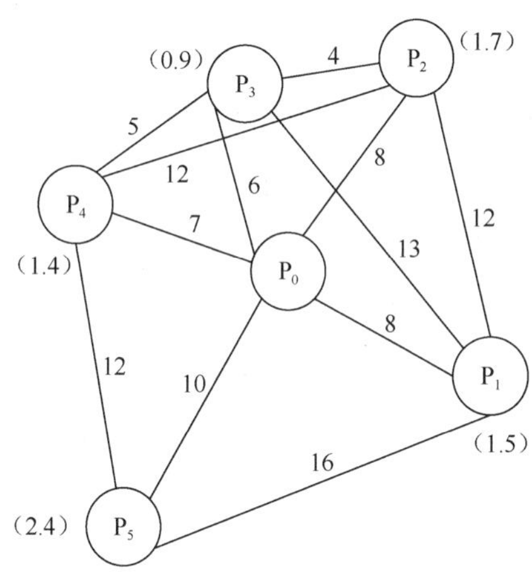

图 4-4　节约里程法实例

（1）试利用节约里程法制定最优的配送方案。

（2）设卡车的平均行驶速度为 40km/h，试计算优化后的配送方案比单独向各客户配送可节约多少时间。

第一步：用最短路线法求解各客户之间的最短距离，收集的里程数据如图 4-5 所示。

P_0					
8	P_1				
8	12	P_2			
6	13	4	P_3		
7	15	9	5	P_4	
10	16	18	16	12	P_5

图 4-5　收集的里程数据（单位：km）

第二步：根据最短路线结果和节约里程法的基本原理，计算各客户之间的节约里程数。

例如，P_1、P_2两点的节约里程数为 8+8−12=4（km）。按照同样的算法，可求出任意两点的节约里程数，如图 4-6 所示，括号内的数字为节约里程数。

P_0					
8	P_1				
8	（4） 12	P_2			
6	（1） 13	（10） 4	P_3		
7	（0） 15	（6） 9	（8） 5	P_4	
10	（2） 16	（0） 18	（0） 16	（5） 12	P_5

图 4-6　节约里程数汇总（单位：km）

第三步：将节约里程数按从大到小的顺序进行排序，如表 4-1 所示。

表 4-1　节约里程数排序

序号	路线	节约里程数/km	序号	路线	节约里程数/km
1	P_2P_3	10	6	P_1P_5	2
2	P_3P_4	8	7	P_1P_3	1
3	P_2P_4	6	8	P_2P_5	0
4	P_4P_5	5	9	P_3P_5	0
5	P_1P_2	4	10	P_1P_4	0

第四步：确定配送路线。

根据载重量约束与节约里程数大小，按顺序连接各客户节点，形成两条配送路线，即 A、B 两种配送方案。

①构建初始方案。从配送中心分别向各客户进行配送，共有 5 条配送路线，总里程为 78km，需使用 5 辆卡车。

②修正初始方案。根据节约里程数，将 P_2、P_3两点连接，去掉 P_0，形成一个回路。

③按照以上确定路线的方法继续优化，产生最终方案，共有两条配送路线，总里程为58km。

配送路线分别如下。

配送路线 A：P_0—P_2—P_3—P_4—P_0（见图 4-7），运量＝1.7＋0.9＋1.4＝4（t）。

配送路线 B：P_0—P_5—P_1—P_0（见图 4-7），运量＝2.4＋1.5＝3.9（t）＜4（t）。

用两辆 4t 卡车运送。

第五步：确定配送顺序。计算两个回路顺时针和逆时针配送的运量大小。

①配送路线 A。

逆时针：（1.7＋0.9＋1.4）×8＋（0.9＋1.4）×4＋1.4×5＝48.2（t • km）。

顺时针：（1.7＋0.9＋1.4）×7＋（1.7＋0.9）×5＋1.7×4＝47.8（t • km）。

47.8＜48.2，配送路线 A 选择顺时针走更节能。

②配送路线 B。

逆时针：（2.4＋1.5）×10＋1.5×16＝63（t • km）。

顺时针：（2.4＋1.5）×8＋2.4×16＝69.6（t • km）。

63＜69.6，配送路线 B 选择逆时针走更节能。

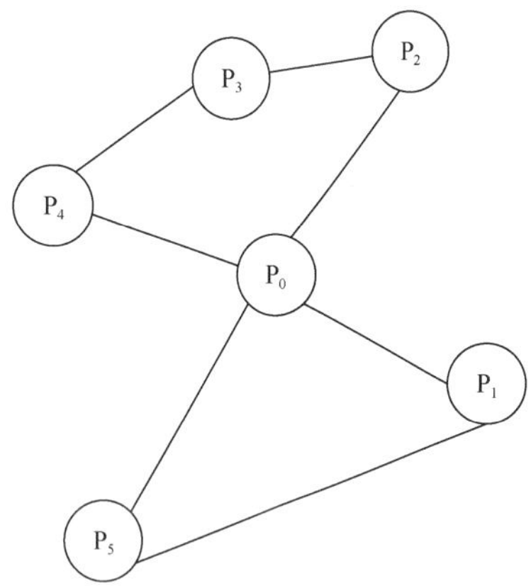

图 4-7　最优送货路线

三、智慧化配送路线优化

配送中心使用 GIS（Geographic Information System，地理信息系统）/GPS（Global Positioning System，全球定位系统）、GPRS（General Packet Radio Service，通用分组无线服务）通信、大数据及数据库等技术开发、设计或购买配送管理系统（模块），支撑自身的业务管理。在配送路线优化方面，配送中心选择订单日期调取订单数据，根据配送车辆的装载量、客户分布、配送订单信息、配送路线交通状况、司机对送货区域的熟悉程度等因素设定优化约束条件，系统自动进行配送路线的优化处理，形成最佳配送路线和配载方案。在配送路线优化后，业务人员可以根据业务的具体情况进行临时配送路线的合并和调整，以适应送货管理的实际需要。

配送中心使用路线优化系统，对配送路线进行整体优化。路线优化系统多采用国际先进的智能优化算法，运算速度快，能够减少行驶里程数、减少出车次数，从而有效降低物流配送成本。同时，路线优化系统能够显著提升作业效率，用系统优化取代了烦琐的人工优化，能够将人工以小时为单位的配送计划编制时间缩减到以分钟为单位，大幅提高作业效率，减少作业误差。路线优化系统能够根据业务的实际情况进行综合考虑，满足多维度、多目标优化决策的需求，涵盖车型、订单、客户情况等，实现配送路线优化的目标。目前，部分路线优化系统已经支持云计算，配送中心只需根据需要购买云服务，不需要购置和安装客户端。需要说明的是，无论是哪种路线优化系统，其核心都是算法，随着配送节点的增加，配送路线呈现指数级的增长趋势，要寻找高效的配送路线组合提高物流效率、降低物流成本、满足网点要求，离不开高效的人工智能、大数据、深度学习等的支撑。

任务实施

1. 实施步骤

（1）确定配送路线优化的方法。

有稳定客户群的配送中心可以用节约里程法优化其配送路线。

（2）计算最优配送路线。

计算步骤如下。

第一步：用最短路线法求解各客户之间的最短距离。

第二步：根据各客户之间的所有路线计算其节约里程数。节约里程数汇总如图 4-8 所示。

	A									
B	15	B								
C	8	11	C							
D	4	7	10	D						
E	3	6	9	13	E					
F	0	0	0	3	12	F				
G	0	0	0	0	4	5	G			
H	0	0	0	0	3	4	5	H		
I	9	4	0	0	0	1	2	5	I	
J	19	14	7	3	2	1	2	5	20	J

图 4-8　节约里程数汇总（单位：km）

第三步：对各路线的节约里程数进行排序，如表 4-2 所示。

表 4-2　节约里程数排序

序号	1	2	3	4	5	6	7	8	9	10	11
路线	IJ	AJ	AB	BJ	DE	EF	BC	CD	AI	CE	AC
节约里程数/km	20	19	15	14	13	12	11	10	9	9	8
序号	12	13	14	15	16	17	18	19	20	21	22
路线	BD	CJ	BE	FG	GH	HI	HJ	AD	BI	EG	FH
节约里程数/km	7	7	6	5	5	5	5	4	4	4	4
序号	23	24	25	26	27	28	29	30			
路线	DF	DJ	EH	EJ	GI	GJ	FI	FJ			
节约里程数/km	3	3	3	2	2	2	1	1			

第四步：确定配送路线。按照表 4-2，从节约里程数最大的开始优化，组成配送路线，如图 4-9 所示。

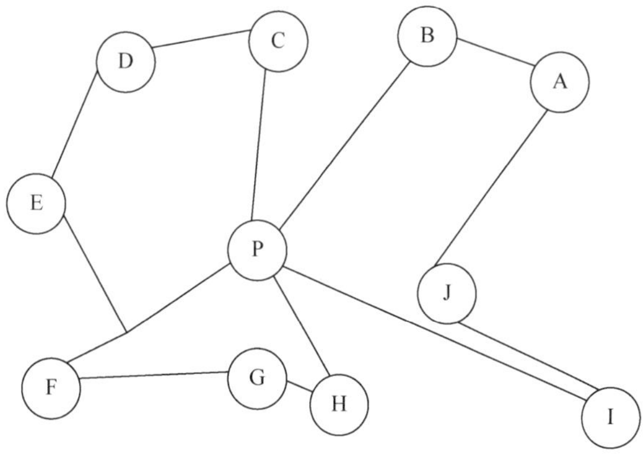

图 4-9　配送路线

配送路线 1：P—I—J—A—B—P，需 1 辆载重量为 3t 的卡车。

配送路线 2：P—C—D—E—P，需 1 辆载重量为 3t 的卡车。

配送路线 3：P—F—G—H—P，需 1 辆载重量为 2t 的卡车。

有效订单都在配送路线 2 中，进行运量计算。

（3）确定配送顺序。

P—C—D—E—P 的运量=7×2.9+5×1.9+6×0.5=32.8（t・km）

P—E—D—C—P 的运量=11×2.9+6×2.4+5×1.0=51.3（t・km）

所以最优配送路线为 P—C（大平店）—D（九龙店）—E（北江店）—P，故需要 1 辆载重量为 3t 的卡车。

2. 注意事项

（1）在计算配送路线的第一步收集各客户之间的里程数据时，一定要收集最小里程数据。

（2）将节约里程数从大到小排列，节点重复后，节约里程数无意义。

任务评价

任务评价表如表 4-3 所示。

表 4-3　任务评价表

序号	评价项目	评价标准	分值	得分	序号
1	确定配送路线优化的方法	根据适用条件正确选择配送路线优化的方法	20		
2	计算最优配送路线	计算步骤无遗漏	60		
3	确定配送顺序	确定的配送顺序正确	20		
合计			100		

同步案例

菜鸟裹裹的智慧物流汽车

未来，智慧物流汽车计划运用“智能”和“绿色”实现配送员、车、货、场景、仓库、城市末端配送等一体化的智能绿色覆盖。系统会根据订单动态生成最优配送路线，并根据业务及道路情景自主感知和动态调整界面，实现与司机的语音交互，改变目前依靠人工调度的现状，实现智慧跑、智能送。在车辆配送环节中，系统利用路线优化引擎，优化车辆行驶里程，减少车辆使用数量和车辆行驶距离。

（资料来源：橙子游戏网）

问题： 智慧物流汽车可以在企业中发挥什么作用？

同步实训

能力拓展

扫一扫，看同步实训　扫一扫，看能力拓展

任务二　车辆配载

学习目标

✧ 掌握配载的原则和注意事项。

✧ 能制订配载计划。

学习任务

在项目三中，红星配送中心完成了大平店、九龙店、北江店 3 家门店订单商品的拣货任务以后，接下来需要完成商品的配载，订单的详细信息请参看项目三的任务一。

请完成这 3 家门店订单商品的配载。

任务分析

要完成上述任务，我们需完成以下 3 项工作。

（1）确定装车顺序。

（2）制订配载计划。

（3）完成装车。

配载的流程和知识点如图 4-10 所示。

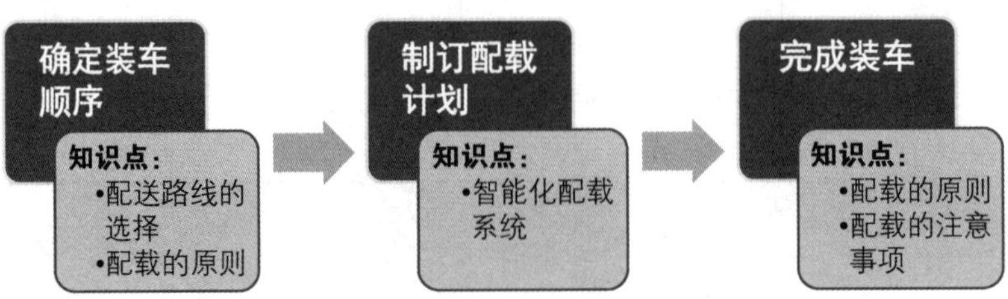

图 4-10　配载的流程和知识点

任务引导

通过配送路线优化，配送中心可以将配送路线确定下来。配送路线的确定意味着配送顺序的确定，也意味着商品装车顺序的确定。在一般情况下，在知道配送顺序之后，配送中心只要将商品按后送先装的原则装车即可。但实际情况并非这样简单，由于商品的性质、种类不同，对装卸、受力、防震等的要求不同，而且商品的体积及包装形式各异，因此配送中心在装车时，需要合理安排、科学装车，既要考虑车辆的载重量，又要考虑车辆的容积，使车辆的载重量和容积都能得到有效的利用，同时要便于装卸，不会损坏商品。车辆配载就是要在充分保证商品质量和数量完好的前提下，尽可能提高车辆在载重量和容积两方面的利用率，以充分发挥运能、节省运力、降低配送费用。

一、配载的原则

车辆配载要解决的问题是如何将商品装车、按什么顺序装车。为了有效地利用车辆的载重量和容积，配送中心需要考虑商品的性质、形状、重量和体积等因素。配载的原则如下。

（1）充分利用车辆的载重量和容积，尽可能多地装入商品。

（2）不超过车辆的额定载重量和容积。

（3）重不压轻，大不压小。

（4）后送先装。

（5）商品堆放要前后、左右、上下重心平衡。

（6）商品与商品之间、商品与车辆之间应留有空隙并适当衬垫，防止货损。

（7）商品的标签朝外，以方便装卸。

（8）装货完毕，作业人员应在门端处采取适当的稳固措施。

二、配载的注意事项

（1）为了减少或避免差错，应尽量把外观相近、容易混淆的商品分开装载。

（2）不将散发异味的商品与具有吸收性的商品混装。

（3）切勿将渗水商品与易受潮商品一同存放。

（4）包装不同的商品应分开装载，如板条箱商品不要与纸箱、袋装商品堆放在一起。

（5）具有尖角或其他突出物的商品应与其他商品分开装载或用木板隔离。

（6）尽量不将散发粉尘的商品与清洁商品混装。

（7）危险商品要单独装载，配载于同一车内的危险商品尽量隔离。

三、配载计划的制订

配载通过重货和轻货的合理搭配，使得车辆的载重和载容量都接近车辆规定的上限，使得运输收益最大化。如果要提高车辆的运输收益，提升配载效率就成为重要的手段之一。早期的配载计划多根据配送商品对象设置专职岗位，专职岗位负责某条路线的配载计算和打印预配载清单，作业人员参照预配载清单装车；部分配送中心甚至采用不配载（有货就装模式）、现场配载（根据现场情况，作业人员当场决定配载方案）等粗放的作业方法，配载主要依靠经验，配载率不可控。而借助智能化、信息化手段能够提高配载率、增加运输收益、量化配载考核、提高管理水平。因此，越来越多的配送中心开始使用智能化配载系统。

由于人工数据分析和计算能力受限、作业时间限制等原因，配送中心在实际工作中常常不可能每次都得到最优的配载方案，只能先将问题简单化，节约计算时间，简化配载要求，然后逐步优化，找到接近最优方案的可行方案。当考虑到不同客户的具体送货要求、商品的多种特征及送货车辆的限制时，计算的数量将极为庞大，依靠手工计算几乎不可能完成。配送中心需要在用数学方法总结出数学模型后，使用车辆配载软件，将数学模型中的相关参数输入计算机中，由软件自动生成配载方案，并进行图形化模拟。智能化配载系统往往与配送路线优化系统集成，实现配送路线优化、车辆调度和配载的整体优化，提升配送效率，降低配送成本。

任务实施

1. 实施步骤

红星配送中心在优化配送路线、调拨运输车辆后，应根据车辆情况和商品情况进行车辆配载。

（1）确定装车顺序。

红星配送中心使用节约里程法计算出的配送路线优化结果是，配送顺序是大平店、九龙店、北江店，根据后送先装的原则，装车顺序为北江店、九龙店、大平店。

（2）制订配载计划。

用一辆载重量为3t的卡车装完3家门店的所有订单商品，计算是否超载。

重量=0.5+1.4+1.0=2.9（t）<3（t）

装载率=2.9/3×100%≈96.7%

符合条件，没有超载。

（3）完成装车。

大平店的散货订单中既有固体商品，又有液体商品，红星配送中心应用两个物流箱将固体商品和液体商品分开，分别存放。大平店的散货装箱图如图4-11所示。九龙店和北江店的散货订单中只有液体商品，用一个物流箱即可，其散货装箱方法可参照大平店的散货装箱方法。

倾城之恋发夹套装
水晶刷
香味荧光星星条
清亮牙签牙线
安居高级不锈钢吊夹
金达日美叉匙
CLOTHES ROPE 尼龙绳
爱乐迪洁肤柔湿巾
清亮一次性雨衣

恒大冰泉 500mL
伊藤园浓茶绿茶饮料 500mL
乐虎氨基酸维生素功能饮料 250mL

图4-11 大平店的散货装箱图

作业人员应根据配载的原则，轻拿轻放，在装车过程中保护商品。

2. 注意事项

（1）作业人员在装车时要仔细核对商品名称、数量，避免漏装、少装、多装。

（2）作业人员在装车时要轻拿轻放，避免损坏商品。

（3）为了减少或避免差错，作业人员应尽量把外观相近、容易混淆的商品分开装载；在装载散货时，应将固体商品和液体商品分开装载。

（4）具有尖角或其他突出物的商品应和其他商品分开装载或用木板隔离，以免损伤其他商品。

任务评价

任务评价表如表4-4所示。

表4-4 任务评价表

序号	评价项目	评价标准	分值	得分
1	确定装车顺序	装车顺序为后送先装	20	
2	制订配载计划	提高装载率并且没有超载	50	
3	完成装车	相容性低的商品分开存放	30	
合计			100	

同步案例

装箱大师

装箱大师（LoadMaster）是由北京达纬恒通信息技术有限公司开发的一款集装箱智能装箱软件。装箱大师有6个版本，可帮助企业实现不同的功能需求。

装载规则即货物能够以何种方式装入货柜或集装箱等容器中。是否具有丰富而切合实际需求的装载规则是判断一款装箱软件优劣的重要标准。

装箱大师支持的装载规则如下。

（1）货物方向设置，即货物在集装箱中能够以何种方式摆放，规则立方体通常有3种摆放方式，即立放、平放和侧放，具体来说就是以立方体的长、宽和高构成的3个面作为底面而形成的3种摆放方式；考虑到某种货物只支持一种摆放方向，即只能有一个面作为底面，摆放方式最多可扩充至6种。支持“立放优先”原则。

（2）最大堆码层数，即货物在垂直方向上能够堆放的最大层数。

（3）承重能力设置。不同货物的承重能力各不相同，设置合理的承重能力可以避免因摆放在上层的货物过重而造成的货物损坏。

（4）悬空处理。在实际装箱工作中，上层货物通常不被严格要求完全被下层货物支撑，未被支撑部分即为悬空。设置悬空比率符合实际装箱工作的需求，也可更充分地利用容器的空间。

（5）模拟缝隙。若货物为易碎品，则需要填充缓冲器材；若货物在承重条件下易变形，或者需要添加木板等加固件，则作业人员要在设计装箱方案时预留空隙。

（6）是否可承载自身，即同种货物能否在纵向上摆放。若货物过重而只能摆放在底部且只能摆放一层，则作业人员需要将其设置为不可承载自身。

（7）自动躲避角件。角件为集装箱内部顶角上的两个紧固件。在实际装箱中，由于考虑到角件，易出现货物差一点就能完全装入集装箱中的情况。装箱大师具备自动躲避角件功能，作业人员需要在选择集装箱时设置角件尺寸，装箱大师会在设计装箱方案时自动躲避角件。

（8）设置优先级，即设置货物的装载优先级和顺序。该功能主要可应对如下情况：拼箱；需要在不同的地点卸货，让某些货物先装后卸；确保某种货物不会被落下。

（9）手动编辑，即使用鼠标来手动调整容器内的货物，以及在集装箱之间交换货物，甚至可以完全手动设计装箱方案。

（10）塞货，即往货物间的缝隙或集装箱中未被利用的空间中塞货，适用于货物种类较多且大小相差较大的情况。

（11）交叉深度，即在摆放不同优先级的货物时，允许不同优先级货物的交叉程度。

问题：装箱大师考虑了哪些配载的原则？

同步实训

能力拓展

扫一扫，看同步实训　扫一扫，看能力拓展

项目五

快递配送

引例

2021年以后的快递将变成这样

通过快递能买到的农特产品越来越丰富、越来越新鲜了，快递能寄达的国家和地区越来越多了，电商快件不再二次包装的比例越来越高了，全社会关爱快递小哥的氛围越来越浓了……对于近年来邮政快递的变化，人们有着切身的感受，邮政快递服务变得更为畅通、更为智能、更为绿色，快递小哥也将感受到更多温暖。

一、更为畅通

2021 年，国家邮政局深入推进“快递进村”，加快推动“快递进厂”，积极促进“快递出海”，以进一步提升行业服务农村、服务生产、服务国际的能力水平。为了实现“力争年底东部地区基本实现快递服务直投到村，中、西部地区建制村快递服务通达率分别达 80%和 60%”的目标，国家邮政局落实“快递进村”3 年行动方案，编制进村指引，因地制宜地推动邮快、交快、快快合作多模式并进，多品牌快递服务有效下沉，提高覆盖率、增加代投量、提升信息对接率，打造“快递进村”典型示范项目，畅通“快递进村，农品出村”微循环，继续培育全国金牌项目和省级银牌项目。

同时，国家邮政局制定“快递进厂”行动方案，编制“快递进厂”指引，搭建寄递企业与制造企业的供需对接平台，引导企业加强快运物流网络建设，提升供应链服务水平，在全国遴选一批方向领先、成效显著的融合发展典型项目，在制造业集聚区建设一批快递业与制造业深度融合发展先行区。

此外，国家邮政局还推进国际邮件处理场地改造升级，创新邮件、快件、跨境电商通关模式，完善进出境快件基础设施建设布局；支持企业加强国际干线自主航空能力建设，利用海运快船补充运力短板；鼓励企业继续深耕东南亚和东北亚业务，有效服务重点国家的市场；支持加强海外分拨中心、海外仓及地面配送网络建设，努力拓展全球服务网络。

二、更为智能

为了助推行业高质量发展，国家邮政局加强科技赋能与人才支撑。

在加快科技创新与应用方面，国家邮政局推动构建邮政快递企业、高科技企业、高等院校、科研院所“四位一体”的行业科技研发体系，支持行业技术研发中心建设，推进智能安检和智能视频监控系统算法优化，推动智能语音申诉系统试点应用，稳妥推进通用寄递地址编码项目试点，推广应用大数据、云计算、区块链等关键共性技术及北斗导航系统等先进技术装备，在海南自贸港等地开展数字邮政快递创新试点示范工程。

三、更为绿色

2021 年，国家邮政局大力实施“2582”工程，开展重金属和特定物质超标包装袋与过度包装专项治理，力争在年底使可循环快递箱（盒）使用量达 500 万个、电商快件不再二次包装率达 80%，新增 2 万个设置标准包装废弃物回收装置的邮政快递网点。稳步推进节能减排工作，加大新能源或者清洁能源车辆在行业的推广应用力度，继续做好绿色网点、绿色分拨中心建设试点工作。

四、更多温暖

2021 年，国家邮政局深入学习、贯彻习近平总书记重要指示的精神，扎实推进关心、关爱快递小哥的相关工作，督促快递企业及时足额发放工资，积极推广人身意外险等适合快递业的险种。国家邮政局还联合相关部门出台优化基层员工权益保障政策，持续深入开展“暖蜂行动”，并进一步推进先进典型选树工作，引导形成尊重劳动、关爱发展的良好社会氛围。

（资料来源：快递杂志，经本书编者整理）

配送作为物流的主要功能，应由谁完成？怎样完成？如何管理？这是本项目的主要内容。

任务一　快件收寄

学习目标

- ✧ 了解快递服务的类型及快件传递网络的组成。
- ✧ 掌握快递业务流程。
- ✧ 掌握快递资费的计算方法。

学习任务

应届毕业生小李入职京东物流，岗位为管理培训生。在经过短期培训以后，他被派到一线，负责快件收寄业务。此时站点刚好接到客户吴明的寄件需求。发件人：吴明；电话：1351234××××；地址：重庆市九龙坡区大同街 333 号 3 栋××××；收件人：杨丽；电话：1368888××××；地址：北京大兴区北京印刷学院××××；寄送物品：衣服，重 3kg。

请完成此快件的收寄任务。

任务分析

完成快件收寄任务，大致有以下几个步骤。

（1）上门收寄。

（2）验视快件。

（3）封装快件。

（4）称重与计费。

（5）指导发件人填写快递运单。

（6）收款、贴快递运单。

快件收寄的流程和知识点如图 5-1 所示。

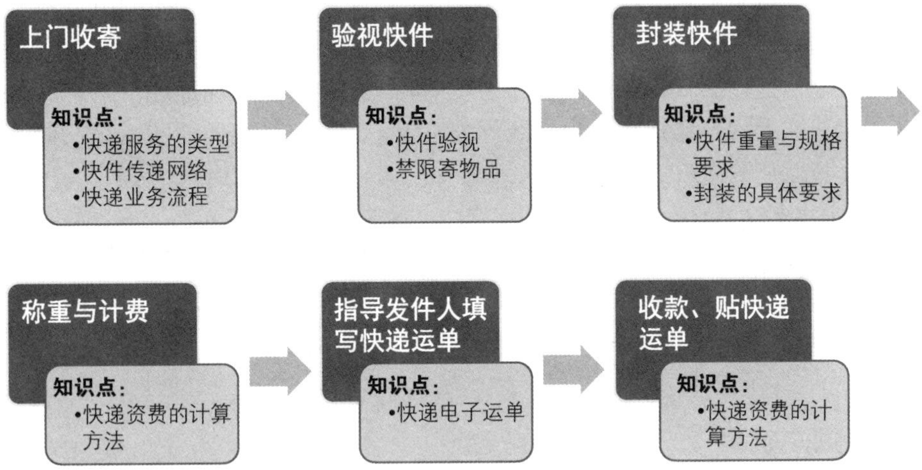

图 5-1　快件收寄的流程和知识点

任务引导

一、快递服务

快递服务是指在承诺的时限内，快速完成的寄递服务。快递又称速递，是兼有邮递功能的门对门物流活动，即快递企业通过火车、汽车和飞机等交通工具，对货物进行快速投递。

1980 年 7 月 15 日，中国邮政开办全球邮政特快专递业务（EMS）；1984 年，中国邮政开办国内特快专递业务；1985 年，中国速递服务公司成立，成为我国第一家专业快递企业。1993 年，我国第一家民营快递企业诞生，我国的快递业在几十年的发展过程中形成了国有、民营和外资快递企业 3 个市场主体。

从 2005 年起，随着电商的迅猛发展，快递业务量剧增。2012 年，邮政行业的业务总量为 2 030 亿元，同比增长 26%；业务收入为 1 980 亿元，同比增长 27%。其中，全国规模以上快递业务收入首次突破 1 000 亿元，同比增长 39.2%。2020 年，全年全国邮政行业完成业务收入 1.1 万亿元，其中快递业务量和业务收入分别完成 830 亿件和 8 750 亿元，同比分别增长 30.8%和 16.7%。

二、快件传递网络

快件传递网络由呼叫中心、营业网点、处理中心、运输路线、调度运营中心组成。

1. 呼叫中心

呼叫中心主要通过电话、网络系统负责受理客户（包括发件人和收件人）委托、帮助客户查询快件信息、回答客户的问题、受理客户投诉等工作。

2. 营业网点

营业网点是快递企业收寄和派送快件的基层站点，其功能是先集散某个城市某一地区的快件，再按派送段进行分拣和派送。营业网点是快件传递网络的末梢，担负着直接为客户服务的职责。

3. 处理中心

处理中心也称转运中心、分拣中心，是快件传递网络的节点，主要负责快件的分拣、封发、中转任务。快递企业可根据自身业务范围及快件流量来设置不同层级的处理中心。

4. 运输路线

运输路线是指运输工具在营业网点、处理中心之间，以及所在地区车站、机场、码头之间，按固定班次及规定路线运输快件的行驶路线。运输路线按所需的运输工具可分为航空运输路线、非航空运输路线。

5. 调度运营中心

调度运营中心是控制并保证快件传递网络按照业务流程设计要求有序运行的指挥中心。它需要按照预定的业务运营计划和目标实行统一指挥，合理组织、调度和使用全快件传递网络的人力、物力和财力资源，纠正或排除快件传递过程中出现的偏差或干扰，确保快件传递网络迅速、高效地运转。

三、快递业务流程

根据快递业务的运行顺序，快递业务流程分为快件收寄、快件处理、快件运输和快件派送 4 个环节。

1. 快件收寄

快件收寄是指由收派员上门服务，完成从发件人处收取快件和确认收寄信息的过程。

2. 快件处理

快件处理包括快件分拣、封发两个主要环节，主要是按快递运单上填写的地址和收寄信息，先将不同流向的快件进行整理、集中，再分拣并封成总包发往目的地。

3. 快件运输

快件运输是指在统一组织、调度和指挥下，按照运输计划，综合利用火车、汽车、飞机等各种运输工具，将快件迅速、有效地运达目的地的过程。

4. 快件派送

快件派送是指收派员按快递运单信息上门将快件递交收件人并获得签收信息的过程。

四、快件收寄

（一）快件收寄的形式

快件收寄有上门收寄和营业场所收寄两种形式。

1. 上门收寄

上门收寄是指快递企业在收到发件人的寄件信息后，将寄件信息录入并下发给指定收派员，收派员根据发件人提供的地址到发件人处收取快件，并将快件统一带回营业网点，完成快递运单、快件、款项交接的全过程。

2. 营业场所收寄

营业场所收寄是指发件人自行前往快递企业的营业网点寄递快件，收派员接收、查验发件人需要寄递的快件，指导发件人填写快递运单，完成快件包装，并完成快递运单、快件、款项交接的全过程。

（二）快件验视

快件验视主要是查验发件人交寄的物品是否为国家禁止或限制寄递的物品、是否与快递运单上所填报的内容相符。

1. 快件验视的要求

（1）发件人应将快件内件的种类和性质告知收派员。如果发件人要寄递包裹和印刷品，那么收派员应当场验视内件，发件人拒绝验视的，可不予收寄。如果发件人要寄递信件，那么收派员在必要时可要求发件人拆开，进行验视。

（2）收派员发现禁寄物品，应拒收并向发件人说明原因。

（3）收派员发现限寄物品，应告知发件人处理方法及附加费用。

（4）对于经验视，收派员仍不能确定安全性的存疑物品，收派员应要求发件人出具相关部门的安全证明，否则，不予收寄。

2. 禁限寄物品

（1）禁寄物品。

禁寄物品是指国家法律、法规禁止寄递的物品。国家法令明确规定，任何组织和个人不得用快递网络从事危害国家安全、社会公共利益或者他人合法权益的活动，并且规定了禁限寄物品的种类、收寄检查和管理制度。《禁止寄递物品管理规定》明确规定："用户交寄邮件、快件应当遵守法律、行政法规以及国务院和国务院有关部门关于禁寄物品的规定，不得交寄禁寄物品，不得在邮件、快件内夹带禁寄物品，不得将禁寄物品匿报或者谎报为其他物品交寄。""用户违反本规定，在邮件、快件内夹带禁寄物品，将禁寄物品匿报或者谎报为其他物品交寄，造成人身伤害或者财产损失的，依法承担赔偿责任；构成犯罪的，依法追究刑事责任；尚不构成犯罪的，依照《中华人民共和国治安管理处罚法》及有关法律、行政法规的规定处罚。"

（2）限寄物品。

限寄是指为控制某些物品流通和保护某些物品特许经营权，对一些物品的寄递限定在一定范围内。限定的范围包括价值上的限制和数量上的限制，即限值和限量。我国限制寄递出境的物品包括：金银等贵重金属及制品；国家货币、外币及有价证券；无线电收发信机、通信保密机；贵重中药材及其制成药（麝香不准寄递出境）；一般文物；海关限制出境的其他物品，具体内容以海关当时公布的限值和限量要求为准。

（三）封装快件

收派员在验视收寄的物品没有问题后，就进行快件的封装。封装有收派员负责封装和发件人自行封装两种形式。收派员负责封装，需要发件人支付费用的，收派员应在封装前告知发件人封装费用。当发件人自行封装的快件不符合要求时，收派员应提醒发件人予以加固。

1. 快件重量与规格要求

快件的单件重量不宜超过 50kg；包装任何一边的长度不宜超过 150cm，长、宽、高的长度之和不宜超过 300cm。

2. 封装的具体要求

对信件、包裹和印刷品的封装应满足以下要求。

（1）信件封装应以不影响快件信封袋的正常封口为准。收派员在封装完成后，应当在信件封套的显著位置标注“信件”字样，不应将信件打包后作为包裹寄递。

（2）包裹封装应按寄递物品的性质、状态、体积、轻重、路程远近和运输方式等，选用适当的封装方式妥善封装。

（3）印刷品应平直封装。

（四）称重与计费

收派员使用秤、卷尺等计量用具测量快件的实际重量和体积重量，确定正确的计费重量，并根据计费重量、服务种类等确定服务费用。

国内各快递企业在计算快件资费时，一般都采取首重加续重的计费方法，计费重量选择实际重量和体积重量二者之中较大者。

1. 以重量为基础，实施“取大”的方法

计费重量选择实际重量和体积重量二者之中较大者。体积重量是将快件的体积按照一定的计算公式折合成的重量，主要针对那些体积非常大、实际重量很小的轻泡快件。轻泡快件在实际运输过程中占用较大空间，如果按照实际重量计算资费，就不能弥补快递企业所需承担的运输成本。体积重量的计算公式如下：

航空快件的体积重量（kg）＝长（cm）×宽（cm）×高（cm）/6 000

非航空快件的体积重量（kg）＝长（cm）×宽（cm）×高（cm）/12 000

例如，一个航空快件的长、宽、高分别是60cm、40cm、30cm，实际重量为5kg，则其体积重量为（60×40×30）/6 000＝12（kg）。

由于体积重量大于实际重量，因此按体积重量计费。

2. 首重加续重的方法

通常，快件资费分为首重资费和续重资费。快递企业规定的最低计费重量为首重；快件重量超出最低计费重量的部分称为续重。

上述快件的资费为12＋（12－1）×6＝78（元）。

3. 以时效为依据，体现“快速高价”原则的方法

在一定重量的基础上，对不同时效的快件采用不同的价格。

4. 是否保价

保价快件是发件人按规定交付保价费，快递企业对该快件的丢失、损毁、内件短少承担相应赔偿责任的快件。对于贵重物品，快递企业应建议发件人保价，各快递企业的保价费率略有不同，一般为5‰～1%。

（五）填写快递运单

快递运单又称快递详情单，是快递企业与发件人之间的寄递合同，其内容对双方均具有约束力。发件人在填写并签署快递运单后，即表示接受和遵守本快递运单的背书条款。为了环保，目前大多快递企业使用快递电子运单。

快递电子运单是将快件原始收寄等信息按一定格式存储在计算机信息系统中，并通过打印设备将快件原始收寄信息输出至热敏纸上所形成的单据。快递电子运单依托条码技术，通过信息系统对接、运单号自动捆绑，高速输出快件信息，成本低、处理效率高，能更好地满足发件人批量交寄快件的需要。

任务实施

1. 实施步骤

（1）上门收寄。

根据发件人的要求，小李需在规定时间内上门完成收寄任务。小李需要带上收寄工具，如包装袋、称重器等上门完成收寄任务。

（2）验视快件。

小李应检查是否有禁限寄物品；检查是否有特殊物品，如液体。衣服属于普通物品，验视通过。

（3）封装快件。

衣服重 3kg，可折叠，符合快件重量与规格要求。小李首先用塑料口袋将物品进行封装，以保护物品。为了减少运输过程中的重量、降低包装成本，外包装不选用纸箱，而采用防水快递袋。

（4）称重与计费。

快递计费说明如图 5-2 所示。

快递计费说明

1. 计费逻辑：采用首重加续重的计费方式。
2. 计费重量：取体积重量与实际重量二者的较大值。
   [特快送]体积重量=长（cm）x宽（cm）x高（cm）÷6000
   [特惠送]体积重量=长（cm）x宽（cm）x高（cm）÷8000
3. 计费重量进位规则：首重不足1kg的，按1kg计算；续重以0.5kg为计费单位，不足0.5kg，按0.5kg计算。

以上计费规则可能会因不同物品或地区有所差异，更多详情可致电京东物流官方客服950616或当地业务员咨询。

图 5-2　快递计费说明

小李取出称重器称重，衣服重量为 3kg，实际重量大于体积重量，采用首重加续重的计费方式，从重庆到北京，首重为 8 元，续重为 5 元/kg。资费为 8+（3−1）×5=18（元）。

（5）指导发件人填写快递运单。

小李应指导发件人进入京东 App 的“我的”→“寄件服务”→“寄快递”页面，并正确填写相关信息，特别要检查手机号码是否正确。小李还应询问发件人是否保价，告知发件人保价计费规则。根据输入的保价金额，系统自动计算保价费，如输入的保价金额为 1 000 元，系统自动计算保价费为 2 元，则寄件费用为 18+2=20（元）。

（6）收款、贴快递运单。

若发件人选择保价，则小李应收取 20 元的寄件费用；若发件人选择不保价，则小李应收取 18 元的寄件费用，并在快递运单检查无误后，确认下单。

小李应打印快递运单贴在包裹上，用把枪扫码，将信息同步录入系统，发件人可跟单查询。小李在收取快件后，应将快件带回营业网点。作为快递一线人员，收派员要按月跟营业网点结算快件收寄费用。

2. 注意事项

（1）收派员要按快件收寄流程收件，尤其不能省略快件验视环节。

（2）收派员要告知发件人何为保价，并询问发件人是否保价。

（3）收派员要提醒发件人用防水快递袋装衣服。

任务评价

任务评价表如表 5-1 所示。

表 5-1 任务评价表

序号	评价项目	评价标准	分值	得分
1	上门收寄	按时上门，带齐工具	5	
2	验视快件	按规定完成快件验视工作	15	
3	封装快件	选择合适的工具正确进行封装	20	
4	称重与计费	正确计算费用	20	
5	指导发件人填写快递运单	耐心指导发件人详细填写快递运单，并检查	30	
6	收款、贴快递运单	快递运单粘贴正确	10	
合计			100	

同步案例

顺丰速运

顺丰速运是国内的快递物流综合服务商，总部位于深圳，经过多年的发展，已初步具备为客户提供一体化综合物流解决方案的能力。它不仅提供配送端的物流服务，还将服务延伸至价值链前端的产、供、销、配等环节，从客户需求出发，以数据为牵引，利用大数据分析和云计算技术，为客户提供仓储管理、销售预测、大数据分析、金融管理等一揽子解决方案。

顺丰速运还是一家具有网络规模优势的智能物流运营商。经过多年的潜心经营和前瞻性的战略布局，顺丰速运已形成拥有“天网＋地网＋信息网”三网合一的综合物流服务网络，其直营网络的控制力强、稳定性高，是国内独特、稀缺的综合性物流网络体系。

顺丰速运采用直营的经营模式，由总部对各分支机构实施统一经营、统一管理，保障了网络整体的运营质量，是 A 股首家采用直营模式的快递企业。

作为国内快递行业中首家拥有自有全货机的企业，截至 2018 年 12 月 31 日，顺丰速运拥有 66 架全货机，9 个枢纽级中转场，49 个航空、铁路站点，143 个片区中转场，330 个集散点。

在 2019 年“双 11”期间，顺丰速运国内外的运力继续提升，整体快件消化能力约达到平日的 2 倍。在航空运力方面，顺丰波音 747-400ERF 全货机已正式入列顺丰机队，在运营的自有全货机达 57 架。在高铁运力方面，顺丰速运在 2019 年“双 11”期间增加了多条高铁路线。

问题：顺丰速运的快件传递网络由什么构成？

同步实训

能力拓展

扫一扫，看同步实训　扫一扫，看能力拓展

任务二　快件处理和运输

学习目标

✧ 掌握快件处理的流程。

✧ 能进行快件的分拣、封发操作。

学习任务

小李揽收的快件从营业网点发出后，去了哪里？经历了什么？请说明快件在处理中心是怎样处理的。

任务分析

要完成上述任务，我们必须了解处理中心的快件处理流程。快件处理的流程和知识点如图 5-3 所示。

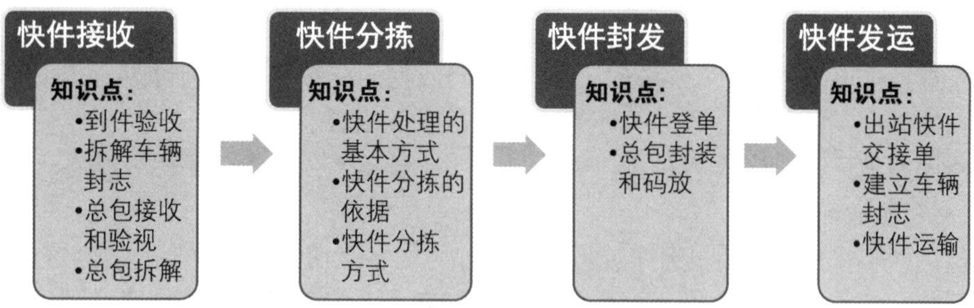

图 5-3　快件处理的流程和知识点

任务引导

一、快件处理

快件处理是指快件处理员按发件人在快递运单上填写的收寄信息，先将不同流向的快件进行整理、集中，再分拣并封成总包发往目的地。快件处理是快件处理员对进入处理中心的快件进行分拣和封发的全过程，包括快件接收、快件分拣、快件封发和快件发运 4 个环节。

（一）快件接收

1. 到件验收

快件接收是快件处理的第一个环节。不管使用哪种运输工具，装载快件进入处理中心的都是汽车。处理中心的场地人员按照如图 5-4 所示的流程进行到件验收。

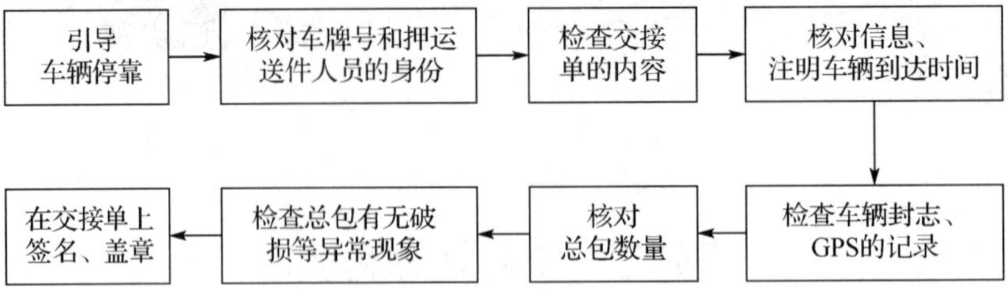

图 5-4　到件验收的流程

2. 拆解车辆封志

（1）车辆封志。

车辆封志是固封在快件运输车辆车门上的一种特殊封志，作用是防止车辆在运输途中被打开，保证已封车辆完整地由甲地运输到乙地。车辆封志一般有门锁、特制塑料或金属条码封条、GPS 与 GIS 结合的信息记录等，可分为信息封志和实物封志两大类。

①信息封志。信息封志是 GPS 与 GIS 结合的信息记录。它通过对车辆的运行和车门的开关进行即时记录来明确责任。

②实物封志。实物封志是传统的封志，是目前绝大多数快递企业普遍使用的封志。实物封志的成本低，不能重复使用。实物封志按材质主要分为纸质封志、塑料封志和金属封志 3 类，快递企业经常使用的是金属封志和塑料封志。

（2）拆解车辆封志的步骤。

拆解车辆封志的步骤如下。

①检查封志是否被打开，封志上的印志号码或封志标签是否清晰可辨。

②扫描封志上的条码，与上一环节所发信息进行比对。

③使用剪刀或专用钳拆解封志，剪开封绳，注意不要损伤封志条码或标签。

3. 总包接收和验视

总包是指将寄往同一寄达地（或同一中转站）的多个快件，集中装入的容器或包（袋）。总包经封扎袋口形成一体，便于运输和交接。总包须拴有包牌或粘贴标签，内附快件封发清单或在包牌及标签上写明内装件数。在交接时，作业人员以交接单上登记的内容或网上信息为准，与总包实物进行比对。在接收总包时，作业人员应对总包做以下验视。

（1）总包发运路向是否正确。

（2）总包规格、重量是否符合要求。

（3）包牌或标签是否有脱落或字迹不清、无法辨别的现象。

（4）总包是否破损或有拆动痕迹。

（5）总包是否有水湿或油污等现象。

对于验视发现异常的总包，交接双方要当场及时处理，明确责任。

4. 总包拆解

总包拆解就是开拆已经接收的总包，将快件由总包转换为散件。总包拆解主要有人工拆解和机械拆解两种方式。

（二）快件分拣

1. 快件处理的基本方式

快件处理分为快件直封和快件中转两种基本方式。

快件直封是处理中心按照快件的寄达地点把快件封发给到达城市处理中心的一种分拣方式。采用这种方式，快件不需要中转，直接被封成总包发往目的地。

快件中转是处理中心先把寄达地点的快件封发给相关的中途处理中心经再次分拣处理，然后封发给寄达城市处理中心的一种分拣方式。这种方式可以使快件处理量相对集中，便于合理组织处理快件工作和采用机械设备进行分拣。

各快递企业依据快件的流量、流向及交通运输和网络结构等因素确定处理快件是采用快件直封还是快件中转方式。

2. 快件分拣的依据

在实际工作中，各快递企业主要按地址和编码对快件进行分拣。

（1）按地址分拣。

分拣的依据是快递运单上的收件地址，作业人员按快递运单上所填写的收件地址进行分拣。

（2）按编码分拣。

作业人员按快递运单上所填写的邮政编码、电话区号或城市航空代码等进行分拣。按编码分拣有利于分拣的自动化。一些快递企业根据自身的特点，创建了独特的编码，在企业内部使用。

在实际工作中，按地址分拣和按编码分拣并不是完全分开的，而是可以相互补充的，以便快件能被准确地分拣到寄达地。

3. 快件分拣方式

在实际工作中，分拣主要有手工分拣、半自动分拣、自动分拣机分拣 3 种方式。不论采用哪种分拣方式，都不得有抛掷、摔打、拖曳等有损快件的行为。

（1）手工分拣。

对于手工分拣快件，作业人员在分拣后应保持快件贴有快递运单的一面向上，注意保护快递运单的完整性。对于易碎件，作业人员要轻拿轻放，按大不压小、重不压轻、木不压纸的原则进行分拣。

（2）半自动分拣。

半自动分拣主要利用带式传输或辊式传输设备对包裹类快件进行分拣。

（3）自动分拣机分拣。

自动分拣机根据对分拣信号的判断，完成对快件的分拣。目前，快递业主流的自动分拣机分拣方式有交叉带分拣机分拣和 AGV 分拣机器人分拣两种方式。这两种分拣方式的应用场景不同，在分拨中心可以被单独使用，也可以被同时使用。

①交叉带分拣机。交叉带分拣机利用直线动力驱动的小车队沿着环形轨道高速运动，使贴有标签的快件经过扫描器读码进行分拣。交叉带分拣机由控制装置、分类装置、输送装置、分拣道口 4 个部分组成。

交叉带分拣机的优点是当订单量足够大时，分拣效率最高，适用于各类大、中型快件，成为分拣设备中的主流设备。但由于交叉带分拣机采用传统的串联模式，在运行过程中，如果某一环节发生故障，那么整个系统都会停止运转。因此，其缺点是占地面积大，对地面的平整度要求较高，造价成本高，输送模块易损坏，维修成本较高。

②AGV 分拣机器人（见图 5-5）。AGV 是装有电磁或光学等牵引装置，沿指定路线自动前行的运输车，作业人员一般通过计算机控制其行进路线。AGV 分拣机器人能在较小的面积内完成一系列的分拣作业，可实现断点续传，AGV 运行采用的是并联模式，单个机器损坏并不会影响到其他机器人的正常工作。

图 5-5　AGV 分拣机器人

（三）快件封发

快件封发是将同一寄达地及经转范围的快件在经过分拣处理后集中在一起，按一定的要求封成快件总包并交运的过程。

1. 快件登单

登单就是登记快件封发清单。快件封发清单是快件传递处理的记录，各环节的作业人员根据记录的内容接收和处理快件。登单有手工登单和条码设备扫描登单两种方式。目前，大多数快件登单都采用条码设备扫描登单的方式。无论采取哪种登单方式，都以快件封发清单实现相关信息的记录和传递。

2. 总包封装和码放

（1）总包包牌的制作。

总包包牌的制作采用系统实时生成包牌和手工书写包牌两种方式。系统实时生成包牌是指在操作系统接收到打印总包包牌（签）的指令后，打印设备随即打印出所需条码总包包牌，条码包含的信息有总包包牌的号码、出发地、寄达地、件数、总量、时间等。

（2）总包封装。

总包由多个快件汇集而成。总包封装是指将多个发往同一寄达地的快件集中且规范地放置在袋或容器中，并将袋或容器口封扎的过程。

（3）总包的码放和堆位。

总包被按某些共同特性和码放原则，整齐地排列、码放到一个指定的位置。这个过程既是总包集中码放的过程，又是堆位的形成过程。

（四）快件发运

快件发运是指发运人员根据发运计划及时、准确地将总包装载到指定的运输工具上，并与运输人员交接发运的过程。发运计划是指总包的运输作业计划，包括总包的发运时间、路由、车次（航班）运量、停靠交接站点及车次到开时间等方面的内容。

1. 出站快件交接单

出站快件交接单是用于在营业网点与处理中心之间，或处理中心、中转站等与航运、铁路、汽运部门或与委托运输方之间交接使用的单据，一般登记快件运输车辆的司机发出时间、始发站、经由站、目的站，装载快件的数量、重量、号码等。发运人员在使用时，应按各快递企业的相关规定和格式准确填写。

2. 快件装载的注意事项

（1）快件装载陆运车辆应由两人或两人以上协同作业。

（2）在装载时，发运人员应文明作业，杜绝抛掷、拖拽、摔打、踩踏、踢扔及其他任何有可能损坏快件的行为。

（3）按重不压轻，大不压小，结实打底，方下圆上，规则形居底、不规则形摆上的原则装载快件，总包袋口一律向外。

（4）一票多单的快件要集中装码，避免与其他快件混放。

（5）渗漏、破损的总包和快件不得装载，应有专人处理。

（6）同一车辆装载两个以上卸交站点的快件，要按先出后进或先远后近的顺序装载并使用隔离网。

（7）在装载结束后，发运人员要检查作业场地周围有无遗留总包和快件。

3. 车辆施封

车辆施封是为保证运输车辆安全、快速地把快件运达目的地而建立的一种控制手段。车辆施封的步骤如下。

（1）场地人员在施封前要检查车辆封志是否符合要求、GPS 是否正常。

（2）在施封时，场地人员将车辆封志加封在车门指定位置，车辆押运人员（或司机）监督车辆施封过程，在施封过程中要保证条码完好无损。

（3）施封后的封志要牢固，不能被抽出或捋下。

（4）场地人员用把枪扫描装车，在把枪上输入封车签号，并提交装车任务。

二、快件运输

快件运输是指运输人员在统一组织、调度和指挥下，按照运输计划，综合利用各种运输工具，将快件迅速、有效地运达目的地的过程。快件运输方式主要有公路运输、航空运输和铁路运输 3 种。快递企业可根据快件的时效、批量等实际要求，选择合适的运输方式来保证快速、准确地将快件送给收件人。以下主要介绍公路运输和航空运输的流程。

（一）公路运输的流程

公路运输的流程包括发车出站、快件运送和运达卸货。

1. 发车出站

在分拨中心完成快件装车并对车辆进行施封，场地人员和司机双方交接完成后，司机启动车辆离开停车位，随后出站。

2. 快件运送

（1）在运送快件过程中，司机必须按照规定的行驶路线运行车辆，同时做好快件运送途中的行车检查，既要保证快件完好无损、无漏失，又要保证车辆状况完好。

（2）若在快件运送途中出现特殊情况（如堵车、大雾、事故等），则司机必须马上告知下个目的站的调度员及车辆准点监督员，并采取相应的处理方法。

（3）调度人员应做好运输车辆运行的管理工作，掌握各运输车辆的进度，及时处理在车辆运输过程中临时出现的各类问题，保证车辆日运行作业计划的充分实施。

3. 运达卸货

（1）在运输车辆到达目的站分拨中心并准确停靠到位后，分拨中心的操作人员核对车牌号码，完成车辆牌号和车线编号的扫描。

（2）分拨中心的操作人员检查车门是否上锁、车辆封志是否完好、GPS 记录是否正常。

（3）分拨中心的操作人员对封车签进行扫描，回收封车签并将其保存到固定地点。

（4）在打开车门后，分拨中心的操作人员及时对保价快件进行交接，检查总包是否有破损等异常现象，随后完成卸车。

（二）航空运输的流程

1. 出港

出港是指快件从始发分拨中心发往目的分拨中心的过程。快件的出港主要包括联系航空代理预订舱位、交航空代理、发出预报 3 个环节。

（1）联系航空代理预订舱位。

预订舱位需根据发货人的要求和快件标识的特点而定。一般来说，大宗货物、紧急物资、鲜活易腐物品、危险品、贵重物品等，必须预订舱位。非紧急的零散货物可以不预订舱位。

（2）交航空代理。

①进出港联络员根据发货信息制作发货预报，交货司机凭此预报办理发货。

②交货司机在规定的时间内到指定的发货地办理交运手续，规范填写交接表。交接表中包括交接总件数、重量、航班号、航班提单号等基本信息。

③交货司机监督快件被航空代理妥善收取，并取得目的站提货凭证。

④交货司机在交货完毕后，在规定的时间内回到始发站分拨中心，将所有与发货相关的单据交给进出港联络员。

（3）发出预报。

①进出港联络员查询并确认已配载航班的班次、日期、始发或到达时间，确认所交付快件的实际发出情况。

②若航班有异常情况，则进出港联络员应通过代理保障快件及时运出。若有航班拉舱，则进出港联络员应启动备用航班计划，并及时通知有关部门，以便其做好准备。

③待快件顺利发出后，始发站分拨中心的进出港联络员在系统中发出快件信息预报。

2. 进港

进港是指快件从始发站分拨中心进入目的分拨中心的过程。快件的进港主要包括接收预报、安排提货、快件进站扫描。

（1）接收预报。

①目的站分拨中心的进出港联络员要随时关注和接收系统中始发站分拨中心发来的快件信息预报。

②目的站分拨中心的进出港联络员根据始发站分拨中心系统的预报内容，将预报信息及提货单按照提货点进行整理、归纳和校对，制作“提货预报单”。

③目的站分拨中心的进出港联络员将所有提货证明和“提货预报单”交给提货员，并安排相应的提货员提货。

④当当日进港航班出现拉舱、延误、取消等异常情况时，目的站分拨中心的进出港联络员需通知航班始发站，并将这些情况抄送给质量监控、客服中心等部门的相关人员。

（2）安排提货。

①提货员根据“提货预报单”，在规定的时间内前往指定地点提货。

②提货员在提货时必须按照“提货预报单”核对快件航班号、提货单号、件数、重量、外包装等基本情况，并检查快件的数量和完好程度。

③若发现快件破损或丢失，则提货员需立即与承运商交涉，开具破损或丢失证明，并通知目的站分拨中心的进出港联络员；若在提货过程中遇到航班延误、有单无货或有货无单等异常情况，则提货员需第一时间将信息反馈给目的站分拨中心的进出港联络员。

④目的站分拨中心的进出港联络员在收到提货员的异常信息反馈后，必须立即将异常情况反馈给始发站分拨中心的航班部或分公司，对异常情况进行跟踪处理，同时在系统中上报异常情况。

⑤提货员在确保所有快件都已装车后，将车门关闭、上锁，贴上封车签，并在规定的时间内回到分拨中心。

（3）快件进站扫描。

①在班车到站进入分拨中心后，内场操作人员先检查班车施封是否完整，并向司机索取班车封车签，核对封锁号码和封车签上标注的号码是否一致。

②内场操作人员负责卸车，在卸车时，应根据预报内容检查快件数量和外包装的完好程度，并对快件进行进站扫描；在卸载完毕后，还需进入车厢内检查，以确认没有遗漏快件。

③扫描员在扫描快件的同时需查验快件的外包装是否完好，如有破损，则现场进行称重并核实快递运单上标注的重量，对快件进行全方位的拍照，并登记相关信息。若在提货过程中发现破损、丢失件，则提货员应向进出港联络员出示机场货运部等运输单位开具的异常货物证明，由其备案并在系统中标注。

④在车辆卸载完毕后，扫描员检查扫描的快件数量与封车签上标注的数量和系统预报的数量三者是否一致，若不一致，则需在进站扫描后 2h 内上传异常情况，同时罗列详细单号。

任务实施

1. 实施步骤

（1）快件接收。

营业网点在 15:00 之前收到的所有快件在封包后被当天送至重庆巴南京东处理中心。处理中心的操作人员完成车辆牌号和车线编号的扫描，在检查车辆封志完好无损后，拆解车辆封志；核对交接单，清点总包的数量，验视总包的路向是否正确、总包有没有被污染；在确认总包无误后，拆解总包，准备进行分拣。

（2）快件分拣。

卸货员将货车尾箱的包裹逐个放到传送带上。分拣员站在传送机旁边，一手拿笔、一手拿着把枪，按照投送站点对刚刚下车的快件进行初次分拣。分拣员用把枪扫描快件，站点编号信息就出现在把枪屏幕上，分拣员赶紧在快递运单上写下把枪上的编号数据，快件则被传送带运走。

处理中心的传送带结合自动分拣系统，根据编码完成自动分拣，将所有运往北京的快件送至同一个分拣口，由工作人员放在统一的集装袋中。

（3）快件封发。

工作人员将运往北京的快件封装成总包，制作包牌，打印系统的快件封发清单，贴于总包表面，码放整齐，等待发运。

（4）快件发运。

根据发运计划，发运人员将很多总包整齐地堆放在集装卡车中，完成车辆施封，即可发运。

快件由重庆到北京，需经过重庆处理中心和北京处理中心。快件在被集装卡车运输至北京处理中心，再一次经过步骤（1）～（4）的操作以后，被发往北京大兴营业网点。

2. 注意事项

（1）总包验视环节不能少。

（2）在手动分拣时，作业人员不得暴力分拣。

（3）在运输过程中，任何人都不得拆解车辆封志。

（4）整个流程都要注意时效性。

任务评价

任务评价表如表 5-2 所示。

表 5-2 任务评价表

序号	评价项目	评价标准	分值	得分
1	快件接收	到件验收—拆解车辆封志—总包接收和验视—总包拆解流程正确	20	
2	快件分拣	快件处理方式正确，无暴力分拣	30	
3	快件封发	正确制作总包包牌、打印快件封发清单	20	
4	快件发运	正确完成车辆施封，快件安全、准时到达目的站	30	
合计			100	

同步案例

快件分拣

一、分拣员

在如今的生活中，网购已经成为潮流，很多人只要缺东西，就会选择网购，这就使得快递企业很忙碌。分拣环节是我们看不见而且容易忽略的环节，特别是分拣员，他们总是在背后默默无闻地付出。

2019 年 11 月 13 日晚，顺丰速运重庆区、重庆市邮政中心局同时开放了其快递和邮政小包中心转运场，快件分拣员成为这里的主角。

长长的传送机，一头接着货车尾箱。在顺丰速运重庆区的中心转运场内，两名卸货员正轮番将货车尾箱中塞得满满的快件，一个个放到传送带上。传送机的两边站着 5 个分拣员，他们右手拿笔、左手拿着把枪，按照投送站点对刚刚下车的快件进行初次分拣。红光闪过，站点编号出现在把枪的屏幕上，分拣员赶紧在快递运单上写下把枪上的编号数据，快件则被传送带运走。

近年来，我国的物流业高速发展。处理中心有时一天要分拣 20 万件包裹。由于现在都配备了传送带和自动分拣系统，人工分拣的劳动强度已经大大降低，但一些熟练的员工还要在机器操作的基础上再进行细分，以防出现差错。

分拣环节是快件能否及时到达收件人手中的关键一环。如果分拣中出现了差错，那么快件到达收件人手中的时间会延后。

二、“小黄人”分拣

网络上流行着这样一段机器人高速分拣快件的视频。在视频中，几百个装备着橙色托盘的机器人在地面上有序“穿梭”，有条不紊地托着快件快速运行，并准确地将一件件快件运送到指定分拣口。先来解释一个名词——快件分拣。快件分拣就是把快件按目的地归类整理，如将寄送到上海的快件整理到一起，将寄送到苏州的快件整理到一起，以方便打包运输。这些机器人被网友戏称为“小黄人”。据了解，“小黄人”可以 24 小时不间断分拣，分拣速度可达 18 000 件/h。而且“小黄人”的占地面积小，可减少 70%的人工，提升工作效率，降低物流成本，降低破损率和分拣错误率。如果没电了，“小黄人”就会像扫地机器人一样自动充电。“小黄人”主要配合人工分拣员，对长度不超过 60cm、宽度不超 50cm、质量在 5kg 以下的快件进行分拣运送，而且是扫码、称重、分拣功能“三合一”，能够实现快递运单信息识别，以最优路线投递。“小黄人”的全名是智能快递机器人分拣系统，是由申通快递和浙江立镖机器人公司联合研发的，已在义乌、天津和临沂等多个申通快递处理中心投入使用。

问题：分析“小黄人”分拣系统的业务流程和优势。

同步实训

能力拓展

扫一扫，看同步实训 扫一扫，看能力拓展

任务三　快件派送

学习目标

✧　熟悉快件派送流程。
✧　了解快件排序方法。

学习任务

吴明从重庆寄出的快件在到达北京处理中心后，怎样才能到达杨丽手中呢？请完成快件的派送。

任务分析

要完成上述任务，我们需要完成以下几项工作。

（1）确定快件派送方式。

（2）完成快件的派送。

快件派送的流程和知识点如图 5-6 所示。

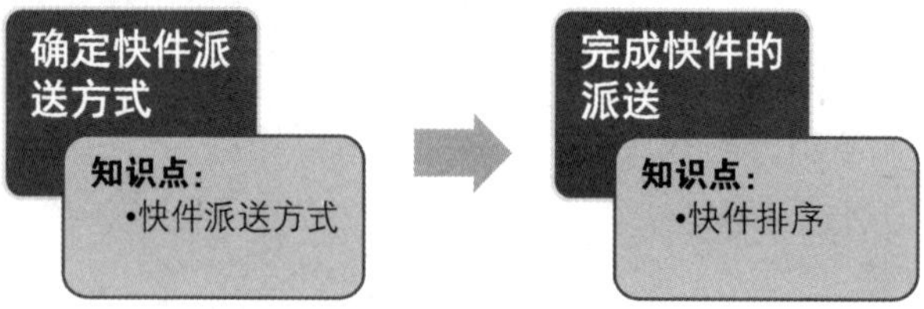

图 5-6　快件派送的流程和知识点

任务引导

一、快件派送方式

快件派送方式有按址派送和收件人自取两种。

（一）按址派送

1. 收派员派送

收派员派送是指收派员在接收到需要派送的快件后，在规定的时间内到达收件人处，将快件交给收件人，由收件人在快递运单上签收确认，并将快递运单的派件存根联、收取的到付款及无法派送的快件统一带回营业网点，完成快递运单、快件、款项交接的方式。

根据邮政行业标准 YZ/T 0128—2007《快递服务》的规定，快递企业的收派员在将快件交给收件人时，应告知收件人当面验收快件。对于代收货款快件，网络购物、电视购物和邮购等快件，收件人可先验收内件再签收。在验收时，收件人可对内件外观和内件数量进行清点，但不能对内件进行试用或进行产品功能测试。这意味着，快递企业无权要求收件人先签字后验货。

2. 无人车派送

近年来，随着无人技术的发展，出现了无人车（见图 5-7）、无人机派送的方式。

图 5-7　无人车

无人车派送代替收派员派送解决了物流配送的末端问题，为医疗、餐饮等多行业补充了运力，实现了降本增效。不过，无人车派送虽然迅速落地，但要普及就需要突破一些发展瓶颈。在技术上，无人车首先要能够自主导航行驶，根据指令找到目的地，在行进过程中能够准确识别红绿灯信号，并自主停靠配送点；其次要能够安全避障，无人车上路要避免发生交通事故，要能够对动态实体进行准确的轨迹预测，以避让行人、车辆或其他物体；再次要能够找到重量的平衡点，现在无人车的承载量能达到 200kg，行驶速度最快为 20km/h，由于有自身体积、耗电量、续航里程等一些指标的限制，无人车的承载量并不是越大越好，而是要找到一个平衡点；最后要能够简捷、快速地实现人机交互。

针对末端物流，电商平台依靠无人车派送实现降本增效，未来骑手的发展方向是从低效率中解放出来，变成末端无人车的操控者。未来无人车应用的方式是无人车和骑手相配合。由无人车覆盖主要路段，在“最后一公里”由人来完成。因为“最后一公里”是小区、院校、楼宇等内部区域，场景复杂，不可预测状况时常发生，一些对人来说可以轻而易举解决的问题对机器来说却是很大的挑战。

3. 无人机派送

利用无人机代替人工派送快件，旨在实现快件派送的自动化、无人化、信息化，提升快件的投递效率和服务质量，以便缓解快递需求与快递服务能力之间的矛盾。无人机派送的优势很明显，如直线距离最短、运营成本较低、效率高、速度快、能够解决偏远地区和紧急件的派送问题。但是，无人机的初始投资成本较高，电池续航时间短，载重量有限，有效荷载较低，容易受天气影响，国家监管较为严格。目前，顺丰速运、京东、美团等已有无人机，但未大范围使用。

（二）收件人自取

收件人自取有营业网点自取、快递服务站自取、智能自提柜取货 3 种方式。

1. 营业网点自取

营业网点自取是指收件人到快件所在的派送处理点自取快件，收派员在将快件交由收件人签收后，在规定的时间内完成快递运单、款项交接的方式。

2. 快递服务站自取

快递服务站自取是指收派员把快件送到快递服务站，收件人自己到快递服务站取快件的方式。目前，快递服务站主要有菜鸟驿站、京东派、妈妈驿站、社区代理点等，其中菜鸟驿站最为普遍。

菜鸟驿站是由阿里巴巴旗下的菜鸟网络牵头建立的面向校园、社区的第三方末端物流服务平台，为客户提供快件暂存、代寄等服务，致力于为客户提供多元化的“最后一公里”服务。菜鸟驿站有校园驿站和社区驿站。校园驿站专门针对高校提出高校物流解决方案。在城市，有超过 4 万个菜鸟驿站构成菜鸟网络的城市末端网络，提供末端的综合物流服务。

菜鸟驿站在取件码取件的基础上开发了一键取件功能。一键取件功能可以将同一收件人的所有取件码同时全部发送至网点系统，菜鸟驿站的工作人员通过把枪可以快速取件，省时省力。如果收件人不能亲自取件，那么其家人和朋友可以代取，非常方便。

3. 智能自提柜取货

智能自提柜又叫智能快件箱，是提供快件收寄、投递服务的智能末端服务设施。智能自提柜的出现是电商与物联网技术双重推动的结果。国内的智能自提柜出现于 2012 年，随着快递业的发展，智能自提柜的数量呈现出快速增长的趋势。目前，丰巢和速递易等成为主流的智能快递柜。国家邮政局相继发布了邮政行业标准 YZ/T 0133—2013《智能快件箱》、YZ/T 0150—2016《智能快件箱设置规范》等，《智能快件箱寄递服务管理办法》于 2019 年 10 月 1 日起施行。

二、快件排序

在实际派送中，若由收派员进行快件派送，则各营业网点根据快件业务量和收派员的数量，将营业网点的服务范围划分成多个派送服务段，每个派送服务段都是一个派送段，每位收派员负责其中一个或多个派送段的快件派送。各收派员通常按照派送段对快件进行排序，排序是实现高效率派送的基础。快件排序的方法主要有以下几种。

（一）按优先派送快件排序

优先派送快件主要有以下几种。

（1）时限要求高的快件，如即日达快件。

（2）收件人明确要求在规定的时间内派送的快件。

（3）二次派送的快件，即首次派送不成功，收件人要求再次派送的快件。

（二）按快件派送时效排序

将派送时效要求相同或相近的快件放到一起，先排列时效要求较高的快件，再排列时效要求较低的快件。

（三）按派送段的距离排序

按照派送段由近及远的顺序将快件排列、整理，不仅可以降低派送的劳动强度，还可以缩短派送总时长。

（四）按快件的重量、体积排序

按快件的重量、体积对快件进行排序，先重后轻、先大后小，大件、重件先派送，可以降低派送的劳动强度。

任务实施

1. 实施步骤

（1）确定快件派送方式。

收派员先在营业网点将自己负责区域的快件分拣出来并整理好，与营业网点完成快件交接工作，然后确定好采用什么派送方式。

在本学习任务中，是由京东物流完成快件派送的，京东物流首选按址派送。收派员打电话给收件人，询问其是否可以收件：若可以，则采用收派员派送的方式；若不可以，则在经收件人同意后采用收件人自取的方式。

（2）完成快件的派送。

若采用按址派送方式（收派员派送），则根据快件排序的方法，优先派送特殊快件。由于服装属于普通件，在收件人没有催单的情况下就按正常顺序派件，即收派员从营业网点出发，由近到远派送。收派员按收件人的地址送货上门，核对收件人的姓名和电话，将快件派送给收件人。

若采用收件人自取方式，则一般可以选择快递服务站自取和智能自提柜取货两种方式。

若采用快递服务站自取方式，则收派员将快件派送至快递服务站，对于已付款快件，在得到收件人的许可后，用把枪扫码，撕下派件存根，将快件放在快递服务站，提醒收件人签收，并与快递服务站的工作人员清点数量，完成快件交接。若采用智能自提柜取货方式，则收派员应先将快件放入智能自提柜，然后发取货码给收件人，收件人在收到取货码后，凭取货码到智能自提柜取货。京东物流对放在智能自提柜和快递服务站的快件视为已派送完毕。

2. 注意事项

（1）生鲜、冷链食品需要优先派件。

（2）对于快件是送货上门还是收件人自取，收派员需在与收件人沟通协商以后决定。

（3）对于外包装有破损的快件，收派员需让收件人先开包检查，再签收。

任务评价

任务评价表如表 5-3 所示。

表 5-3　任务评价表

序号	评价项目	评价标准	分值	得分
1	确定快件派送方式	选用的快件派送方式合理	40	
2	完成快件的派送	准确地完成快件的派送	60	
合计			100	

同步案例

无人配送车

2020 年 2 月，美团、京东、百度等多家企业的无人配送车相继在北京、武汉等地战“疫”

中应用，有关新闻不断在网上刷屏。综合目前的应用情况来看，美团无人配送车服务北京社区、京东无人配送车在武汉为医院配送物资、百度无人配送车在北京为医院及写字楼送餐，助力“最后一公里”高效防控。实际应用场景的增多，也促进无人配送车技术水平的提升，为其规模化商用创造发展空间。

一、美团无人配送车

应用企业：美团。

应用场景：北京顺义社区送菜。

技术亮点：精准导航。

美团无人配送车在北京顺义社区送菜。配送范围内的居民在美团买菜上下单后，美团无人配送车先经过智能调度在美团买菜的站点取货，再自动行驶到社区的无接触配送点与取货人交接，全流程实现了人与人的零接触。

二、京东无人配送车

应用企业：京东物流。

应用场景：武汉第九医院送物资。

技术亮点：远程管理。

2020年2月，在武汉市青山区吉林街上，京东无人配送车每天从京东物流仁和站出发，沿着街道一路前行，灵巧地躲避着车辆和行人，将药品等医疗物资送到武汉第九医院。

武汉第九医院是武汉市收治新型冠状病毒肺炎感染患者的定点医院，与京东物流武汉仁和站的距离只有600m。在新型冠状病毒肺炎疫情（以下简称新冠肺炎疫情）发生后，这个站点几乎承担了武汉第九医院医疗物资的绝大部分配送工作，其中无人配送车完成的配送工作约占医疗物资配送工作的70%。

三、新石器无人配送车

应用企业：百度、新石器。

应用场景：北京市海淀医院送餐。

技术亮点：传感器升级。

在北京，互联网巨头百度与新石器合作研发的Apollo无人配送车，每日在海淀区中关村大街一带，往返饭店和北京市海淀医院之间送餐。

一辆无人配送车能运送50份午餐，每天跑两趟。在新冠肺炎疫情期间，除了北京市海淀医院，在国贸大厦、朝阳SOHO等地也有这样的送餐服务。在新冠肺炎疫情期间，Apollo无人配送车在硬件及传感器上进行了多项技术升级，特别是在传感器升级后，已能实现云端注册及远程诊断和服务技术支持等功能。

公开资料显示，在新冠肺炎疫情期间，百度和新石器有18辆无人配送车在武汉参加了抗击新冠肺炎疫情的战斗。

（资料来源：微信公众号“中国交通报”，经本书编者整理）

问题：主流快递企业的无人配送车是怎样得到应用的？

同步实训

能力拓展

扫一扫，看同步实训　扫一扫，看能力拓展

任务四　营业网点的业务管理

学习目标

- ✧ 熟悉营业网点的场地布局。
- ✧ 熟悉到站快件和出站快件的操作流程。
- ✧ 能进行异常件的处理，减少异常件的发生。
- ✧ 能进行收派异常统计及分析。

学习任务

作为管理培训生，小李在培训结束以后被分配到新的营业网点参与营业网点的业务管理工作。请问：小李应该如何进行营业网点的业务管理？

任务分析

要完成上述任务，小李必须了解营业网点的业务管理知识。营业网点业务管理的流程和知识点如图 5-8 所示。

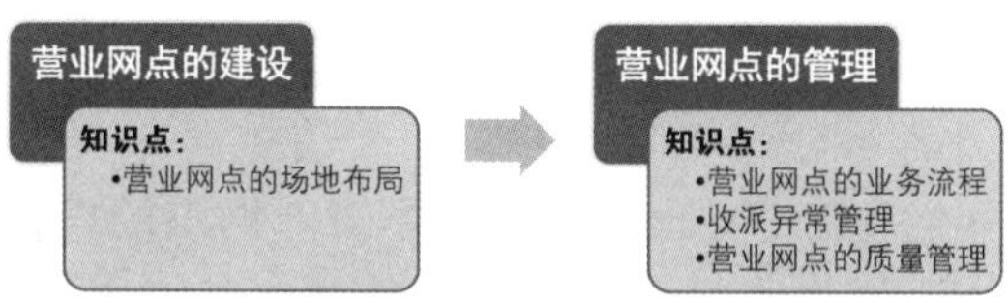

图 5-8　营业网点业务管理的流程和知识点

任务引导

一、营业网点的场地布局

营业网点是快递企业在单个城市中最小、最基本的操作单位，负责该城市或城市某一区域内快件的揽收、运输、分拣与派送工作。

营业网点的场地按照不同的操作功能主要分为车辆停放区、存储区、分拣操作区、办公区、休息区。

1. 车辆停放区

车辆停放区是营业网点的所属车辆（包括助动车和摩托车）在营业网点内行驶和停放的区域。有条件的营业网点可以将车辆停放区分为营业网点班车停放区和营业网点取、派件车辆停放区。

2. 存储区

存储区主要用于存放营业网点的操作物料和特殊快件（高值快件、滞留快件、收件人自取快件及待中转的快件等）。

3. 分拣操作区

所有快件在进入营业网点后，都必须在分拣操作区进行装卸、扫描、分拣、集装等操作。分拣操作区要方便班车的停靠，以缩短快件的搬运距离。根据到站快件的派送段和出站快件的目的地，分拣操作区需进行再分区，每个区都有相应的分拣方案张贴在醒目的位置，以方便营业网点的操作人员在地址或目的地分辨不清时随时查看，防止错发，提高集包及装载班车的效率。

一般营业网点的收派员会在分拣操作区进行理货、扫描、装车等操作，所以营业网点在规划其分拣操作区的面积时，应参考收派员人数，其标准大约是每个收派员 $3m^2$。

4. 办公区

与外勤的收派员不同，营业网点的经理、操作人员是在营业网点内进行工作的，所以营业网点要根据他们的工作性质设置办公区。

5. 休息区

有条件的营业网点可以为营业网点的工作人员设置休息区，供其休息之用。

二、营业网点的业务流程

营业网点主要有快件的揽收和派送两大业务。营业网点几乎每天都会收到分拨中心发来的快件，营业网点的收派员负责将这些快件派送给营业网点所辖区域内的收件人。营业网点揽收到的快件也需要发往分拨中心，在分拨中心进行处理。每个营业网点的工作都是围绕快件的揽收和派送进行的。通常，快件的揽收和派送是由收派员来完成的，详细的操作流程请看本项目任务一和任务三的内容。

（一）到站快件的操作流程

1. 预报接收和卸车准备

营业网点的操作人员在系统中导出即将到达本营业网点的班车预报，根据预报中的货量，准备卸车和相关操作设备。

2. 卸载班车

（1）在班车进站后，营业网点的操作人员引导并指挥班车停放在指定位置。

（2）营业网点的操作人员从班车司机处获得封车签，检查班车上的施封锁是否完好，施封锁号码是否与封车签一致。

（3）营业网点的操作人员打开车厢卸载快件，并逐件、逐包进行到站扫描。

（4）营业网点的操作人员在进行到站扫描的同时查验快件的包装是否完好。如有破损，则营业网点的操作人员应现场进行称重并核实快递运单上标注的重量，对快件进行全方位拍照，将快件破损信息填写在破损记录表中，并让班车司机签字确认。

（5）营业网点的操作人员检查快递运单上的快件目的地是否属于本营业网点。如不属于本营业网点，则营业网点的操作人员应立刻进行快件错发扫描，并将情况反馈给操作主管。

（6）营业网点的操作人员检查把枪上扫描的快件数量与封车签上标注的数量及系统预报的件数是否一致。如不一致，则营业网点的操作人员应即刻汇报操作主管，由操作主管或委托专人联系上一营业网点或分拨中心。

3. 分拣快件

（1）营业网点的操作人员对总包进行拆包操作。营业网点的操作人员在拆包前需确认总包的封签是否完整、号码匹配是否正确、总包是否完好。如果发现封签被损坏、号码不符、总包破损，那么营业网点的操作人员应先拍照，再核对包内快件的数量、检查包装，如有异常，则汇报给操作主管，联系分拨中心。

（2）营业网点的操作人员取出总包中的全部快件，并根据快递运单上的收件地址，按网点的派送段，将快件分拣到相应的派送段。

（3）营业网点的操作人员对收件地址不完整、不准确的快件，应立刻联系收件人，确认正确的收件地址，并将正确的收件地址补充、修改到快递运单上。

（4）营业网点的操作人员将留站自提、错发、破损、待二次中转等的快件挑选出来，摆放至指定的区域，并进行快件留站扫描。

4. 收派员出站派送

（1）收派员在领取快件后，对快件进行排序。

（2）收派员按排列好的顺序对快件进行出站派送扫描，同时从系统中导出并打印派送记录单，或手工抄写快件信息到派送记录单上，便于做派送记录。

（3）收派员将快件按顺序装车，进行出站派送。

5. 营业网点的操作人员比对数据

营业网点的操作人员在系统中比对到站扫描件数与出站派送扫描件数、快件留站扫描件数、快件错发扫描件数三者之和是否相等。

6. 收派员输入信息

（1）收派员在回到营业网点后，将派送成功快件的快递运单的派件存根联和派送记录单，以及派送不成功的快件交给营业网点的操作人员并说明派送不成功的情况。营业网点的操作人员对派送不成功的快件进行异常情况扫描，并将其暂存在营业网点内的指定区域。

（2）营业网点的操作人员在规定的时间内将派送成功的信息输入系统中，并将快递运单的派件存根联的图像上传至系统中。

（二）出站快件的操作流程

1. 收派员的快件交接准备

（1）收派员在收件结束后，在规定的时间内回到营业网点，清点自己所收快件的票数和件数。

（2）收派员逐个检查快件外包装的完好程度及包装是否符合快递企业的要求，对不符合要求的进行加固或再包装。

（3）收派员再次检查快件是否符合禁限寄物品的要求、体积和重量是否超限等。

（4）收派员检查快件的快递运单是否已经填写完好：文字是否清晰可见；收件人、发件人的详细地址和联络方式，票件重量，价格及付费方式等是否已填写正确；是否有发件人和收派员本人的签字；是否已经清晰地标记目的地名称或代码。

（5）收派员检查一票多件快件的主体上是否贴有快递运单，子件上是否都贴有“一票多件”标签；确认每个子件的“一票多件”标签上是否都已填写了主件的快递运单号。

（6）收派员检查各类操作标签（如到付标签、代收货款标签、重货标签、易碎标签等）是否已经按快递企业的要求操作完毕。

（7）收派员检查快件的其他随货相关文件是否完整（如签单返还单据、代收货款签收单等客户单据、非危险品证明等）。

2. 收派员与营业网点交接快件

（1）收派员逐件将快件交给营业网点的操作人员，营业网点的操作人员根据快递企业的包装和快件接收规范检查快件，并审核快递运单是否填写完好。对于不合格的快件，营业网点的操作人员需协助收派员进行改进。

（2）营业网点的操作人员对符合要求的快件进行称重，同时逐件进行到站扫描，快件重量在扫描的同时已被输入系统中。

（3）收派员将相关单据，连同现金和发票等票据，与营业网点的操作人员进行交接。

3. 营业网点的操作人员分拣快件

营业网点的操作人员按照快递运单上标记的目的地名称或代码进行分拣，将前往同一营业网点或同一集散地的快件摆放在一起，对信件类快件和小件快件进行集装操作，封成总包。

4. 装车

（1）营业网点的操作人员在装车时逐件对快件进行出站扫描。

（2）营业网点的操作人员在装车完毕后，即刻清理操作场地，检查有无遗漏的快件。

（3）班车司机锁好车厢，营业网点的操作人员对车辆进行施封。

（4）班车司机在规定的时间将班车驶离营业网点，开往分拨中心。

5. 预报和信息录入

（1）营业网点的操作人员将把枪与计算机相连，将扫描的数据传输到系统中并保存。

（2）营业网点的操作人员根据发出班车的票件数量和重量信息，在系统中向分拨中心发送预报。

三、收派异常管理

（一）收派异常分类管理

收派异常分类管理是指将常见的异常情况进行归类，制定相应的异常代码及异常处理方法、处理流程，实现信息化和标准化管理。

异常情况归类是指将异常情况根据异常管理的需要，按照不同的标准进行分类。

（1）按收派结果分类，如收件晚点、快件丢失、延迟派送等。

（2）按异常原因分类，如地址错误、收件人要求改派其他地址、天气恶劣、发生交通事故等。

（3）按异常责任分类，如发件人责任、收件环节责任、运输环节责任、操作环节责任、派送环节责任、收件人责任等。

（二）收派异常统计及分析

收派异常统计及分析是收派管理中一项非常重要的工作。收派异常统计及分析，可以反映收派质量及收派过程中存在的问题，为服务质量的提高及收派管理提供基础数据。收派异常统计及分析的内容如下。

1. 制作异常汇总表

异常汇总表是将在某一统计周期内（如一周或一个月）发生的异常快件登记、汇总成的一个总表，主要包括异常快件的基本信息（快递运单号、件数、重量等）、异常发生时间、异常原因、异常结果、处理进度、处理结果、异常责任等。

异常汇总表可以反映某一统计周期内的异常快件的总量，提供详细的异常记录和异常处理过程，是异常管理工作的一个重要工具。

2. 异常分类统计

异常分类统计是指根据异常汇总表的数据，按照不同的分类方法，分别对异常快件进行分类汇总，并制作分类统计表。异常分类统计可以反映各种异常类型，为异常分析及分类管理提供重要信息。

3. 异常分析

异常分析主要是指通过异常率、分类异常率（派送晚点率、快件破损率）等指标来反映异常的情况。

（1）异常率的计算。

异常率是在某一统计周期内，异常快件总量与收派业务总量的比值，计算公式如下：

$$异常率=异常快件总量/收派业务总量\times 100\%$$

异常率直观反映了收派质量，是收派质量考核的一个重要指标。该值越小，说明收派质量越好；反之，则说明收派质量差，需要大力改进。

（2）分类异常率的计算。

分类异常率是在某一统计周期内，某种异常类型的总量与收派业务总量的比值，主要有派送晚点率、快件破损率等，相应的计算公式如下：

$$派送晚点率=派送晚点总量/收派业务总量\times 100\%$$

$$快件破损率=快件破损总量/收派业务总量\times 100\%$$

计算分类异常率可以达到两个目的：一是反映各种异常类型对收派质量的影响；二是突出对重点环节的监控及管理。

4. 重点类型分析

重点类型分析主要对造成重大影响的异常类型、在本统计周期内发生率较高的异常类型，以及较上一统计周期发生率大幅度增加的异常类型进行重点分析。对于这些异常类型，营业网点必须深入调查、研究，分析主要原因，并制定改进方案。

5. 撰写异常报告

异常报告是对收派异常统计及分析内容的全面汇总，是收派质量管理方法改进及流程优化的重要决策依据。异常报告的内容一般包括异常快件的统计结果、重点监控异常类型的情况、与上一统计周期的对比情况、存在的主要问题分析、重大事故通报、建议及改进方案等。

（三）常见异常快件的处理

1. 遗失件的处理

快件遗失是指快件在操作环节中由于各种原因而出现短少或整体丢失的异常情况。快件遗失的常见原因包括操作失误、内部盗窃、外部盗窃、代签收等。常见的快件遗失的处理方法如下。

营业网点发现快件遗失：通知操作主管；清查操作现场；查看系统，推导快件遗失的环节和时间；询问相关操作人员；调取监控录像。

收派员在途中发现快件遗失：检查是否错派给其他收件人；联系营业网点的操作人员，请其检查快件是否遗漏在营业网点内，或被错分给其他收派员；如果遗失时间短，就尝试沿原路返回寻找；如果明显是被盗遗失，就立即报警。

营业网点或收派员在确认快件彻底遗失或短少后，请客服向发件人请示处理意见，如免费补发、赔偿处理等，并将短少的快件暂存于指定存储区。

2. 破损件的处理

快件破损是指快件在运输途中由于受到某种外力的破坏导致快件的外包装或内件破损的情况，一般分为外包装破损和内件破损。

（1）外包装破损件的处理。

营业网点的操作人员在发现快件的外包装破损后，需在经理的监督下，在摄像头的照射范围内，检查快件内件有无破损。如果内件没有破损，营业网点的操作人员就对快件外包装进行加固或重新包装。

（2）内件破损件的处理。

营业网点的操作人员在营业网点内发现快件的内件破损后，要将情况反馈给操作主管。操作主管指派人员拍照取证，同时通知客服，等候客服传达发件人的操作指示，并对快件进行快件破损扫描，在破损记录表中记录破损件的详细情况。

营业网点的操作人员按照发件人的指示进行操作（派送、退回发件人或其他操作）。

如果收件人在签收时发现内件破损且拒收，那么收派员应将快件带回营业网点。营业网点的操作人员进行收件人拒收扫描并联系客服，等待发件人的操作指示。

四、营业网点的质量管理

营业网点的质量管理主要是通过监控营业网点的质量管理指标来进行的。营业网点的质量管理指标是对营业网点收派及内部管理工作进行评价、考核及决策的重要依据，包括时效指标、质量指标，如表 5-4 所示。

表 5-4　营业网点的质量管理指标

指标		计算公式	指标含义
时效指标	收件及时率	按时收件数/下达收件指令总收件数×100%	在规定（或者约定）的时间内完成收件的件数与下达收件指令总收件数的比值
	派件及时率	按时派件数/接收派件任务快件总件数×100%	在规定的时间内完成派送的件数与接收派件任务快件总件数的比值
	快件信息录入及时率	按时规范录入信息件数/营业网点收件总件数×100%	在规定的时间内规范录入信息件数与营业网点收件总件数的比值

续表

指标		计算公式	指标含义
质量指标	收派破损率	收派环节破损件数/收派总件数×100%	在收派环节中，破损件数与收派总件数的比值
	收派遗失率	收派环节遗失件数/收派总件数×100%	在收派环节中，遗失件数与收派总件数的比值
	收件合格率	收件环节合格件数/收件总件数×100%	在收件环节中，收取的不含禁限寄物品的合格件数与收件总件数的比值

任务实施

1. 营业网点的建设

一般营业网点的面积为30～50m^2，设置车辆停放区、存储区、分拣操作区、办公区（兼休息区）；配置基本的办公设备，如计算机、条码打印机、轻量型货架和仓储笼（用来存放快件）、文件分拣台（用来进行手动分拣）、手推车、电子秤、把枪（用来扫描快递运单，收集数据信息）。存储区和分拣操作区装有摄像头，用于监控整个操作场面。

2. 营业网点的管理

对于营业网点的管理，参照快递企业的要求设置营业网点的业务流程、收派异常管理流程、质量管理指标。

任务评价

任务评价表如表5-5所示。

表5-5　任务评价表

序号	评价项目	评价标准	分值	得分
1	营业网点的建设	根据业务量设置功能区，配置相应的办公设备和操作设备	30	
2	营业网点的管理	业务流程合理	40	
		异常快件少，异常快件处理合理	30	
合计			100	

同步案例

众邮快递

2020年3月，京东旗下的众邮快递正式浮出水面。据介绍，众邮快递定位为一家专注于下沉市场与经济型商业发展的快递企业。它依托全国覆盖的配送网络与稳健的末端服务质量，结合国内领先的互联网思维与技术，致力于成为以技术为驱动、高性价比的知名快递企业。其使命是成为快递行业以生态合作制胜的最佳商业伙伴。

区分于京东物流现有的业务，采取加盟模式的众邮快递，尤其强调了产品的性价比。据介绍，众邮快递基于行业和产品结构差异性，专项提供高性价比的价格方案。其产品定位为服务产品聚焦 3kg 小件、电商包裹，增值业务包括货到付款、货物保价等。其市场定位是为国内电商平台、微商、微店、新型电商、专业市场及散户提供快递服务。

截至 2020 年 6 月，众邮快递联合生态合作资源，拥有分拨中心 180 余个、干线 1 500 余条、车辆 4 700 余辆、三方协作网点 10 000 家，实现全国 99%的四级地址覆盖，可提供强大的网络平台支撑及稳定的时效服务质量保障。为推动加盟工作的展开，众邮快递还推出了包括金融贷款支持的十大加盟福利。

不过，众邮快递的加盟门槛并不低：加盟商需要有独立法人的营业执照，注册资金不低于 50 万元，有独立的快递经营许可证，同时需要有专属于众邮快递的操作场地、运营车辆、操作人员，以便于货物的装卸、存放、运输、派送及人员操作。

2020 年 12 月，众邮快递更名为京喜快递。

问题：众邮快递（京喜快递）的加盟条件有哪些?

同步实训

能力拓展

扫一扫，看同步实训　扫一扫，看能力拓展

项目六

即时配送

引例

美团配送布局

2018 年 7 月，美团点评上线美团闪购业务，涵盖超市便利、生鲜、果蔬、鲜花等众多品类，可实现 30min 配送上门。美团除了提供美团平台上的外卖等本地生活业务，还推出自营的美团买菜 App，采用“手机 App+线下服务店”模式，通过在社区设立仓配一体的前置仓，满足社区居民一日三餐的生鲜消费需求。2019 年 5 月，美团推出即时配送品牌——美团配送，通过进军本地生活服务领域，其消费品类和服务场景得到扩展。美团配送的布局如图 6-1 所示。

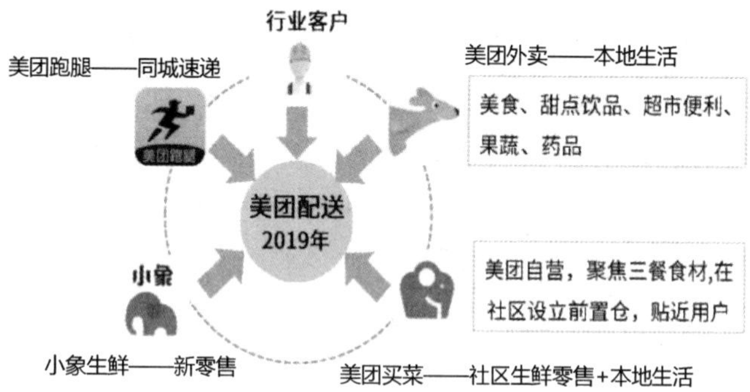

图 6-1　美团配送的布局

美团为什么要推出美团配送？什么是即时配送？即时配送与传统快递有什么不同？这是本项目要重点介绍的内容。

任务　即时配送管理

学习目标

✧　熟悉即时配送的需求场景及其代表平台。

✧ 熟悉不同类型即时配送服务的流程。
✧ 了解即时配送运力的组织模式。
✧ 熟悉智能调度的关键技术和流程。
✧ 了解即时配送的岗位设置与岗位职责。
✧ 能对即时配送的骑手进行管理。
✧ 能处理常见的配送异常情况。

学习任务

以学校附近的美团配送或蜂鸟即配的站点为调查对象，了解该站点的岗位设置与岗位职责情况、即时配送业务的操作流程，以及站点是如何安排骑手进行派送的。

任务分析

要完成上述任务，我们需要做完成以下两项工作。

（1）制订调查计划：选择调查对象，确定调查时间和内容。

（2）实施调查，完成调查报告。

我们首先需要制订调查计划，选择调查对象，确定调查内容；然后，根据调查计划进行实地调查，了解即时配送站点的运作情况，并根据调查情况撰写调查报告。即时配送站点调查的流程和知识点如图 6-2 所示。

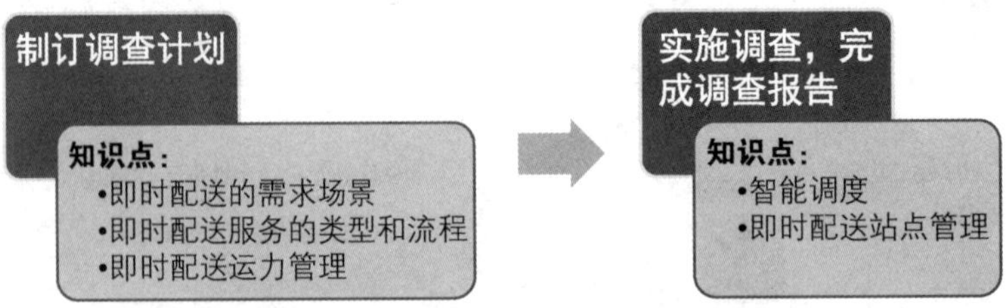

图 6-2　即时配送站点调查的流程和知识点

任务引导

一、即时配送概述

（一）即时配送的发展情况

即时配送是根据用户即时发布的服务需求，在无中转、无仓储、点对点的同城范围内极速、准时完成的配送服务。即时配送的发展主要得益于外卖的兴起和新零售的发展。即时配送是以外卖为切入口而兴起的。在“懒人经济”和快节奏的生活下，外卖需求推动了即时配送的产生和发展。由于外卖用户的基数大、交易频率高，为了满足用户快速、准时的配送需求，即时配送应运而生。

随着外卖市场规模扩大，不断延伸、扩展业务场景和品类，即时配送服务逐渐延伸到生鲜、果蔬、鲜花、蛋糕、日用品、药品等时效性要求较高的品类。另外，以盒马鲜生为代表的融合线上与线下的新零售模式和商超宅配的兴起，为即时配送找到新的市场增长点。自 2018 年以来，各大巨头纷纷加入即时配送市场，2020 年，即时配送行业的用户规模达

5.06亿人。

随着各类电商平台、快递企业、第三方平台纷纷入局即时配送行业，即时配送服务的边界不断扩展，从外卖到生鲜、果蔬、鲜花、蛋糕、日用品、药品再到跑腿服务，即时配送平台不断拓宽服务场景来满足用户多元化的需求，实现消费场景全覆盖。

（二）即时配送与传统快递的区别

即时配送与传统快递有本质的区别。在传统快递中，一个快件要经过收寄、处理、运输和派送 4 个环节才能到达收件人处，如图 6-3 所示。无论路程远近，快件都需要经过收派员、营业网点、处理中心才能到达收件人处，由此可见，传统快递的传递需要经过多个环节，效率较低。

即时配送砍掉了所有的中间环节，专人直送，点对点，即取即送，收派一体，一个收派员就可以完成收件和派件。即时配送的流程如图 6-4 所示。

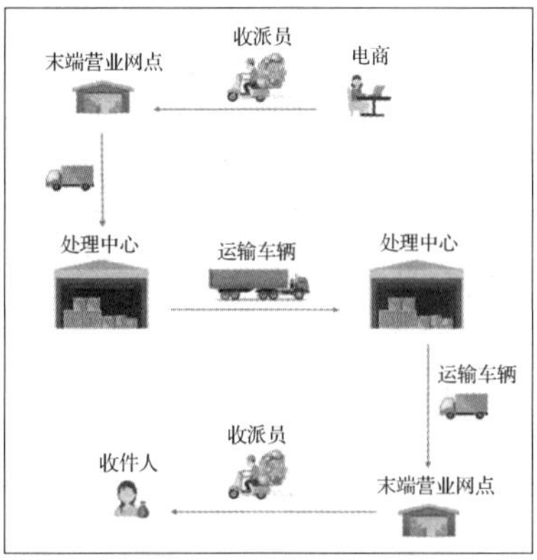

图 6-3 传统传递的流程

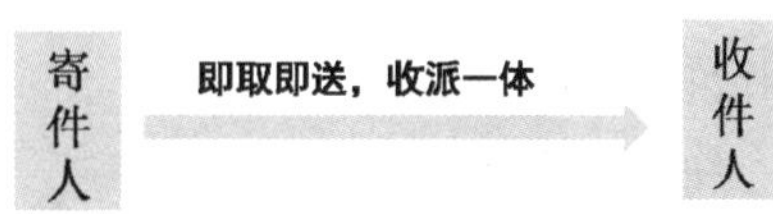

图 6-4 即时配送的流程

即时配送与传统快递的主要区别在于以下几点：一是即时配送是点对点的，无中转环节，收派一体；二是服务需求的即时性与非计划性，即时配送对时效的要求高，收派员通常要在 2h 甚至 30min 内将快件送到收件人处；三是即时配送有一定的服务半径，通常为 3km。

二、即时配送的需求场景及其代表平台

（一）外卖市场及其代表平台

即时配送起源于外卖市场。外卖作为高频需求，是即时配送市场的主要订单来源。外卖市场的代表平台为美团配送与蜂鸟即配。

（二）新零售和商超宅配服务及其代表平台

随着新零售在我国的快速发展，如小象生鲜、盒马鲜生等新型超市的出现，新零售平台的生鲜宅配业务发展迅速。新零售平台除自建物流外，还会使用第三方即时配送平台的服务。其业务主要包括生鲜、医药、鲜花、便利店、美妆个护、家居、母婴用品等多个附加价值较高的品类及商超到家等。例如，达达和京东到家在合并后退出餐饮外卖领域，进入商超到家配送与新零售领域。

（三）代买代送服务及其代表平台

随着 O2O（Online to offline，线上到线下）、“懒人经济”的发展，线上与线下融合的社区电商得到进一步发展，用户生活中所需的绝大多数商品的配送均可由即时配送来完成。针对现代都市人“忙、急、懒、难”等场景，提供代买代送服务的平台大量出现，其代表平台有闪送、UU 跑腿、蜂鸟跑腿等。

三、即时配送服务的类型和流程

（一）即时配送服务的类型

即时配送服务有服务于个人用户和商家两大类。

1. 服务于个人用户

服务于个人用户的即时配送服务是针对个人需求的代买代送服务。个人用户一般是对服务体验要求更高的中高端用户，他们购买的是运力服务。提供服务于个人用户的即时配送服务的代表平台有闪送、人人快送等。

2. 服务于商家

服务于商家的即时配送服务主要是外卖、新零售及商超宅配等投递服务。终端用户购买的是商品，需求发起方是商家，配送对象是终端用户，商家对服务价格更敏感。提供服务于商家的即时配送服务的代表平台有点我达、达达、蜂鸟即配等。

（二）即时配送服务的流程

目前，即时配送服务主要有外卖、新零售和商超宅配、代买代送、专人直送四大类，各自的流程如下。

1. 外卖服务的流程

外卖服务的流程：用户下单；外卖平台在收到订单后推送订单给商家；在商家接单后，外卖平台推送信息给骑手；骑手在接单后到商家处取商品，并将商品送到用户手中，如图 6-5 所示。

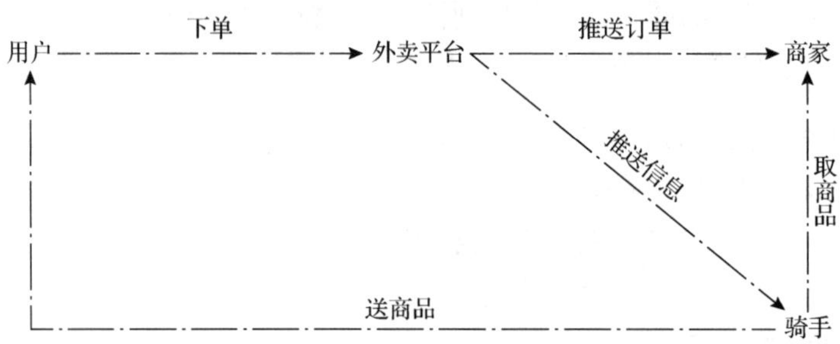

图 6-5　外卖服务的流程

2. 新零售和商超宅配服务的流程

新零售和商超宅配服务的流程：用户下单；新零售平台推送订单给商家和骑手；商家拣选打包；骑手在接单后到商家处取商品，并将商品送到用户手中，如图 6-6 所示。新零售平台一般部分使用自建运力，部分使用第三方即时配送运力。

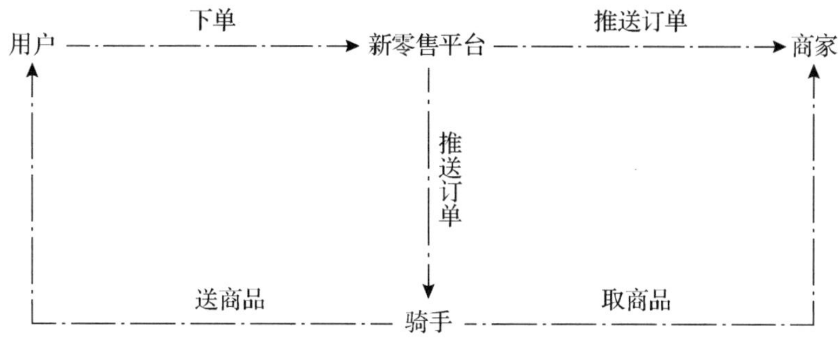

图 6-6　新零售和商超宅配服务的流程

3. 代买代送服务的流程

代买代送服务的流程：用户下单；O2O 或运力平台将订单推送给骑手；骑手根据订单信息到商家处购买商品，并将商品送到用户手中，与用户结算费用，如图 6-7 所示。代买代送与其他即时配送服务最大的不同是 O2O 或运力平台不参与商流过程。

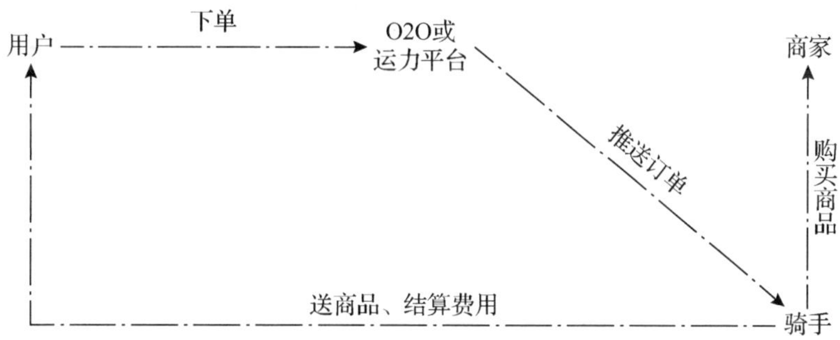

图 6-7　代买代送的服务流程

4. 专人直送服务的流程

专人直送服务的流程：发件人下单；运力平台进行订单分配，推送订单给骑手，并推送订单信息给收件人；骑手在接单后到发件人处取件，并将快件送至收件人处，如图 6-8 所示。专人直送一般不局限于短距离的服务范围，经常会有同城远距离订单，但配送单价相对较高。

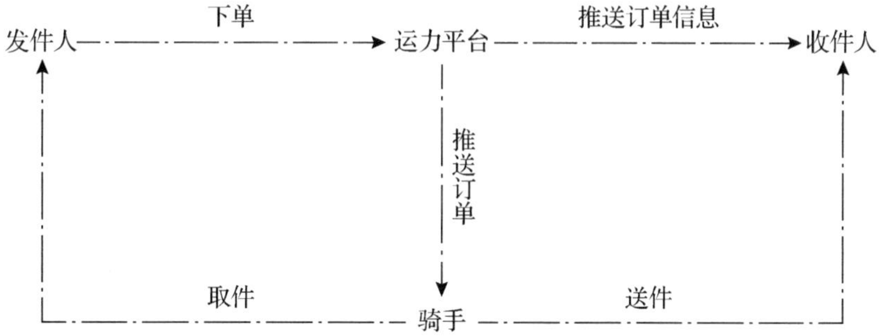

图 6-8　专人直送服务的流程

三、即时配送运力管理

（一）即时配送运力的组织模式

1. 自营模式与加盟模式

外卖平台的配送早期通常采用自营模式，即外卖平台直接管理骑手，与骑手签订劳动合同。这种模式的优势是有很好的服务保障、人员稳定性高；劣势是成本较高、扩张速度缓慢。

加盟模式是外卖平台在迅速扩张时期选择的运力组织方式。为快速拓展市场，取得市场份额，外卖平台一般采取加盟模式。这种模式的优势是成本较低、扩张速度快；劣势是外卖平台对运力的控制力较弱。

不管是自营模式还是加盟模式，运力都是全职运力，随着即时配送市场的进一步成熟，加盟模式运力的服务标准与自营模式的差距越来越小，主流即时配送平台如美团配送与蜂鸟即配已基本将自营运力转为加盟运力。

2. 众包模式

众包模式是各即时配送平台都会采用的一种模式。众包运力是指把原来由企业专职骑手承担的配送工作，以自由自愿的形式，通过技术平台转交给企业外的社会大众来完成。众包的理念是基于共享经济思想，利用互联网平台整合闲散的运力资源，来完成即时配送工作。众包平台最早以人人快递为代表，后来闪送、达达、UU 跑腿、点我达、E 快送、京东、美团、蜂鸟等都推出了自己的众包平台。众包模式对社会闲散运力资源进行高效整合，为即时配送提供运力资源。众包模式可以应对即时配送需求的不确定性，解决物流“最后一公里”及“最后 100 米”的配送难题。

运力众包分为两种：一种是外卖、B2C（Business to Consumer，企业对消费者）零售平台自建众包运力，如美团众包、蜂鸟众包；另一种是独立众包运力平台，如点我达、闪送等。在管理方式上二者存在一定的差别，外卖、B2C 零售平台自建众包运力的组织架构与自营、加盟模式类似，而独立众包运力平台通常不设城市区域和站点，它的优势是成本较低、运力丰富，劣势是流动性大。

众包模式比自营模式和加盟模式有成本及效率优势，是很多即时配送平台在解决运力问题时采用的模式。众包模式可以极大地吸纳社会闲散运力，以非常轻便的模式建立灵活、全面、庞大的运力储备池，同时在一定程度上提高获取订单的能力。

（二）运力调配模式

即时配送平台的运力调配模式一般有抢单、派单、推荐订单 3 种，在即时配送平台发展的不同时期，各种模式的应用有所侧重。

1. 抢单模式

骑手通过即时配送平台浏览订单信息，结合自身对区域、路况、订单等情况的了解，在一定时限内主动选择接受订单的模式即抢单模式。抢单模式可充分调动骑手的积极性，同时配合众包模式，可有效地提高短时间内的订单推送成功率，但它需要较为强大的智能调度系统的支持。

2. 派单模式

即时配送平台根据用户的需求及所处位置等信息，指派骑手提供即时配送服务的模式即派单模式。相比于抢单模式，派单模式的优势是可以最大限度地保证每一单都有人配送，有效避免骑手在配送过程中因地理位置偏远等外界因素而拒绝接单的问题。但是，抢单模式下的订单不一定能被分配给距离最近或路线最优的骑手，所以难以提高配送效率。

3. 推荐订单模式

即时配送平台基于人工智能和大数据等技术，并结合骑手的接单偏好，向骑手推荐适合其情况的订单，供其选择的模式即推荐订单模式。

四、智能调度

（一）智能调度的关键技术

智能调度系统是即时配送平台的技术核心。为了实现分钟级的配送，即时配送平台的技术要求比传统快递配送服务高，人工智能和大数据的应用使即时配送的资源配置不断得到优化，配送效率得到大幅提升。即时配送智能调度的关键技术主要有大数据、物联网技术、机器学习、运筹优化。智能调度系统根据订单的配送需求、地理环境及每名骑手的个性化特点，通过分析海量数据，预测运力需求并对配送过程进行优化，对配送过程进行语音交互与实时监控，实现订单与骑手的高效动态最优匹配，从而为每个用户和商家提供最佳的配送服务，提高配送效率，降低配送成本，提升用户体验。

1. 大数据

即时配送平台每天都会产生大量的订单配送日志、骑手轨迹数据、配送业务数据、特征数据、实时环境数据。对配送大数据进行分析、挖掘，可以得到每个用户、楼宇、商家、骑手、地理区域的个性化信息，以及有关各地理区域骑行路线的有效数据。

2. 物联网技术

即时配送平台通过接入更多的物联网设备，包括可穿戴设备、智能电动车，可以监控骑手在路途上是否超速，通过可穿戴设备和 App 的交互，帮助骑手进行快速的接单响应。

3. 机器学习

机器学习负责从数据中寻求规律和知识，通过对商家的出餐时间、未来的订单量、骑手的骑行速度、红绿灯耗时、骑行导航路线等因素进行准确预估，为调度决策提供准确的基础信息。

4. 运筹优化

运筹优化在即时配送大数据平台及机器学习的预测数据基础上，采用最优化理论、强化学习等优化策略进行计算，进行路线优化、系统派单、自动改派等，做出全局最优的分配决策，并和骑手高效互动，处理执行过程中的问题，实现动态最优化。

（二）智能调度的流程

1. 接单、分单

智能调度系统接收订单，并在接收订单之后进行订单匹配。智能调度系统通过大数据分析和机器学习预测，综合考虑骑手的位置和能力、在途订单情况、商家的出餐时间、交付难度、天气、地理路况、未来的订单量等因素，进行智能化的订单分配，将订单匹配给最合适的骑手，同时在骑手配送过程中随时预判订单超时情况并动态触发改派操作，实现订单和骑手的动态最优匹配。

2. 时间预估和路线优化

智能调度系统在派单后，利用运筹优化算法、GPS+GIS 定位等，为骑手提示商家的预计出餐时间和合理的配送路线，并通过语音方式和骑手进行高效交互。

3. 订单需求预测，供需平衡调节

在骑手完成一张订单的配送任务后，智能调度系统根据订单需求预测和运力分布情况，告知骑手不同商圈的运力需求情况，从而实现闲时的运力调度，调节供需平衡。

五、即时配送站点管理

即时配送站点是指能满足站长、调度员的办公和培训需求，同时具有一定的与骑手进行交互功能（晨会、充电、物资存放、异常处理等）的实体场所。即时配送有一定的覆盖范围，在即时配送运力自营模式下，当区域内的订单量达到一定要求时，即时配送平台就需要建立实体配送站点，即即时配送站点。即时配送站点可作为日常办公场所、骑手培训基地等。即时配送的很多管理工作都是在即时配送站点展开的。

（一）即时配送站点的场地布局

即时配送站点的场地按功能可以分为办公区、设备停放区与充电区，有条件的即时配送站点还可以设置公示区、物资区、培训室、卫生间等。办公区供站长、调度员办公之用，设备停放区与充电区供电动车停放和充电之用。

（二）即时配送的岗位设置与岗位职责

即时配送的岗位设置与岗位职责如表 6-1 所示。

表 6-1 即时配送的岗位设置与岗位职责

岗位设置	岗位职责
城市经理	（1）带领核心团队宣导、践行企业价值观，设置企业服务规范、激励方案及标杆建立等活动。 （2）规划在岗员工的胜任力，开展培训、在岗训练等活动，并储备适当的管理层候选人。 （3）定期获取内部财务、运营数据，发现运营问题，及时制定运营策略。 （4）制定各岗位的绩效指标与绩效考核方案
区域经理	（1）分析数据。按日、周、半月等固定周期统计站点的 KPI（Key Performance Indicator，关键绩效指标）数据；及时发现异常的数据，通过与站长沟通，找到数据背后的问题，预判运力的储备需求趋势并发掘突破点。 （2）辅导站长。辅导站长制订改善计划和改良措施；利用各种资源解决运营过程中的问题；加强与站长的沟通

续表

岗位设置	岗位职责
站长	（1）利用各种渠道进行骑手招聘，及时补充运力。 （2）通过以往的数据预判运力储备需求，进行合理排班。 （3）制定并实施骑手激励方法和关怀措施，打造良好的工作氛围，给骑手营造家的感觉。 （4）按时召集骑手召开晨会，及时宣导企业的政策和规范，保证骑手的形象标准化，提升骑手的标准化服务。 （5）进行站点运营数据分析，及时处理平台的异常数据，保障商户和骑手的基本利益。 （6）维护良好的商户关系，当商户发生问题时，及时把控问题商户，上报情况，保障即时配送站点的正常运营。 （7）对突发情况进行处理；及时帮助骑手处理交通安全事故，并申请保险理赔
骑手	（1）根据企业服务规范，完成订单配送。 （2）当遇到突发情况时，及时、有效地根据企业服务规范进行处理，保障即时配送服务的质量。 （3）当遇到交通安全事故时，不逃逸，及时报警，并告知站长，后续完成保险理赔操作。 （4）按照食品安全、交通安全的规范，安全、快速地将商品送给用户

（三）配送员的管理

配送员是指在即时配送平台注册并通过审核的，从事即时配送服务的人员，包括众包即时配送人员、即时配送服务提供商雇用的从事即时配送服务的人员。在即时配送行业，配送员通常被称为骑手。

骑手作为即时配送服务最直接的参与者，决定着即时配送服务的质量。因此，对骑手的管理主要在于操作规范和服务规范方面。为保障即时配送服务的质量，即时配送平台必须对新入职的骑手做好岗前培训。下面以外卖行业为例，介绍一名合格的骑手应该了解哪些操作规范和服务规范。

1. 熟悉标准配送流程

即时配送服务有不同的类型，如外卖、新零售和商超宅配、代买代送、专人直送等，每类服务都有标准的服务流程，新入职的骑手必须掌握自己所提供服务的标准配送流程。图 6-9 为外卖的标准配送流程。

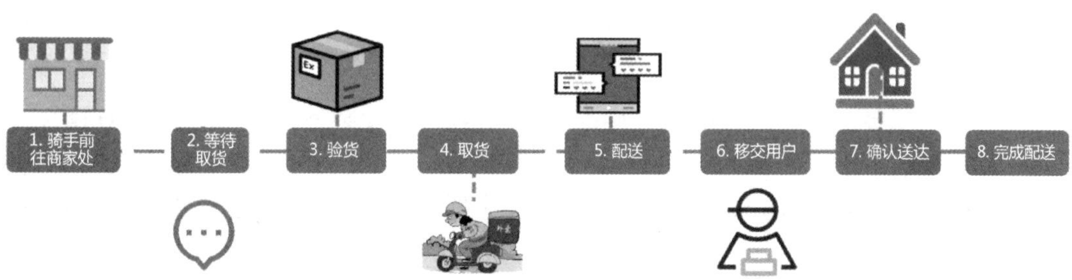

图 6-9　外卖的标准配送流程

2. 熟悉区域与路线规划

外卖的标准配送流程中有 3 个主要节点，即取货点、道路、送货点。一名合格的骑手需要做到以下几点。

（1）熟悉取货点：熟悉商家的地理位置、出货时间、商家的服务员/前台人员。

（2）熟悉道路：熟悉所属区域的主、次干道/小路捷径，红绿灯分布，道路施工情况，特殊时段拥堵情况等。

（3）熟悉送货点：熟悉送货点的地理位置、小区/学校的出入口/门禁/楼栋分布、写字楼/医院的电梯/货梯/楼梯等。熟悉送货点是快速送货的前置条件，一名合格的骑手要以主干道划分片区，善用手机地图。

3. 熟悉企业服务规范

标准的企业服务规范是服务质量的保障，《外卖配送服务规范》对外卖配送服务提出了要求。每个企业也有自己的服务规范，一般应该包括骑手的形象及个人卫生、装备配备、安全驾驶、标准话术、App 操作流程等。

（四）常见配送异常情况的处理方法

在即时配送过程中可能出现一些配送异常情况，如商家出货慢，用户不方便取货，用户地址错误，撒餐、漏餐，配送途中发生异常情况等。这些异常情况如果不能被妥善处理，就会影响配送效率和用户体验。常见配送异常情况的处理方法如下。

1. 商家出货慢的处理方法

当商家出货慢时，骑手应礼貌催货，若到截止承诺出货时间时商家仍未出货，则再等待 5min；若 5min 后仍未出货，则可进行其他订单的配送；若商家同意取消订单，则告知商家进行取消订单操作，或在征得商家同意后在骑手 App 中申请标记异常，原因为商户出货慢。

2. 用户不方便取货的处理方法

当用户不方便取货时，骑手应在电话中与用户协商，把货物放在指定地点，让用户在方便时自取；若用户可以在很短的时间内来取货，则可以与用户协商具体取货时间；若用户以不便取货为由取消订单，则可尽量挽留用户，让用户在方便时联系自己再进行配送。

3. 用户地址错误的处理方法

当用户地址错误时，骑手应与用户确认正确地址与错误地址的距离，若小于 500m，则按正确地址进行配送；若大于 500m，则与用户约定好时间，并在约定的时间内将货物送达；若超出配送范围，则须告知用户原因，在征得用户同意后在骑手 App 中申请标记异常，原因为用户地址错误。

4. 撒餐、漏餐的处理方法

若撒餐、漏餐不严重，则骑手应擦拭一下，并换一个包装袋，向用户诚恳地道歉，还可赠送用户一包纸巾，提醒用户用餐时注意；若撒餐、漏餐严重，则骑手应退还配送费或者部分餐品的钱，并重新给用户下一个外卖订单，联系站长或调度员，重做一份餐品，请同事帮忙送过来。

5. 配送途中发生异常情况的处理方法

当在配送途中发生交通事故时，骑手应及时联系即时配送站点，由站长或调度员安排人员与用户进行沟通，向用户礼貌致歉并解释原因，协商处理。若因手机、车辆故障等原因导致无法配送订单，则骑手应联系站长或调度员改派订单。

当出现上述配送异常情况，需要改派订单时，即时配送平台可以通过人工来完成改派，即站长或调度员在收到骑手的改派请求后，在智能调度系统中查看各骑手的位置及其手中订单的状态，以及商户的位置、用户的位置和期望送达时间等信息，在此基础上分析应该改派给哪名骑手，并执行相应操作。

任务实施

1. 制订调查计划

（1）选择调查对象。

根据实际情况，选择学校附近的美团配送或蜂鸟即配的站点为调查对象。

（2）确定调查内容。

①站点的总体情况、服务范围。

②站点的岗位设置与岗位职责。

③站点即时配送服务的流程。

④站点智能调度的流程。

2. 实施调查，完成调查报告

以小组为单位，按照制订的调查计划，在选择的调查站点完成调查任务，并撰写调查报告。

任务评价

任务评价表如表 6-2 所示。

表 6-2 任务评价表

序号	评价项目	评价标准	分值	得分
1	制订调查计划	调查计划的内容完整、合理	20	
2	实施调查，完成调查报告	根据调查计划的内容，完成调查项目	30	
		调查报告的内容全面、正确，格式规范	30	
3	团队合作	分工合理、有效组织、有效协作	20	
合计			100	

同步案例

闪送

闪送成立于 2014 年 3 月，是北京同城必应科技有限公司旗下的品牌，聚焦共享经济，以互联网+、大数据为依托，为用户提供即时专人直送，7 天×24h，平均 1min 响应、10min 上门、同城 1h 速递服务。

用户在有快递需求时，可以通过手机 App、微信和官方网站快捷下单，系统会匹配附近的闪送员，闪送员会在 10min 内上门取件，将快件送到目的地。闪送免去了传统快递服务的中转、分拣等过程，从取件到送达，5km 平均 23min 送达，10km 平均 33min 送达，15km

平均 39min 送达。

截至 2019 年 9 月，闪送的服务覆盖 222 座城市，服务用户超 1 亿人，汇集了 90 万名闪送员，日订单突破 60 万单。

闪送采用专人直送服务模式，除了法律禁止递送的物品，基本上对于符合规定的所有物品，都可以提供配送服务。闪送的主要业务范围包括美食递送、商务递送、紧急递送 3 类。

安全和便捷一直是闪送的特点。闪送从信息安全、递送过程管控、闪送员筛查等方面全面确保递送安全。

问题：闪送和蜂鸟即配都属于即时配送，闪送的模式与蜂鸟即配有什么不同?

同步实训

能力拓展

扫一扫，看同步实训 扫一扫，看能力拓展

第三篇

仓储与配送经营管理

项目七

作业区域和智能仓储系统规划与设计

引例

如何判定仓库的规划做得好不好

现代仓储在企业发展的过程中起着极其重要的作用，它可以体现一个企业仓库管理的现代化水平。好的仓库规划可以提高企业的整体运作效率，从而更好地服务于企业。下面我们来看仓库规划涉及的几个方面，从而让企业仓储能够更好、更顺畅地运行。

（1）仓库的总体布局。根据仓库生产和管理的需要，对整个仓库的所有设施进行用途规划，确定生产、辅助生产、行政等场所，确定仓库、作业、道路、门卫等的分布，并对各类设施和建筑进行区别。

（2）仓库的专业化分工。一般按照仓储物品对仓库进行分类分区，对于专业化的仓库，可以按照不同的作业方式进行划分。

（3）仓库员工的分工和管理范围。按照仓库员工的管理幅度需要确定班、组管理范围，确定仓库的岗位设置与岗位职责。

（4）仓库货位的安排和用途、作业道路和仓库的作业路程。

（5）仓库未来的发展，包括仓库的发展战略和规模（仓库的扩建、改造，仓库吞吐、存储能力的提高等），以及仓库机械化发展水平和技术改造方向，如仓库的机械化、自动化水平等。

（6）仓库的主要经济指标，如仓库的主要设施利用率，劳动生产率，仓库吞吐、存储能力，物资周转率，储存能力利用率，储运质量等。

仓库规划其实就是在仓库合理布局和正确选择的基础上对库区的总体设计，而这个设计可以影响甚至决定一个企业的现代化仓储水平及发展方向。

（资料来源：腾讯网）

现代社会对物流的需求越来越多，配送中心也越来越多。作业区域规划与设计及智能仓储系统规划是本项目的主要内容。

任务一　作业区域规划与设计

学习目标

✧ 能有效地收集规划资料。
✧ 能利用规划资料进行货品分析和作业流程分析。
✧ 掌握货区布置的形式，能合理规划内部作业功能区域。
✧ 能进行仓库内部平面布局设计，画出平面布局图。

学习任务

红星集团准备在云南新建一个配送中心，主要为一个连锁化妆品企业服务。化妆品既有面向店铺的 B2B（Business to Business，企业对企业）配送，又有面向个人的 B2C 配送。B2B 配送为托盘拣货，托盘货品经出库复核后直接装车运输。B2C 配送为整箱或散件拣货，散件出库需要二次包装，散件在出库区经扫描复核、包装、称重、粘贴配送标签后，由出库流水线输送至环形快件分拣线。环形快件分拣线根据标签条码按路向对散件进行分拣并摆放在指定区域，等待快递企业配送。

已知化妆品库有入库区（验收区）、存储区（拣货区）、出库暂存区、复核包装区、配送交接区，功能区的平面布局图如图 7-1 所示。请根据所学知识完成以下任务。

（1）分析该化妆品库布局的物流动线属于什么类型。如果将该化妆品库的物流动线设计为 L 形，请画出 L 形物流动线布局图。

（2）假设欧莱雅化妆品区有 12 组货架，请按照纵列式布局方式布置该区的货架，并画出平面布局图。

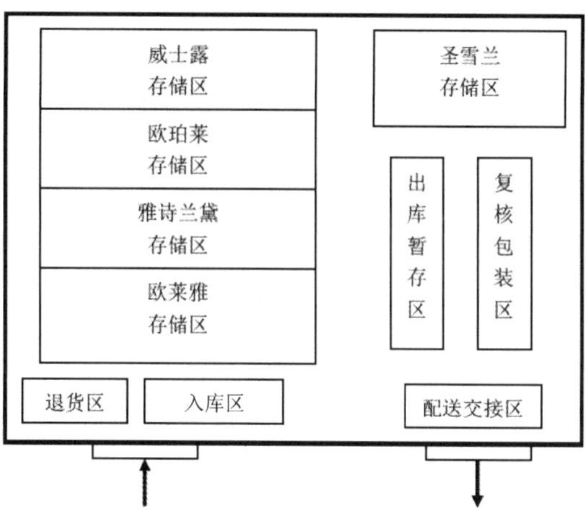

图 7-1　功能区的平面布局图

任务分析

要完成上述任务，就要对储存货品、配送对象进行分析，我们需要完成以下几项工作。

（1）收集和分析规划资料。

（2）设计作业流程。

（3）确定功能区。

（4）画出平面布局图。

作业区域规划与设计的流程和知识点如图 7-2 所示。

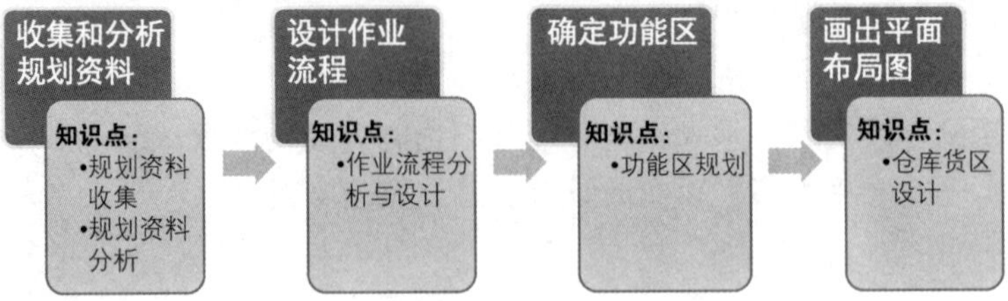

图 7-2　作业区域规划与设计的流程和知识点

任务引导

一、规划资料收集

我们应根据欲建配送中心的类型，进行规划资料的收集工作。询问法是最常用的方法，包括现场访谈法、电话访谈法、计算机访谈法、街上拦截法、问卷调查法、单程邮寄调研法、固定样本邮寄法、网络查询法和厂商实际使用的表单收集法等。规划资料的收集分为现行规划资料的收集和未来规划资料的收集。

1. 现行规划资料的收集

（1）基本运行资料，包括业务类型、营业范围、营业额、人员数、车辆数、供应商和用户数量等。

（2）货品明细，包括货品的单位、尺寸、重量、堆码标准、存储要求等。

（3）货品出入库数据，包括入库明细、出库明细。

（4）历史库存数据。笔者建议收集一年的历史库存数据。

（5）作业流程资料，包括一般物流作业，即进货、存储、拣选、补货、流通、加工、发货、配送、退货、盘点、仓储配合作业（移仓调拨、容器回收、废弃物回收处理）等作业流程的现状。

（6）仓库硬件设计图纸，包括库内平面图、作业门/柱子/作业码头分布图、消防设备/照明设备分布图等。

（7）作业工时资料，包括人员组织结构、各作业区的人数、工作时数、作业时间与时序分布。

2. 未来规划资料的收集

（1）企业中长期发展计划。

（2）未来配送中心业务的变化趋势。

（3）货品未来需求预测，以及货品在品种方面可能的变化趋势。

（4）配送中心未来可能发展的规模和水平。

二、规划资料分析

（一）货品分析

配送中心最基本的作业是货品的存储和出入库作业。我们要对货品进行分析，不同的货品对存储模式、拣选模式、仓储系统会有不同的要求。

在货品分析中，我们需要明确存储货品的 SKU。SKU 是 Stock Keeping Unit（库存量单位）的缩写，即库存进出计量的单位，可以是件、箱、托盘等。SKU 是大型配送中心进行物流管理的一个必要方法。

1. PCB 分析

PCB 分析即储运单位分析，其中 P 代表托盘，C 代表箱子，B 代表单品，P、C、B 是考察配送中心各主要作业环节的基本储运单位。不同的储运单位，其配备的存储和搬运设备不同。储运单位分析表如表 7-1 所示。

表 7-1　储运单位分析表

入库单位	存储单位	拣货单位
P	P	P
P	P、C	P、C
P	P、C、B	P、C、B
P、C	P、C	C
P、C	P、C、B	C、B
C、B	C、B	B

2. 货品特性及包装分析

配送中心在实际存储货品时，可依货品的存储和保管特性将货品存储在干货区、冷冻区、冷藏区，依货品重量将货品存储在重物区、轻物区，也可依货品的价值将货品存储在贵重物品区与一般物品区等。特性与包装单位分析表如表 7-2 所示。

表 7-2　特性与包装单位分析表

特性	项目	明细
物品特性	形态	□气体　□液体　□半液体　□固体
	气味特性	□中性　□散发气味　□吸收气味　□其他
	存储和保管特性	□干货　□冷冻　□冷藏
	温度和湿度需求特性	℃，　　%
	内容物特性	□坚硬　□易碎　□松软　□其他
	装填特性	□规则　□不规则
	可压缩性	□可　□否
	有无磁性	□有　□无
	单品外观	□方形　□长条形　□圆筒　□不规则形　□其他
单品规格	重量	（单位：　）
	体积	（单位：　）
	尺寸	长　宽　高　（单位：　）
	基本单位	□个　□包　□条　□瓶　□盒　□箱

续表

特性	项目	明细
基本包装单位规格	重量	（单位：　）
	体积	（单位：　）
	外部尺寸	长　宽　高（单位：　）
	基本包装单位	□个 □包 □条 □瓶 □盒 □其他
	基本包装规格	（个/包装单位）
	包装材料	□纸箱 □包装膜 □袋 □金属容器 □塑料容器 □其他
外包装单位规格	重量	（单位：　）
	体积	（单位：　）
	外部尺寸	长　宽　高（单位：　）
	基本包装单位	□包 □箱 □托盘 □其他
	包装单位个数	（个/包装单位）
	包装材料	□纸箱 □包装膜 □金属容器 □塑料容器 □袋 □其他

（二）数据分析

1. ABC 分析

项目一任务四已详细介绍了 ABC 分类法，这里主要通过 ABC 分类，针对不同货品，配置相应的设施和设备，确定各功能区的大小。ABC 分类法的应用需在具体场景中具体分析。

2. EIQ 分析

EIQ 分析是由日本铃木震先生提出并推广的，其中 E（Entry）代表订货件数，I（Item）代表货品种类，Q（Quantity）代表数量。EIQ 分析就是利用 E、I、Q 这 3 个物流关键因素，来研究配送中心的需求特性，为配送中心提供规划依据的。

（1）EIQ 的分析项目。

EIQ 分析主要有 EQ、EN、IQ、IK 这 4 个类别的分析。EIQ 的分析项目表如表 7-3 所示。

表 7-3　EIQ 的分析项目表

分析项目	含义	目的
EQ——订单量分析	每张订单出货数量的分析	研究订单对货品搬运作业能力的要求
EN——订货品项数分析	每张订单出货品项数的分析	研究订单对拣选设备及作业能力的要求
IQ——品项出货数量分析	每个品项出货数量的分析	研究出货的拆零比例
IK——品项受订次数分析	每个品项出货次数的分析	研究拣选作业频率，决定拣选作业方式和拣选作业区的规划

（2）EIQ 资料的分解。

根据 EIQ 分析方法，在进行订单品项数量分析时，我们需要考虑客户订单的时间范围和时间单位，在以天为时间单位的数据分析中，将主要订单的出货资料分解为 EIQ 资料分解表（见表 7-4），注意使用统一的计量单位，通常使用体积、重量、箱、个或金额等单位。体积、重量等单位与物流作业系统有关，金额单位与货品的价值分析有关，常用于货品的分类和存储区管理。在数据分析层面，我们基本需要先进行 EQ、IQ、EN 分析，再对货品进行 ABC 分析。通过这些分析，我们可以明确货品周转率、SKU 流量和存储量。

表 7-4　EIQ 资料分解表

出货订单	出货品项						订单出货数量	订单出货品项数
	I_1	I_2	I_3	I_4	I_5	…		
E_1	Q_{11}	Q_{12}	Q_{13}	Q_{14}	Q_{15}	…	EQ_1	EN_1
E_2	Q_{21}	Q_{22}	Q_{23}	Q_{24}	Q_{25}	…	EQ_2	EN_2
E_3	Q_{31}	Q_{32}	Q_{33}	Q_{34}	Q_{35}	…	EQ_3	EN_3
…	…	…	…	…	…	…	…	…
单品出货数量	IQ_1	IQ_2	IQ_3	IQ_4	IQ_5	…	EQ	EN
单品出货次数	IK_1	IK_2	IK_3	IK_4	IK_5	…	—	IK

注：EQ_1（订单 E1 的出货数量）$=Q_{11}+Q_{12}+Q_{13}+Q_{14}+Q_{15}+\cdots$

IQ_1（品项 I_1 的出货量）$=Q_{11}+Q_{21}+Q_{31}+Q_{41}+Q_{51}+\cdots$

EN_1（订单 E_1 的出货品项数）=计数（Q_{11}，Q_{12}，Q_{13}，Q_{14}，Q_{15}，…）>0

IK_1（品项 I_1 的出货次数）=计数（Q_{11}，Q_{21}，Q_{31}，Q_{41}，Q_{51}，…）>0

EN（所有订单的出货总项数）= 计数（IK_1，IK_2，IK_3，IK_4，IK_5，…）>0

IK（所有品项的总出货次数）= $IK_1+IK_2+IK_3+IK_4+IK_5+\cdots$

表 7-5 是某配送中心某天订单出货资料分解表，是针对某一天的出货资料进行的分析。另外，若分析资料范围为某时间周期内（如一周、一月或一年），则另需加入时间的参数。

表 7-5　某配送中心某天订单出货资料分解表

单位：箱

出货订单	出货品项						订单出货数量	订单出货品项数
	I_1	I_2	I_3	I_4	I_5	I_6		
E_1	40	60	0	50	30	20	200	5
E_2	30	0	70	80	70	0	250	4
E_3	50	0	10	0	0	60	120	3
E_4	30	50	0	70	40	0	190	4
单品出货数量	150	110	80	200	140	80	760	—
单品出货次数	4	2	2	3	3	2	—	16

三、作业流程分析与设计

在工业生产中，每个环节的每个步骤都要严格遵循生产作业流程。配送中心的作业也是如此，从货品入库，到库内处理，再到货品出库，也是一次严格的生产作业过程。因此，在进行配送中心的作业区域规划与设计时，我们需要进行作业流程分析与设计。

（一）作业流程分析

不同配送中心的作业流程不同，在同一个配送中心，客户需求不同，不同货品的作业流程也会有所区别。因此，我们将具有相同作业流程的货品作为一类，分析每一类货品的作业流程，制作出配送中心的作业流程表，如表 7-6 所示。

表 7-6 配送中心的作业流程表

作业	货品类别				
	A	B	C	D	E
收货	1	1	1	1	1
理货	2	2	2	2	2
分拣	3	4	4		4
流通加工			3		5
存储		3	5		3
特殊作业				3	
配送	4	5	6	4	6

注：1、2、3、4、5、6 表示作业流程的先后顺序。

（二）作业流程设计

（1）入库流程设计：入库卸货如何作业、如何上架。

（2）盘点流程设计：日盘、周盘、月盘、盘点方式。

（3）出库流程设计：拣货流程、补货流程、装车流程。

（4）单据传递流程设计：入库单据、拣货单据、出库单据、提货单据如何传递。

四、功能区规划

不同行业企业的仓库的功能区设置不同，相同行业企业不同类型的仓库的功能区设置也会有所不同，如中央配送中心仓库的功能区和区域配送中心仓库的功能区不同。

（一）区域功能规划

根据作业需要，仓库通常被划分为多个功能区，常见的有入库区、存储区、拣货区、出库区、退换货处理区、管理办公区等。

1. 入库区

入库区用于进行入库货品的清点核对（数量检验）、外观检验（质量检验）、入库交接、入库暂存等操作。

2. 存储区

存储区用于在库货品的存储和保管。根据需要，有些仓库又将存储区划分为平面存储区和货架存储区。

3. 拣货区

拣货区用于进行拣货作业。存拣合一的仓库，其存储区也是拣货区。存拣分离的仓库，在存储区外另设拣货区，先将待拣货品从存储区移动到拣货区，再在拣货区按单拣货，这种方式可以缩短拣货员的行走距离，提高工作效率。

4. 出库区

出库区用于进行出库货品的暂存、复核、包装、称重、贴标签等操作。

5. 退换货处理区

退换货处理区用于进行退换货的登记、质检、包装，退货上架前和次品退仓前的暂存操作。

6. 管理办公区

管理办公区是行政人员办公的区域，是处理营业事务和进行内部指挥及管理的场所。

除了上述功能区，有些仓库还设有拆零区、流通加工区、集货区、包装区等。

（二）区域布置

1. 基本布局的类型

（1）直线形（I 字形）布局。

在直线形布局中，根据作业顺序，从入库到出库，货品流动的路线为直线形。直线形布局的特点是可以应对进出货高峰同时发生的情况。直线形布局适用于收发货频率高、存储时间短、使用不同类型车辆出货和发货的配送中心。直线形布局如图 7-3 所示。

（2）双直线形布局。

在双直线形布局中，仓库的入口和出口在仓库两侧。双直线形布局如图 7-4 所示。

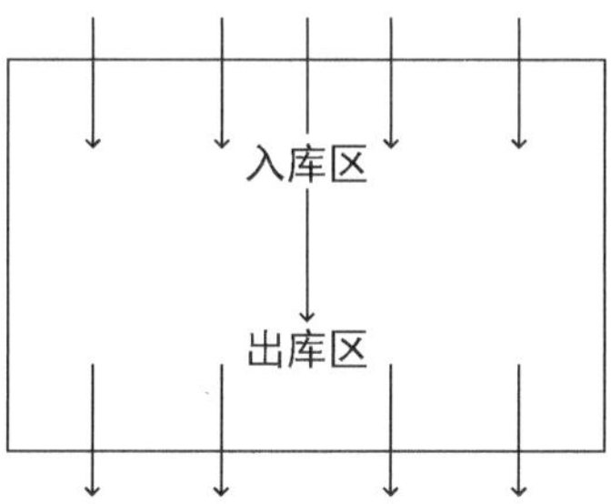

图 7-3 直线形布局

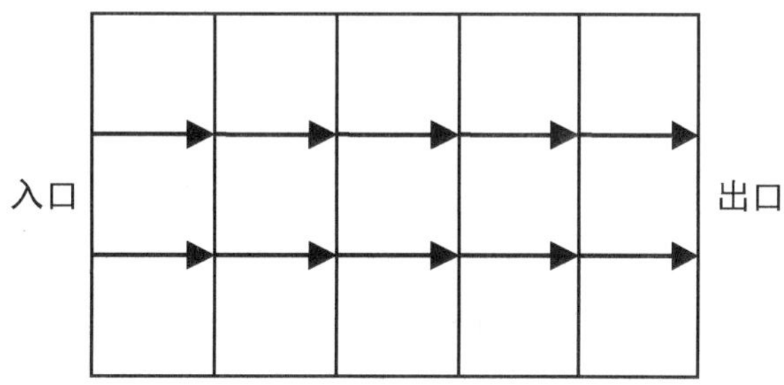

图 7-4 双直线形布局

（3）U 形布局。

在 U 形布局中，仓库的入口和出口在仓库的同一侧。U 形布局的特点为可以实现码头资源（月台+停车泊位）的最佳运用，适合越库作业，使用同一条通道供车辆出入，易于控制和进行安全防范，仓库可以在其 3 个方向上进行空间扩张。U 形布局如图 7-5 所示。

（4）L 形布局。

在 L 形布局中，仓库的入口和出口分别设置在仓库的两侧，需要处理快速货品的仓库通常会采用 L 形布局。L 形布局把出入仓库的路线缩至最短。其特点为可以满足进出货高峰同时发生对月台资源的需求，适合越库作业，可同时处理“快流”及“慢流”的货品。L 形布局如图 7-6 所示。

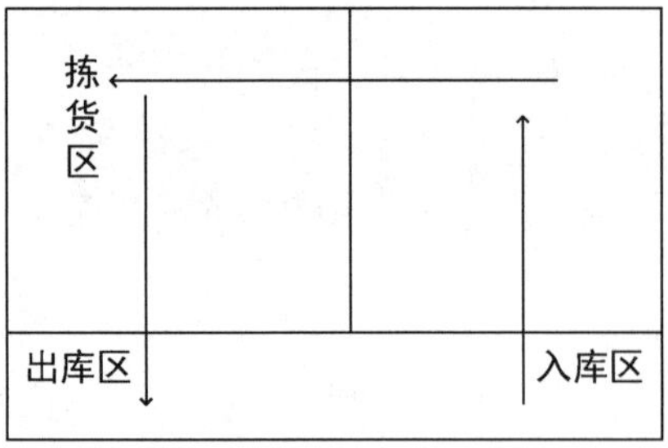

图 7-5　U 形布局

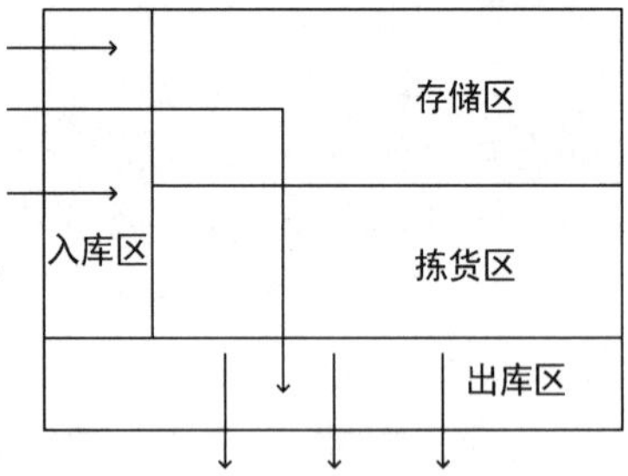

图 7-6　L 形布局

（5）T 形布局。

T 形布局可以满足货品流转与存储的两大要求：存储面积弹性化和调整空间有冗余。T 形布局如图 7-7 所示。

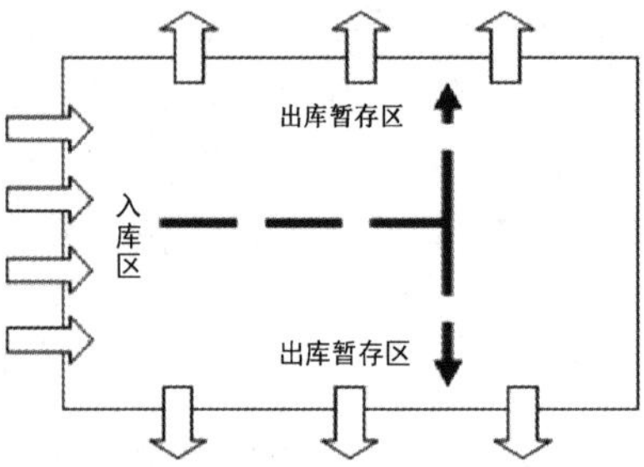

图 7-7　T 形布局

（6）锯齿形（S 形）布局。

锯齿形布局适用于需要经过多步骤处理的货品，在有限的用地范围内，仓库可以安排较长的作业流线。锯齿形布局的特点为可以满足多种流通加工等处理工序的需要，适合宽度不足的仓库，可与直线形布局结合使用，一般适用于多排并列的货架区。锯齿形布局如图 7-8 所示。

（7）分流式布局。

分流式布局适用于批量拣货的分流作业，如图 7-9 所示。

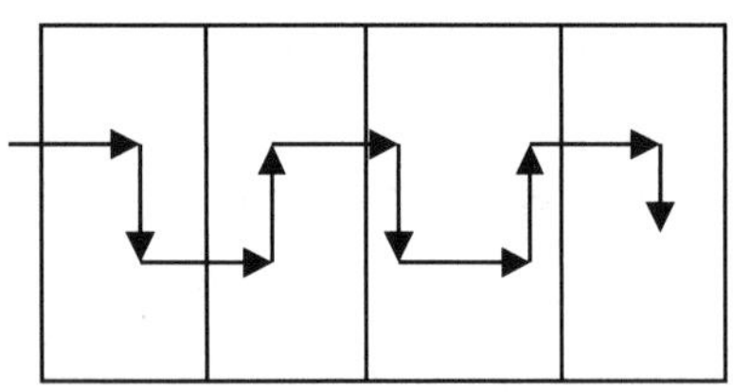

图 7-8　锯齿形布局

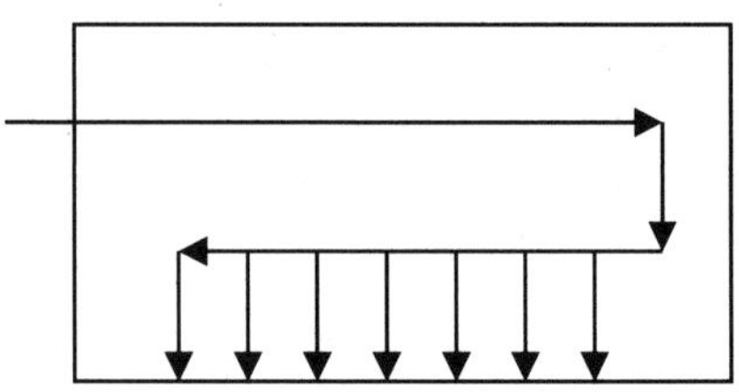

图 7-9　分流式布局

2. 动线布置法

根据各功能区的规划面积和长宽比例，我们可采用动线布置法进行功能区的位置布置。动线布置法的基本步骤如下。

（1）决定配送中心的联外道路、进出口方位及厂区配置形式。

（2）决定配送中心厂房的空间范围、大小及长宽比例。

（3）决定配送中心内货品由入库到出库的主要行进路线形式，即物流动线形式，如双直线形、U 形等。

（4）按作业流程顺序确定各功能区的位置。由入库作业开始布置，按流程前后相关顺序进行安排。先安排面积较大且长宽比例不易变动的功能区，再插入面积较小且长宽比例较易变动的功能区。

（5）决定管理办公区与存储区的关系。一般配送中心的管理办公区均采取集中式布置，并与存储区相隔，但我们仍应考虑配置关系与空间利用的可能方案。目前，由于配送中心的存储区采用立体化设备较多，其高度需求与管理办公区不同，因此管理办公区的布置需进一步考虑空间利用率，如采用多楼层办公室规划、单独利用某一楼层、利用进出库区上层的空间等。

（6）决定管理活动区域内的配置。我们需将与各部门活动相关性最高的部门区域先行置入规划范围内，再按活动关系将与已置入区域关系最密切者按序置入布置范围内，并逐步调整各办公及管理活动区域；进行各作业流程与活动相关的布置组合，探讨各种可能的区域布置组合。

（7）修正。经由上述规划分析，我们得到了厂房区域布置的草图，还应根据一些实际限制条件（如厂房建筑比率限制、长宽比例限制、梁高限制、容积率限制、交通出入限制、经费预算限制等）对其进行必要的修正与调整。

（8）方案评估。在系统规划与设计阶段，我们通常需针对不同的物流设备，分别制定区域配置方案，并通过对所有方案进行比较和评估，从中选择一个最优的方案。

五、仓库货区设计

（一）货区布局的基本思路

货区布局的目的，一方面是提高仓库的平面利用率和空间利用率；另一方面是提高货品保管质量，方便进出库作业，从而降低货品的仓储处置成本。货区布局的基本思路如下。

（1）根据货品特性分区分类存储货品，将特性相近的货品集中存放。

（2）将单位体积大、单位质量大的货品存放在货架底层，并且靠近出库区和通道。

（3）将周转率高的货品存放在进出库装卸搬运最便捷的位置。

（4）将同一供应商或者同一客户的货品集中存放，以便进行分拣和配货作业。

（二）货区平面布局的形式

货区平面布局是指对货区内的货垛、通道、垛间距、入库区、出库区等进行合理的规划，并正确处理它们的相对位置。常见的货区平面布局的形式有以下 5 种。

1. 横列式布局

横列式布局是指货架或货垛的长度方向与仓库的长度方向互相垂直的布局。这种布局的主要优点是主通道长且宽，副通道短，整齐、美观，便于存取查点，如果用于库房布局，那么还有利于通风和采光。横列式布局如图 7-10 所示。

2. 纵列式布局

纵列式布局是指货垛或货架的长度方向与仓库的长度方向平行的布局。这种布局的优点主要是可以根据货品在库时间的长短和进出库频繁程度安排货位：在库时间短、进出库频繁的货品放置在主通道两侧的货位；在库时间长、进出库不频繁的货品放置在内侧货位。纵列式布局如图 7-11 所示。

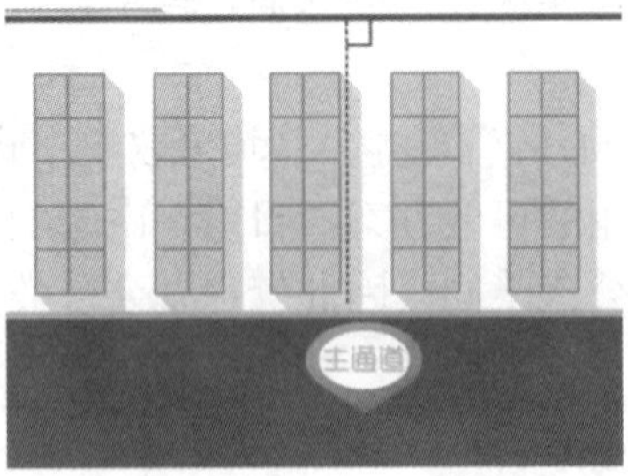

图 7-10　横列式布局

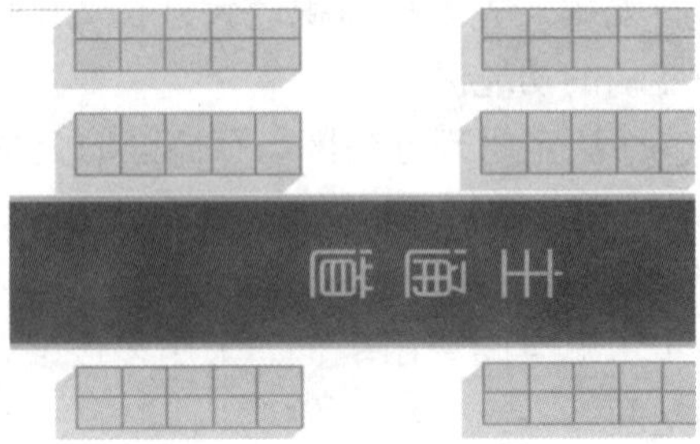

图 7-11　纵列式布局

3. 纵横式布局

纵横式布局是指在同一保管场所内，横列式布局和纵列式布局兼而有之的布局，可以综合利用两种布局的优点。纵横式布局如图 7-12 所示。

4. 通道倾斜式布局

倾斜式布局是指货垛或货架与仓库侧墙或主通道成 60°、45°或 30°夹角的布局，具体包括通道倾斜式布局和货架倾斜式布局两种。通道倾斜式布局是指仓库的通道斜穿保管区，把仓库划分为具有不同作业特点的保管区，如大量存储保管区和少量存储保管区等，以便进行综合利用。在这种布局形式下，仓库内的形式复杂，货位和进出库路线较多。通道倾斜式布局如图 7-13 所示。

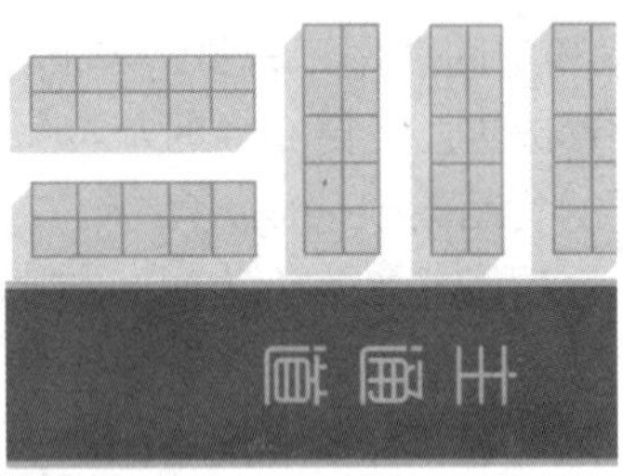

图 7-12　纵横式布局

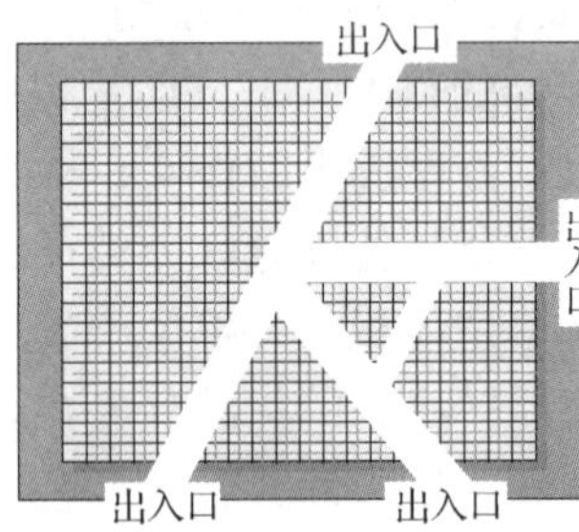

图 7-13　通道倾斜式布局

5. 货架倾斜式布局

货架倾斜式布局是横列式布局的变形。它的优点是便于叉车进行作业，可缩小叉车的回转角度，可提高作业效率；缺点是造成不少死角，仓库面积利用率较低。货架倾斜式布局如图 7-14 所示。

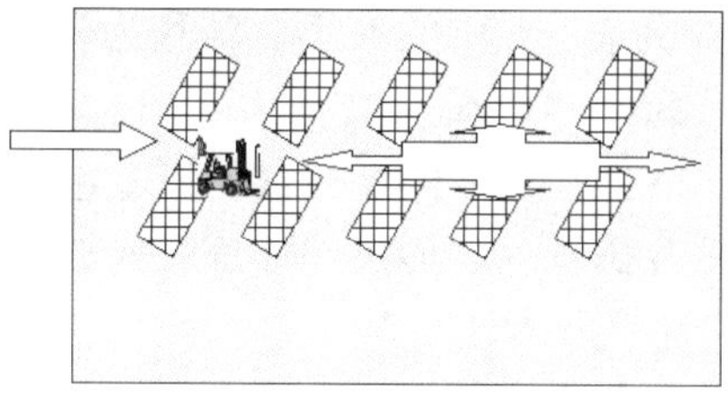

图 7-14　货架倾斜式布局

（三）通道

仓库内的通道分为主通道（运输通道）、副通道（作业通道）和检查通道。

1. 主通道

主通道是供装卸搬运设备在库内行走的通道。其宽度主要取决于装卸搬运设备的外形尺寸和单元装载的大小。主通道的宽度一般为 1.5～3m。如果使用叉车进行作业，那么主通道的宽度可以通过计算求得。

2. 副通道

副通道是供作业人员存取和搬运货品而行走的通道。其宽度取决于作业方式和货品的大小。一般情况下，副通道的宽度为 1m 左右。

3. 检查通道

检查通道是供仓库管理人员检查库存货品的数量及质量而行走的通道。其宽度只要能使仓库管理人员自由通行即可，一般为 0.5m 左右。

任务实施

1. 实施步骤

（1）收集和分析规划资料。

对于新建配送中心的资料，可参考原红星配送中心的数据，包括：基本运行资料；各类化妆品明细，如重量、堆码标准、存储要求；化妆品现有的出入库数据；历史库存数据；作业流程资料，包括一般物流作业和仓储配合作业（移仓调拨、容器回收、废弃物回收处理）等作业流程的现状；仓库硬件设计图纸，包括库内平面图、作业门/柱子/作业码头分布图、消防设备/照明设备分布图等；作业工时资料，包括人员组织结构、各作业区的人数、工作时数、作业时间与时序分布；未来仓库业务的变化趋势。

PCB 分析：既有以托盘为单位的 B2B 出库，又有以箱和散货（单品）为单位的出库，所以配送中心应分别设计存储区和拣货区。

货品特性及包装分析：化妆品多数为液体，少数为固体，有香味，易挥发，包装多为玻璃制品和塑料制品，存储条件为干燥、阴凉。

EIQ 分析：通过 EQ、EN、IQ、IK 的分析，结合 ABC 分析，进行仓储系统规划、货位空间估算、拣货方式和拣货区规划等。

（2）设计作业流程。

根据流程分析，面向店铺的 B2B 配送作业为表 7-6 中的 B 型，流程为收货→理货→存储→分拣→配送。

面向个人的 B2C 配送作业为表 7-6 中的 E 型，流程为收货→理货→存储→分拣→流通加工（二次包装、称重、贴标签）→配送。

散件出库需要二次包装，散件在出库区经扫描复核、包装、称重、粘贴配送标签后，由出库流水线输送至环形快件分拣线。环形快件分拣线根据标签条码按路向对散件进行分拣并摆放在指定区域，等待快递企业配送。

在进行各项作业流程的基本分析后，我们需找出不合理及不必要的作业，提升配送中心的运转效率。

（3）确定功能区。

该任务中的功能区已给出，无须调整。

（4）画出平面布局图。

在图 7-1 中，入库区的入口与配送交接区的出口在仓库的同一侧，原仓库布局的物流动线属于 U 形，现将仓库的物流动线设计为 L 形，如图 7-15 所示。

欧莱雅存储区中货架的纵列式平面布局图如图 7-16 所示。

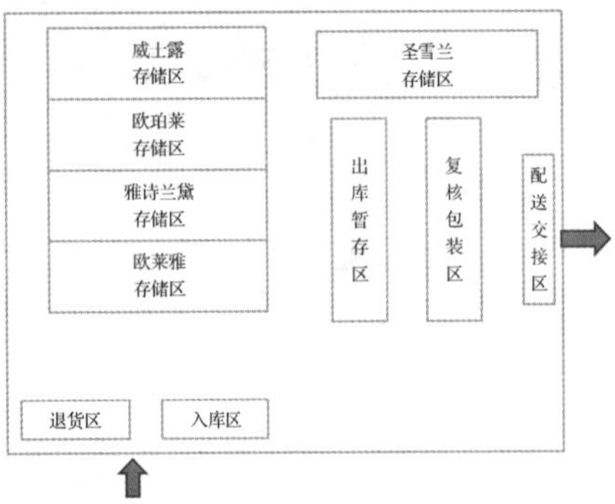

图 7-15　L 形物流动线布局图

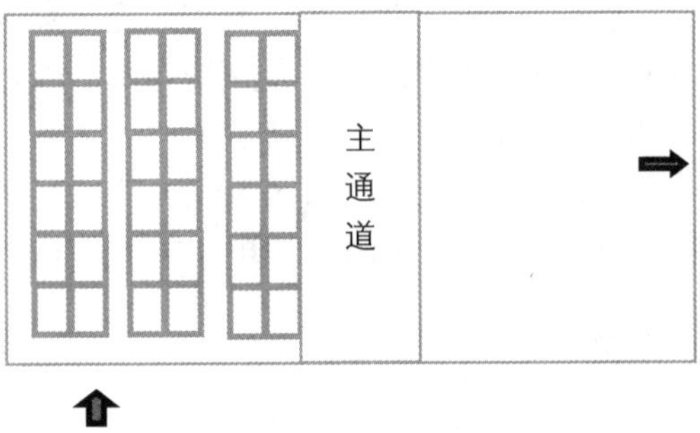

图 7-16　欧莱雅存储区中货架的纵列式布局图

2. 注意事项

（1）规划资料收集需考虑仓库业务的变化趋势。

（2）在进行 EIQ 分析时，注意使用统一的计量单位。

（3）不同行业企业的仓库的功能区设置不同。

（4）一定要结合 EIQ 等重要数据分析功能区的设置是否合理。

（5）库区货架的摆放要针对实际情况，不能纸上谈兵。

任务评价

任务评价表如表 7-7 所示。

表 7-7　任务评价表

序号	评价项目	评价标准	分值	得分
1	收集和分析规划资料	收集的规划资料齐全、正确	5	
		PBC 分析完整	10	
		EIQ 分析完整、准确	10	

续表

序号	评价项目	评价标准	分值	得分
2	设计作业流程	效率最高、成本最低	10	
3	确定功能区	准确、完整地确定功能区	20	
4	画出平面布局图	正确分析物流动线布局的类型，按要求正确、完整地画出物流动线布局图	25	
		按要求正确地画出纵列式平面布局图	20	
合计			100	

同步案例

仓储管理规划与设计

仓储管理从全流程来看，主要分为入库、在库、出库的管理。

不同的行业，设施环境不同，仓储的分类不同，仓储规划的思路也有所不同。但从总体上看，我们还是能找到一些规律的。我们不仅要关注细节，还要关注顶层设计的合理性，因为仓储是整个物流环节的重要节点，关系到布网合理性，对整个物流环节的运作水平有决定性的影响。

一、仓储规划与设计的分析步骤

在进行仓储规划与设计分析时，我们需要从以下几点出发。

（1）收集仓库规划与设计的基础数据，包括货品 SKU 数量、货品特性、货品存储方式、货品出入比及各项运营峰值数据。这些数据都可以从实际运营数据中获得。

（2）对现有仓库的作业流程进行了解，仓库规划与设计不可偏离仓库的作业流程。

（3）在收集完仓储规划与设计所需要的各项基础数据之后，分解整个作业流程，对仓库进行分区规划。由于行业、存储货品特性、出入库频率不同，不同行业企业的仓库的功能区设置不同，相同行业不同类型的仓库的功能区设置也会有所不同。我们需要明确功能区规划的原则、功能区的定义和作业属性，从而进行功能区的综合规划。

二、仓库的布局类型

（1）U 形仓库：主要根据进出库频率高低，将畅销或流量大的货品存储在靠近出入口的位置，缩短这些货品的拣货、搬运路线；适用于存储时间短，一入库就进行出库操作的存储需求；另外，存储的区域靠里侧，便于安全防范。

（2）直线形仓库：无论货品多寡，均需要通过整个仓库；适用于解决作业简单、规模较小的物流作业需求，以及进出货高峰同步的场景。

（3）T 形仓库：可满足货品流转与存储的两大要求：存储面积弹性化和调整空间有冗余。

（资料来源：物流沙龙，经本书编者整理）

问题：常见的物流动线布局形式有哪几种？

同步实训

能力拓展

扫一扫，看同步实训　扫一扫，看能力拓展

任务二　智能仓储系统规划

学习目标

✧ 了解智能物流系统“货到人”解决方案。
✧ 熟悉智能仓储系统规划的流程。
✧ 掌握智能仓储系统资源规划方法。
✧ 掌握智能仓储系统的货架货位分配与布局优化的方法。

学习任务

红星集团是一家主要经营小商品的电商企业。随着业务的增长，红星集团自营的仓库已经不能满足其发展的需求。该集团的订货具有小批量、多批次的特点，现有的人工拣货方式耗费了大量的时间与人力成本，低下的效率不能满足客户对物流服务的需求。随着人工智能技术的发展，该集团需要对现有的仓储系统进行智能化改造，主要解决当前拣选环节的效率问题，实施无人拣选作业。目前，该集团的仓库主要服务于西南地区的部分客户，每天的订单量为 8 000 单左右，要求在智能仓储系统建成后，仓库每天的最大订单处理量达到 10 000 单。

任务分析

要完成上述任务，红星集团的智能仓储系统规划设计人员要完成以下几项工作。

（1）技术方案确定。
（2）数据收集与分析。
（3）智能仓储系统资源规划。
（4）货架货位分配与布局优化。

智能仓储系统规划需要企业在充分分析当前物流需求和企业资源条件的基础上，确定合理可行的仓储系统技术方案，进行客户订单分析，设计智能仓储系统应该匹配的资源，同时考虑货架货位分配与布局优化。智能仓库系统规划的流程和知识点如图 7-17 所示。

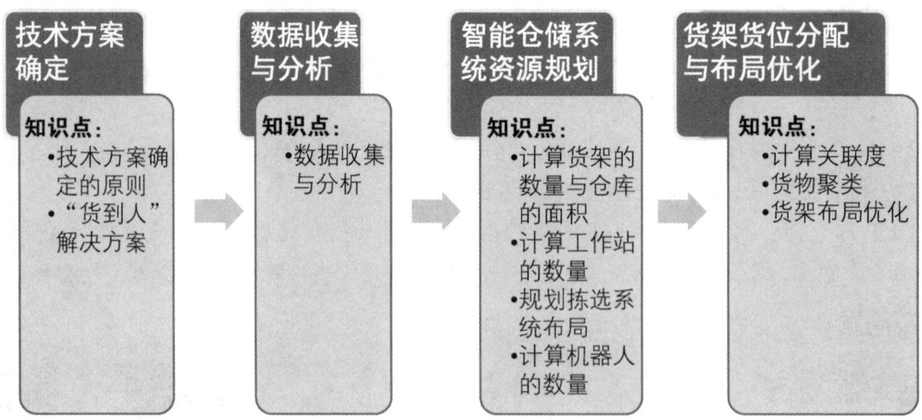

图 7-17　智能仓储统规划的流程和知识点

任务引导

一、技术方案确定

（一）技术方案确定的原则

企业应结合自身的实际情况，选择最合适的技术方案。企业在确定技术方案时，一般应遵循以下原则。

（1）设备技术应成熟、先进，但也不能为了追求先进性而放弃成熟、可靠的方案。

（2）优先考虑柔性、可扩展性。

（3）系统产能的设计要适中，既要能减少冗余，又要能够满足需求的波峰及不确定性。

（4）以通用性、替代性强的设备或系统为主，减少定制化设备或系统。

（5）尽量降低人的操作难度，减少人力投入，降低劳动强度，降低差错率。

（6）避免瓶颈环节。

（二）“货到人”解决方案

在“货到人”系统中，自动化物流系统将货物搬运至固定站点以供拣选，即货动人不动。“货到人”系统具有较高的拣选和存储效率，可以大幅减少人力投入并降低劳动强度。

为了满足多品种、小批量、多批次的海量订单的拣选需求，采用自动化物流系统成为大势所趋，“货到人”系统成为行业主流，越来越多地被应用于以拆零拣选作业为主的电商、医药、服装、日化等行业。

目前，典型的“货到人”解决方案有以下几种。

1. Miniload 轻型堆垛机系统

Miniload 轻型堆垛机系统与托盘式立体仓库 ASRS（Automated Storage and Retrieval System，自动存取系统）结构相似，但其存储货物单元为料箱和纸箱，因此也被称为料箱式立体仓库。它早在 20 世纪八九十年代便已推出，并在欧洲得到广泛应用，相对成熟。由于堆垛机的货叉和载货台形式多达数十种，因此 Miniload 轻型堆垛机系统具有广泛的适应性，是十分重要的“货到人”拆零拣选解决方案。

2. 穿梭车系统

穿梭车系统以能耗低、效率高、作业灵活等优势，成为拆零拣选作业的极佳方式。穿梭车系统根据作业对象的不同，分为托盘式穿梭车系统和箱式穿梭车系统。托盘式穿梭车系统主要用于密集存储“货到人”拣选。箱式穿梭车系统包括收货系统，由货架及轨车、提升机等组成的储存与搬运系统，拣选与包装工作站，以及输送系统等发货系统。

3. 类 Kiva 机器人“货到人”系统

随着亚马逊 Kiva 机器人的大规模应用，类 Kiva 机器人（仓储机器人）受到越来越多的关注。类 Kiva 机器人“货到人”系统包括物流机器人、工作站、自动充电系统、货架等辅助设施、业务软件系统、机器人调度软件系统，以采用人工智能算法的软件系统为核心，来完成上架、拣选、补货、退货、盘点等仓库内的作业。该系统高度自动化，可以大幅代替人工；系统的投资相对于固定式自动化系统更低，灵活性非常强，易于扩展；适用于 SKU 量大、货物数量多的场景，以及电商、商超零售、医药、快递等行业。

4. AutoStore 系统

AutoStore 系统是由 Swisslog 针对中小件货物存储与拣选而推出的“货到人”解决方案。该系统将货物放到标准的料箱中，通过料箱堆叠的方式进行存储，可有效利用仓库上部的空间，在很小的空间内实现高密度存储。

5. 旋转货架系统

旋转货架系统是非常成熟的“货到人”解决方案，适合存储小件货物。随着对旋转货架系统的技术创新，旋转货架系统的效率得到了大幅提升，如南京苏宁云仓采用旋转货架系统，可以实现每个拣选工作站每小时 500～600 个订单行的拣选效率。此外，旋转货架系统还具备高密度存储功能，可以实现自动存储、自动盘点、自动补货、自动排序缓存等。

不同“货到人”解决方案的对比如表 7-8 所示。

表 7-8　不同“货到人”解决方案的对比

解决方案	存储能力	吞吐能力	投资情况/（元・m^{-3}）	存储高度/m	多层扩展性
Miniload 轻型堆垛机系统	取决于货架的尺寸	每台车每小时 150～300 箱货物	8 000～10 000	>20	无须扩展，高度可达 20m 以上
穿梭车系统		每台车每小时 60～90 箱货物	20 000～25 000	>20	无须扩展，高度可达 20m 以上
类 Kiva 机器人“货到人”系统	取决于货架的数量	每台车每小时 20～130 箱货物	2 500～3 750	<3	采用钢平台，小车可以在钢平台上运行
AutoStore 系统	取决于货架的尺寸	每台车每小时 20～30 箱货物	15 000～20 000	<10	
旋转货架系统		每台车每小时 150～300 箱货物	8 000～15 000	<8	采用钢平台搭建，对钢平台的承重要求较高

企业对于技术方案的确定，要建立在充分调研的基础上，对现有的成熟技术进行详细的对比分析，并结合自身的需求。

二、数据收集与分析

数据收集的内容主要是与仓库规划相关的数据，如货物的基础资料、库存资料、销售数据。数据主要来源于业务运作的单据、物流研究报告、公开发布的信息。大多数数据可以从规范的企业信息系统、物流系统等数据文件中获取。

智能仓储系统资源规划要依据基础数据的收集与分析，基础数据要尽量准确、可靠。这些基础数据包括货物的大小、重量、外包装情况、整托盘和（或）整箱与拆零的比例、SKU 数量、SKU 特性、每天出入库量、订单行数、订单数量、库存周转期、库存量等。

这些基础数据内容丰富、内在关联性大、数据量大，数据的变化存在诸多不规律性，同时受到长期趋势变动、季节性变动、循环周期变动与随机干扰等因素的影响。

在实际数据分析过程中，企业有时需要采用适当的数理统计方法选择一个或多个周期内的数据进行更进一步的专门、具体分析，典型的分析方法为 EIQ 分析法。

三、智能仓储系统资源规划

在确定技术方案并进行订单及物流需求数据分析后，企业需要对智能仓储系统的资源进行规划，包括仓库的面积、功能区及其面积、系统所需设备、货位等的规划。下面以类 Kiva 机器人“货到人”系统为例，说明如何进行智能仓储系统资源规划。

在类 Kiva 机器人“货到人”系统中，拣货员无须进入拣货区内部，只需要在工作站等待，类 Kiva 机器人“货到人”系统会自动指派机器人将货架搬运至工作站。待拣货员在类 Kiva 机器人“货到人”系统的指导下完成作业后，机器人将货架送回分拣区，机器人返回停车区。

类 Kiva 机器人“货到人”系统会对接客户订单系统，在订单下达后，所有资源调度与业务流程的推进均由类 Kiva 机器人“货到人”系统主导，所有数据流也由类 Kiva 机器人“货到人”系统创建并维护，无须人工介入。拣货员只需在类 Kiva 机器人“货到人”系统的指导下，完成拣选、扫码、装箱等动作。类 Kiva 机器人“货到人”系统的拣选作业流程如图 7-18 所示。

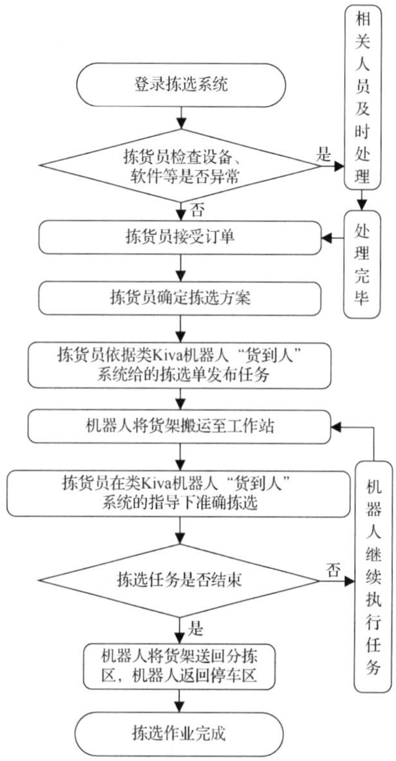

图 7-18　类 Kiva 机器人“货到人”系统的拣选作业流程

（一）计算货架的数量与仓库的面积

在类 Kiva 机器人“货到人”系统中，机器人通过搬运货架来完成货物的出入库作业。机器人有固定的最大举升重量，所以货架与货架存储的货物的总重量要小于机器人的最大举升重量。货架的尺寸应与机器人的尺寸相匹配，考虑到机器人在行驶过程中的稳定性，货架的高度也有限制。表 7-9 是典型的类 Kiva 机器人“货到人”系统主要的设备参数。

表 7-9　典型的类 Kiva 机器人“货到人”系统主要的设备参数

类别	参数名称	参数
机器人标准参数	自重	130kg
	最大举升重量	500kg
	载荷重量	500kg
	外观尺寸（长×宽×高）	920mm×690mm×280mm
	加速度	0.8m/s²
	运行速度	1m/s

续表

类别	参数名称	参数
货架参数	尺寸（长×宽×高）	1 200mm×900mm×2 000mm
	货格数	6层
	层数	8层

在给出货架规格、目标存储量及所有物料的体积及重量等既定条件的前提下，业界通常会按照以下方法来计算仓库内货架的数量。

在所有货物的规格列表中，以货架货格的规格为标准，筛除体积过大的货物信息，并对剩余货物进行平均单件体积的计算。

（1）根据货架的总体积计算货架的容量，计算公式如下：

货架的容量（件）=（货架的总体积×货架存储空间系数）/平均单件体积

（2）计算货架的数量，计算公式如下：

货架的数量=目标存储量/货架的容量

企业在类Kiva机器人“货到人”系统中进行仓库面积规划时，可根据货架的数量并结合仓库的吞吐量及相关经验，按照货架的数量与仓库面积的比例关系得出仓库的面积需求；也可利用传统的SLP（Systematic Layout Planning，系统布置设计），根据物流量对功能区的位置、大小进行规划，从而得出仓库的面积需求。

SLP法是一种系统化的布局方法，逻辑性和条理性较强，通过分析各工序（作业单位）之间的物流强度，来帮助确定作业单位的布局位置，被广泛应用于物流功能区布局的研究。

（二）计算工作站的数量

在类Kiva机器人“货到人”系统中，工作站包括入库工作站和拣选工作站。在智慧仓内，作业人员在入库工作站主要进行出库货物的补货作业，其效率在一般情况下大于出库时拣选工作站的效率。

作业人员利用拣选工作站、机器人及货架完成出入库的操作。与传统拣选模式相比，拣货员不需要再奔波于仓库内寻找订单所需货物，机器人会自动把所需拣选货物所在的货架搬运至拣选工作站，拣货员只需按照拣选工作站的提示取出指定货物即可。利用机器人实现“货到人”的拣选，有效提升了作业效率，降低了人工成本。若机器人和货架能够满足拣选工作站的需求，则拣选工作站的拣选效率主要由拣货员决定。

1. 确定基准天

基准天即现状数据的采集天，后续都是以该天为基础进行规划的。

企业在进行智慧仓内工作站的规划时，需要根据具体的出库量等信息进行规划。企业在确定所需的出库量时，可以依据历史订单数据进行智慧仓内工作站的规划，也可以预测的业务量（出库量）为基准进行规划。

企业在以历史数据为依据进行规划时，需要根据相应的规则在历史订单数据中选取某一天的数据为基准，即确定基准天。若规划是以预测的业务量为基准的，则企业需根据历史数据对未来趋势进行合理预测。

2. 确定工作站的效率

在智慧仓内，拣货员主要是在工作站完成订单的拣选作业的。工作站的数量与工作站的效率息息相关。企业需要根据基准天的出库量与工作站的效率，推测出所需的工作站的数量。

工作站的效率与AGV在工作站内的单次作业耗时相关。企业可依据基准天的日出库量与日工作时间，计算出每日工作站的最大效率，初步判断工作站的效率。货架单次命中数量（行件数）的计算公式如下：

行件数＝出库量/订单行数

工作站每分钟可拣选（入库）数量＝[60/单个机器人在工作站内的耗时（s）]×行件数

单个机器人在工作站内的耗时＝旋转货架时间＋站点切换时间＋单件拣货时间×行件数

工作站的效率（h）＝工作站每分钟可拣选（入库）数量×60

行件数：平均每行订单所包含的件数，若行件数数值为1，则说明每行订单大约包含一件货物，每次拣选动作只需完成一件货物的拣选；可代表拣选效率的高低。

3. 确定工作站的数量

计算公式如下：

拣选工作站的数量＝出库量/（拣选效率×每日工作时间）

入库工作站的数量＝入库量/（入库效率×每日工作时间）

（三）规划拣选系统布局

类Kiva机器人“货到人”系统主要由货架、工作站、机器人停车区、机器人充电区等组成。摆样法是最早使用的布局方法。它将各功能区按照一定的比例缩小在二维平面内模拟布置，分析设施和设备、作业流程、人员活动之间的相互关系，不断调整模拟功能区的位置，以改进模拟功能区的相互关系，获得相对满意的方案。目前，摆样法可以借助一些规划系统来完成功能区的布局。

（四）计算机器人的数量

智慧仓内所需机器人的数量可依据仓内工作站的数量及工作站所需的机器人数量综合确定。其中所需的拣选机器人的数量最多。

在类Kiva机器人“货到人”系统中，机器人是为工作站服务的。为了满足工作站的需求，多个机器人需要不间断地按照工作站的需求将货架搬运至工作站。企业在计算类Kiva机器人“货到人”系统的最大生产能力时，可以假定所有工作站都处于满负荷工作状态，由工作站的生产能力来确定类Kiva机器人“货到人”系统的产能。

在固定的布局方案中，企业可以推算出移动货架到工作站的平均距离；结合机器人的速度、加速度、举升货架时间、释放货架时间、停车转向时间等信息，计算出机器人平均完成一个任务的时间；通过拣货员在工作站完成一个货架的拣货任务的平均时间，推算出工作站效率最大化所需机器人的数量。

通过对货架单次作业的流程进行动作拆解，综合得出：

货架单次作业往返时间＝机器人到达货架位时间＋举升货架时间＋释放货架时间＋到达站点时间＋返回货架区时间

站点单次作业耗时＝旋转货架时间＋站点切换时间＋单件拣货时间×行件数

工作站所需机器人的数量=（货架单次作业往返时间/站点单次作业耗时）+1

智慧仓内所需机器人总数=入库 AGV 数量+出库 AGV 数量+充电桩备用 AGV 数量

四、货架货位分配与布局优化

（一）货架货位分配

货架货位分配是指根据已确定的货物分类保管方案、仓容定额，规划和确定库房和货场的货位摆放形式。在“货到人”系统中，货架货位分配主要考虑的是哪些货物需要存储在同一个货架上。货架货位分配是否合理在很大程度上影响拣选作业的效率。

在进行货架货位分配时，为了找到经常出现在一起的货物，常用的方法是聚类分析：首先，计算两种货物在同一张订单中同时出现的概率，即计算关联度；然后，把关联度大的货物聚成一类；最后，将聚类后的货物分配到货架上。具体步骤如下。

1. 计算关联度

用两种货物在同一张订单中同时出现的概率表示两种货物之间的关联度。在同一张订单中，两种货物同时出现的次数越多，说明这两种货物之间的关联度越大。关联度的计算公式如下：

$$R_{ab}=\frac{P_{ab}}{P_a+P_b-P_{ab}}$$

式中，P_{ab}——货物 a 和货物 b 共同出现在同一张订单中的次数；

P_a、P_b——货物 a、货物 b 在订单中出现的次数；

R_{ab}——货物 a 和货物 b 的关联度。

当 $R_{ab}=0$ 时，表示两种货物无关联，货物 a 和货物 b 没有出现在同一张订单中。

当 $R_{ab}=1$ 时，表示两种货物完全关联，当订单中出现货物 a 时必定出现货物 b。

2. 货物聚类

聚类分析的主要目的是将关联度较大的货物存储在同一个货架上，从而在拣货过程中，缩短货物之间的拣货距离。货物聚类的步骤如下。

（1）定义各种货物之间的关联度，此时每种货物都是单独的一个类，分别计算它们之间的关联度。

（2）在关联度表格中找出最大值，并将这两种货物放在同一个货架上。

（3）将已经配对的货物之间的关联度归零，并在已经配对的货物所属的行中寻找关联度最大的一对，将其归为上类。

（4）重复步骤（2）、（3），直到所有的货物都被聚类。在聚类过程中，如果某一步关联度最大的元素有多个，就可以将其一起进行聚类。

3. 将聚类后的货物分配到货架上

用上述方法得到货物的聚类，把同类货物放在同一个货架上，可以节省拣货时间，提高拣货效率。

（二）货架布局优化

货架布局优化的目的是提高机器人的拣选效率，缩短路线，减少等待时间。企业在确定货架、工作站、机器人停车区、机器人充电区的布局及货位分配的基础上，对货架的布局进行优化，参照 ABC 分类标准，将 IK 最大的货架放在离出入口较近的位置，从而提升拣货效率。

货架布局优化的具体过程：通过对货架上的货物做 EIQ 分析，确定货架上货物的 IK 之和，即货架的 IK；对货架的 IK 进行排序，将排序的货架按照距离工作站由近到远的顺序布置，达到提升拣货效率的目的。

任务实施

1. 技术方案确定

红星集团通过对现有自动拣选技术方案的调研，结合集团的实际情况，确定智能仓储系统改造项目的技术方案为类 Kiva 机器人“货到人”系统。

2. 数据收集与分析

采用 EIQ 分析法进行数据分析。红星集团的订单具有小批量、多批次的特点，现对其历史订单数据进行收集，由于订单数据量大，为举例说明，现随机挑选 10 张订单，对其数据进行 EIQ 分析。这些订单中一共包含 8 种货物，订单数据 EIQ 分析如表 7-10 所示。

表 7-10　订单数据 EIQ 分析

订单	货物								EQ	EN
	a	b	c	d	e	f	g	h		
A	6	7	4	4	0	0	0	0	21	4
B	2	5	3	0	5	0	0	0	15	4
C	4	7	4	0	0	0	0	5	20	4
D	8	0	4	0	4	0	0	0	16	3
E	3	4	1	0	0	0	0	0	8	3
F	9	4	3	6	4	0	0	0	26	5
G	3	0	5	0	7	0	0	4	19	4
H	5	4	0	3	0	0	0	0	12	3
I	5	0	0	2	0	0	5	5	17	4
J	0	8	0	0	0	9	0	0	17	2
IQ	45	39	24	15	20	9	5	14	171	—
IK	9	7	7	4	4	1	1	3	—	36

假设为了满足客户需求，设定一天为一个订货周期，选取某天客户订单数据共 8 000 条进行 EIQ 分析，得知货物的 IQ 数量为 60 000 件。由于电商货物种类繁多，质量、体积差异较大，假设忽略货物体积的限制，单个货物的质量平均为 0.5kg，依据上述订单数据及物流需求的分析，红星集团要对其智能仓储系统资源进行规划，应用类 Kiva 机器人“货到人”系统。

3. 智能仓储系统资源规划

（1）计算货架的数量与仓库的面积。

根据机器人及货架的参数可粗略计算每个货架最大存取货物的重量、体积，得出单个货架存储货物的数量，根据订单分析结果可计算出所需货架的数量。

仓库的面积：可结合仓库的吞吐量及相关经验，按照货架与仓库面积的比例关系直接得出仓库的面积需求。

（2）计算拣选工作站的数量。

由于没有入库数据，因此此处没有计算入库工作站的数量，只计算拣选工作站的数量。由 EIQ 分析可知，仓库每天的总出货量为 60 000 件，设定拣选工作站的平均效率为 600 件/h，按照一天工作 16h 计算，平均一天一个拣选工作站可拣选 9 600 件货物。要完成上述总出货量，需要 7 个拣选工作站。拣选工作站数量的计算如表 7-11 所示。企业在规划拣选工作站的数量时，为应对需求的变化及大型促销活动，会设定一定的冗余量，具体情况要根据历史数据及未来预测需求而定。

表 7-11　拣选工作站数量的计算

序号	指标	指标值
1	总出货量	60 000 箱
2	工作时间	16h/天
3	拣选工作站的平均效率	600 件/h
4	每个拣选工作站一天拣选的件数	9 600 件
5	拣选工作站的数量	7 个

（3）规划拣选系统布局。

红星集团的类 Kiva 机器人“货到人”系统布局如图 7-19 所示。

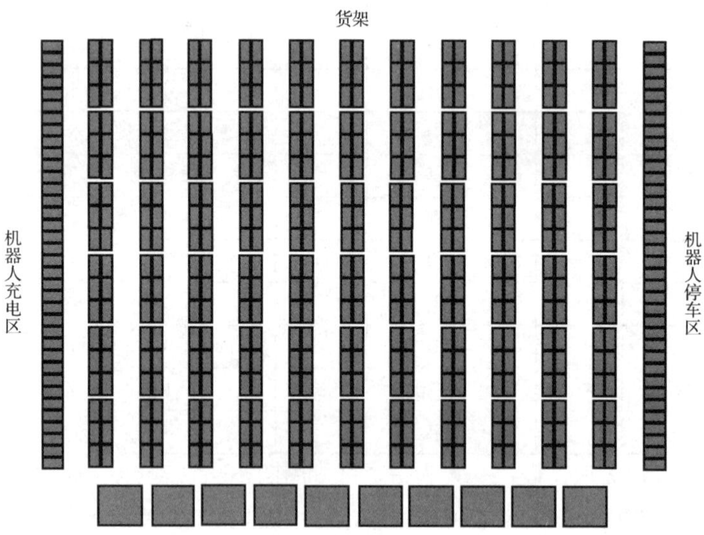

图 7-19　红星集团的类 Kiva 机器人“货到人”系统布局

（4）计算机器人的数量。

以图 7-19 所示的拣选系统布局为例，机器人平均取放一个货架的行走距离约为 140 个单位，考虑到机器人在搬运货架过程中的行驶时间、转向时间、举升货架时间、释放货架时间及排队等待时间等复杂因素，很难直接计算机器人完成一次取放货架任务的时间。红星集团通过仿真或实地测量等方式得出机器人完成一次取放货架任务的平均时间约为150s。

机器人数量的计算如表 7-12 所示。

表 7-12　机器人数量的计算

指标	指标值
取放一个货架的平均行走距离	140 个单位
完成一次拣货任务的平均时间	10s
完成一次取放货架任务的平均时间	150s
拣选工作站数量与机器人数量的比例	1/15

由表 7-12 可知，机器人的数量为拣选工作站数量的 15 倍，即 105 个。

4. 货架货位分配与布局优化

首先，计算货物之间的关联度，以货物 a、b 为例，$R_{ab}=\frac{P_{ab}}{P_a+P_b-P_{ab}}=\frac{6}{9+7-6}=0.6$；然后，把关联度大的货物聚成一类，放到同一个货架上；最后，将订单中的所有货物完成聚类，货架货位分配完成。

参照 ABC 分类的原则，将货架的 IK 进行排序，依次为 abcdehfg；将排序后的货架按照距离工作站由近到远的顺序布置，达到提升拣货效率的目的。

任务评价

任务评价表如表 7-13 所示。

表 7-13　任务评价表

序号	评价项目	评价标准	分值	得分
1	技术方案确定	技术方案选择准确	10	
2	数据收集与分析	明确 EIQ 中各个指标的含义，计算正确	20	
3	智能仓储系统资源规划	仓库的面积计算正确	20	
		工作站的数量计算正确	20	
		机器人的数量计算正确	20	
4	货架货位分配与布局优化	成本低，效率高	10	
合计			100	

同步案例

苏宁云仓

苏宁云仓的建筑面积超过 20 万 m^2，分为 5 个仓库。其智能化程度极高，从入库、补货、拣选、分拨到出库，全流程都是智能化的。同时，结合不同订单作业需求场景，苏宁云仓配备了多种先进的智能仓储物流解决方案，如 ASRS 自动托盘堆垛系统、Miniload 高密度存储自动箱式堆垛机等。

苏宁云仓负责华东地区零售客户及各区域配送中心和门店快递点商品的配送服务，同时可向全国其他中心仓进行商品调拨。其中的商品根据商品属性可分为小件商品、中件商品、异形商品、贵重商品和温控商品 5 种。

除服务于苏宁 O2O 运营模式的线下连锁店和线上电商之外，苏宁云仓还服务于苏宁易购开放平台的商户和苏宁供应链上下游合作伙伴。商品品类包括母婴用品、3C 商品、服装等，涉及小件拆零商品和整件商品，能够从容应对 SKU 海量化和订单分散化、碎片化。

苏宁云仓日处理包裹可达 181 万件；拣选效率达到每人每小时 1 200 件，是传统拣选方式的 10 倍以上，超行业同类仓库的 5 倍以上；每张订单最快可实现在 30min 内出库，是行业同类仓库最快处理速度的 5 倍以上；仓库作业人员的工作效率得到大幅提高，在同等订单环境下，作业人员可减少 60%。是什么让苏宁云仓拥有如此强大的处理能力？

一、大数据技术

苏宁自主研发的物流系统乐高平台、仓库控制系统指南针、物流监测系统天眼平台，以及 RF 支持、GPS 定位技术，对仓库内商品的每个步骤、每个环节都进行精准的分析、控制和监测，商品会自主完成从订单到包裹的全部转变。人在仓库中已经不再是一个低价值作业者，而是扮演了智慧加成的角色，让仓库在稳定运行的同时具备灵活的自控力。

二、高密度自动存储系统

强大的存储能力是一个顶尖物流基地的基础。苏宁云仓采用了 ASRS 自动托盘堆垛系统（见图 7-20）、Miniload 高密度自动箱式堆垛机、SCS 旋转货架等先进的自动化存储设备。

图 7-20　ASRS 自动托盘堆垛系统

（1）ASRS 自动托盘堆垛系统：主要用于中件及小件商品大批量存储；22m 双深位存货位，自动存取双循环 30 个托盘/h（单循环 50 个托盘/h）。

（2）Miniload 高密度自动箱式堆垛机：Miniload 主要用于小件料箱和硬纸箱的存储、补货；22m 双深位存货位，自动存取双循环 1 400 箱/h（单循环 1800 箱/h 左右）。

（3）SCS 旋转货架：主要用于拆零商品的拣选，带有分离的自动存储和取回装置；自动排序、缓存，拣选效率为每个工作站 500～600 个订单行（1 200 件/h）。

三、SCS 旋转库“货到人”系统

苏宁云仓采用 SCS 旋转库“货到人”系统，如图 7-21 所示。作业人员不需要移动，SCS

旋转库就可以实现轻松自动存储、自动盘点、自动补货、自动排序和缓存等一系列分拣动作。借助这一系统，苏宁云仓的拣选效率实现了飞跃。

图 7-21　SCS 旋转库“货到人”系统

四、金字塔系统

金字塔系统是一种无人拣货系统，其整个操作过程是由自动化系统控制和处理的，消除了耗时较长的人工拣选过程，即使在峰值时也能确保高产量，每小时能够拣选 1600 料箱小件拆零商品。另外，由于 A-frame 货架具有高密度存储特性，因此金字塔系统具有更高的空间利用率。

五、自动分拨系统

自动分拨系统包括包裹分拣机和发货分拣机。包裹分拣机用于包裹快件及做好客户包装的小件拆零商品的分拣。发货分拣机用于对做好运输箱装箱的商品按照路线进行分拣，自动扫描运输箱条码，识别条码目的地城市，并将商品分配到相应的路线道口。苏宁云仓的自动分拨系统能处理小件包裹、中件包裹、运输箱等，功能更齐全。

（资料来源：微信公众号“物流技术与应用”，经本书编者整理）

问题：苏宁云仓使用了哪些智能物流技术？这些技术的使用对仓库效率有怎样的提升？

同步实训

能力拓展

扫一扫，看同步实训　扫一扫，看能力拓展

项目八

仓储合同管理

引例

M 公司诉 F 公司仓储合同纠纷案

2016 年 8 月 25 日，M 公司与 F 公司在广州签订了《仓储服务合同》，主要约定：F 公司向 M 公司提供仓储服务，标的仓库在广州南沙国际物流园开发有限公司（以下简称物流园公司）内（F 公司向物流园公司承租）；合同期限为 2016 年 9 月 1 日—2017 年 2 月 28 日；M 公司需交保证金 86 000 元及仓储服务费 86 000 元/月，F 公司如违约，则需赔偿一个月仓储服务费用；任何一方提前解除合同，都应提前 30 天通知对方且解除方应向对方赔偿一个月仓储服务费。

在签订合同后，M 公司已经按期向 F 公司交了保证金及 2016 年 9—10 月的仓储服务费。

至 2016 年 11 月 7 日，标的仓库被物流园公司封仓，M 公司才得知 F 公司拖欠物流园公司租金。

此后，物流园公司向 M 公司披露：2016 年 11 月，F 公司与物流园公司协议提前终止租赁合同并返还租赁标的物，F 公司已向物流园公司支付至 2016 年 10 月的仓库租金及管理费。

2016 年 11 月 14 日，M 公司向 F 公司发出通知，要求 F 公司做出整改。2017 年 1 月 16 日，M 公司向 F 公司通知解除《仓储服务合同》并要求 F 公司退还保证金。

M 公司一直未收到退款且认为 F 公司存在违约情形，遂将 F 公司起诉至广州市南沙区人民法院。

（资料来源：微信公众号“广州市南沙区人民法院”，经本书编者整理）

试问：广州市南沙区人民法院最可能怎样判决这起合同纠纷案?

分析：广州市南沙区人民要判决这起合同纠纷案，需要确定合同的类型。在该案例中，F 公司向 M 公司提供仓储服务，M 公司向 F 公司交纳仓储服务费 86 000 元/月，这符合仓储合同的特征。也就是说，这是一份仓储合同。

何为仓储合同？其具有哪些法律特征？如何签订与履行仓储合同？这些都是本项目要介绍的内容。仓储是现代物流业的一个重要环节，是物流环节中较为容易引起纠纷的一环。为避免仓储合同纠纷，仓储管理人员特别是高级管理人员需要掌握仓储合同的定义与法律特征，弄清仓储合同如何签订、履行等内容。

任务一 仓储合同签订

学习目标

✧ 能正确识别仓储合同的定义与法律特征。

✧ 能辨别仓储合同与保管合同的区别、仓储合同与仓库租赁合同的区别。

✧ 能按规范程序并遵守有关原则签订仓储合同。

✧ 能撰写仓储合同。

学习任务

国内著名的家用电器生产公司 D 公司正在红星配送中心所在城市（Z 城市）寻找仓储业务服务商。D 公司储存的物品是销往 Z 城市的成品空调。红星配送中心在得知这一消息后，立即与 D 公司接触，最后与 D 公司成功签订了仓储合同。

请根据上述描述，模拟红星配送中心与 D 公司签订仓储合同的过程。

任务分析

在红星配送中心与 D 公司签订仓储合同时，双方需要对合同的条款进行洽谈并达成一致意见。通常来讲，在双方正式洽谈前有一些先期性活动，如一方向另一方提出洽谈邀请等。因此，我们可以将签订仓储合同的整个过程划分为以下两个阶段。

（1）签约准备。

（2）洽谈签约。

仓储合同签订的流程和知识点如图 8-1 所示。

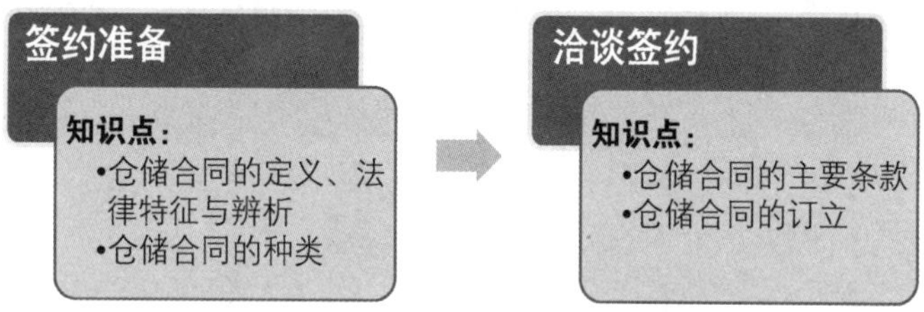

图 8-1　仓储合同签订的流程和知识点

任务引导

一、仓储合同的定义、法律特征与辨析

（一）仓储合同的定义与法律特征

《中华人民共和国民法典》（以下简称《民法典》）第九百零四条规定：“仓储合同是保管人储存存货人交付的仓储物，存货人支付仓储费的合同。”可见，负责接受并储存仓储物的一方当事人为保管人，交付仓储物并支付仓储费的一方当事人为存货人。仓储合同具有以下法律特征。

（1）保管人必须为有仓储设备并专事仓储保管业务的仓库营业人。

（2）仓储合同的保管对象必须为动产，不动产不能成为仓储合同的保管对象。

（3）仓储合同为诺成合同、双务合同、有偿合同、不要式合同。

（4）存货人主张仓储物已交付或行使返还请求权需以仓单为凭证。

（二）仓储合同与保管合同

在一些合同纠纷中，当事人双方因混淆了仓储合同与保管合同而遭受损失。下面以《民法典》中的规定来阐述仓储合同与保管合同的区别。

1. 当当事人双方未约定成立条件时，合同成立的条件不同

保管合同须具备两个要件才能成立：一是当事人双方的意思表示一致；二是保管物交付。也就是说，寄存人向保管人交付保管物是合同成立的要件，保管合同自保管物交付时成立。可见，保管合同为实践合同。而仓储合同是诺成合同。根据《民法典》第九百零五条的规定，当保管人和存货人的意思表示一致时，仓储合同即成立。存货人将仓储物交付给保管人属于仓储合同成立后对该合同的履行行为，而不是合同的成立要件。

2. 合同是否有偿不同

保管合同可以是有偿的，也可以是无偿的。根据《民法典》第八百八十九条的规定，寄存人应当按照约定向保管人支付保管费。当事人对保管费没有约定或者约定不明确的，由当事人协议补充，不能达成补充协议的，按照交易习惯确定，不能确定的视为无偿保管。根据《民法典》第九百零四条的规定，仓储合同是有偿合同。

3. 保管物/仓储物大小不同

保管合同是社会成员相互提供帮助或服务部门为公民提供服务的一种形式，一般是单件或小宗物品的寄存。而仓储合同一般是大宗物品的储存。

4. 保管人对保管物/仓储物的验收和赔偿责任不同

保管合同的寄存人，对交付的保管物有瑕疵或者按照保管物的性质需要采取特殊保管措施的，应当告知保管人。若寄存人没有履行告知义务而致使保管物受损，则保管人不承担赔偿责任。仓储合同中的保管人应当按照约定对入库仓储物进行验收。若在验收时发现仓储物与约定不符，则保管人应当及时通知存货人。若因保管人未认真验收，致使入库仓储物的品种、数量、质量不符合约定，则保管人应当承担赔偿责任。

5. 领取保管物/仓储物的规定不同

在保管合同中，无论是否有保管期限的约定，寄存人都可以随时领取保管物。当事人对保管期限没有约定或者约定不明确的，保管人可以随时请求寄存人领取保管物；约定保管期限的，保管人无特别事由，不得请求寄存人提前领取保管物。

在仓储合同中，当事人对储存期限没有约定或者约定不明确的，存货人或者仓单持有人可以随时提取仓储物。若当事人对储存期限有约定，则存货人或仓单持有人不能随时提取仓储物。若当事人对储存期限没有约定或者约定不明确，则保管人在给予存货人必要的准备时间的前提下，可以随时请求存货人或者仓单持有人提取仓储物。

6. 保管不善是否承担赔偿责任不同

在保管合同中，因保管不善造成保管物毁损、灭失的，若是有偿保管或者虽是无偿保管但是保管人无法证明自己不是故意的或没有重大过失，则保管人需要承担赔偿责任；若无偿保管人能证明自己不是故意的或没有重大过失，则无偿保管人不承担赔偿责任。

在仓储合同中，因保管不善造成仓储物毁损、灭失的，保管人应承担赔偿责任。只有

当仓储物因本身自然性质、包装不符合约定或超过有效储存期而造成仓储物变质、损坏时，保管人才能免除赔偿责任。

（三）仓储合同与仓库租赁合同

仓库租赁合同是指仓库所有人将所拥有的仓库以出租的方式开展仓储经营，由存货人自行保管物品的合同。保管人只提供基本的仓储条件，进行一般的管理，如环境管理、安全管理等，并不直接对所存放的物品进行管理。仓库租赁合同只是财产租赁合同，虽然出租方具有部分仓储保管的责任，仓库租赁合同具有仓储合同的一些特征，但从严格意义上讲，仓库租赁合同与仓储合同有明显的区别。

仓储合同是保管人储存存货人交付的仓储物，存货人支付仓储费的合同。根据仓储合同的特征和性质，保管人应当按照约定对入库仓储物进行验收，当存货人交付仓储物时，保管人应当给予存货人仓单。而仓库租赁合同是出租人将租赁物交付承租人使用，承租人支付租金的合同。出租人应当按照约定将租赁物交付承租人，并在租赁期间保持租赁物符合约定的用途。

二、仓储合同的种类

（一）一般保管仓储合同

一般保管仓储合同是指仓库经营人提供完善的仓储条件，接受存货人的仓储物并进行保管，在储存期满时，将原先收保的仓储物原样交还存货人的仓储合同。该仓储合同的仓储物为确定物，保管人需要原样返还。

（二）混藏式仓储合同

混藏式仓储合同是指存货人将一定品质和数量的种类物交付保管人，保管人将不同存货人的同样仓储物混合保存，在储存期满时，保管人只需将相同种类、品质、数量的仓储物返还存货人，并不需要原物归还的仓储合同。

混藏式仓储合同常见于粮食、油品、矿石或保鲜期较短的物品的储存。混藏式仓储合同的标的物为确定种类物，保管人严格按照约定的数量、质量承担责任，且没有合理损耗的权利。

（三）消费式仓储合同

消费式仓储合同是指存货人在存放仓储物时，同时将仓储物的所有权转移给保管人，在储存期满时，保管人只需将相同种类、品质、数量的替代物归还存货人的仓储合同。在储存期间，仓储物的所有权由保管人掌握，保管人可以对仓储物行使所有权。消费式仓储合同的显著特征是涉及仓储物所有权从存货人转移到保管人，保管人需要承担所有人的权利和义务。

三、仓储合同的主要条款

仓储合同没有严格的条款规定，当事人可根据需要依法约定合同事项。在通常情况下，仓储合同当事人根据《民法典》的有关规定，协商合同的条款。仓储合同的主要条款如下。

（一）仓储物的品名或品类

仓储物的品名或品类是指仓储物的名称，即全称、标准名称或类别的标准名称。在签订仓储合同时，当事人必须清晰、明确地规定仓储物的品名或品类。若有代号，则应标明代号的全名。保管人不能保管不符合法律规定的仓储物。

（二）仓储物的数量、质量、包装

一般来讲，仓储合同要明确规定仓储物的总量、计量单位等，数字要清晰无误。

在确定仓储物的质量时，当事人要采取相关标准。若为国际仓储业务，则当事人应尽量使用国际标准。目前，我国实行的标准有国家标准、行业标准、企业标准和协商标准。当事人应先执行国家标准，在无国家标准时可以考虑行业标准；在无国家、行业标准时可以考虑企业标准；在前 3 种标准都没有时，当事人可以采用协商标准。在确定质量时，当事人要写明质量标准的全名。

仓储物的包装有国家标准或专业标准的，应按国家标准或专业标准确定；没有国家或专业标准的，当事人在保证储存安全的前提下，可以协商议定。

（三）仓储物验收的内容、标准、方法、时间、资料

在存货人交付仓储物给保管人储存时，保管人负责验收。存货人在交付仓储物时还应交付仓储物验收的资料。保管人在验收时对仓储物的品名、规格、数量、质量和包装状况等按包装上的标记或外观直接进行验收；无标记的，以存货人提供的验收资料为准；对于散装仓储物，按国家有关规定或合同约定验收。仓储合同应规定验收方法是全验还是按比例抽验。验收期限从仓储物和验收资料全部送达保管人之日起，至验收报告送出之日止。

（四）储存条件和保管要求

当事人应根据仓储物的性质，商议选择不同的储存条件，并在仓储合同中明确约定。保管人如因仓库条件所限，达不到存货人的要求，则不能勉强接受仓储物。储存易燃、易爆、易渗漏、有毒等危险仓储物需要专门的仓库、设备及技术，对于这些内容，当事人应在仓储合同中注明。在必要时，存货人应向保管人提供仓储物储存、保管、运输方面的技术资料，以防止发生仓储物毁损、仓库毁损或人员伤亡等事件。特殊仓储物需特殊储存条件、储存要求的，存货人应事先说明。

（五）仓储物进出库手续、时间、地点、运输方式

由存货人或运输部门、供货单位送货到库的，或由保管人负责到供货单位、车站、港口等处提运的仓储物，必须由保管人按照正常验收项目进行验收，或由存货人按国家规定与保管人当面交接清楚，以分清责任。若在交接中发现问题，供货人与保管人在同一城镇的，则保管人可以拒收；外埠或本埠港、站、机场、邮局到货，保管人应予接货，妥善暂存，并在有效验收期内通知存货人和供货人处理。对于仓储物的出库，当事人也应明确规定存货人自提或者保管人送货上门或者保管人代办运输的责任。

（六）仓储物的损耗标准和损耗处理

仓储物在运输和储存过程中可能会发生数量、重量的减少。对于这些损耗，仓储合同应明确规定一个标准，以作为划分正常与非正常损耗的界限。正常损耗不应被认为损耗，非正常损耗由运输部门的责任人或保管人负责。

（七）计费项目与标准、结算方式与时间、银行账号

计费项目与标准是指保管人收取费用的项目和标准，有国家规定的，按国家规定执行；没有国家规定的，当事人可以协商议定。结算方式是指存货人和保管人以何种方式结算。结算时间是指当事人约定的结算时间界限。银行账号是指当事人各自的银行名称、账号。

以上条款均需在仓储合同中明确、详细规定，以免发生争议。

（八）责任划分和违约处理

仓储合同应明确规定存货人和保管人在仓储物入库、验收、保管、包装、出库等方面的责任，以划清责任界限。违约处理是指如何处理保管人和存货人的违约行为。违约处理的方式有协商、调解、仲裁、诉讼等，违约责任承担方式有支付违约金、支付赔偿金等。这些在仓储合同中也应明确规定。

（九）合同的有效期限

合同的有效期限即仓储物的储存期限。仓储合同一般应规定储存期限，但有的仓储合同可不规定储存期限，只要存货人按时支付仓储费，仓储合同就继续有效。

（十）变更和解除合同的期限

当事人在确定变更或解除合同的期限时，有国家规定的，应按国家规定执行；没有国家规定的，应在仓储合同中明确规定变更或解除的期限。此期限的确定应该合理，要考虑国家及当事人的利益。

（十一）其他事项

仓储合同有时还涉及其他事项，如与仓储合同有关的运输、保险等。这些事项也应在仓储合同中明确规定或另订合同规定。

四、仓储合同的订立

（一）仓储合同订立的原则

仓储合同的订立是存货人与保管人之间依意思表示而实施的能够引起权利与义务关系发生的民事法律行为。订立仓储合同，应当遵循以下基本原则。

1. 平等原则

当事人的法律地位一律平等。存货人和保管人均享有独立的法律人格，可独立地表达自己的意思，双方是在平等的基础上进行利益互换的。

2. 公平及等价有偿原则

当事人应依价值规律进行利益选择，禁止无偿划拨、调拨仓储物，也禁止强迫保管人或存货人接受不平等的利益交换。当事人要承担相应的合同义务，享受相应的合同权利。

3. 自愿与协商一致原则

自愿意味着让存货人与保管人完全依照自己的知识、判断去追求自己最大的利益。协商一致是指存货人与保管人在自愿的基础上寻求意思表示一致，寻求利益的结合点。

（二）仓储合同订立的程序

订立仓储合同主要有两个阶段，即准备阶段和实质阶段。

1. 准备阶段

在许多场合，当事人并非直接提出要约，而是经过一定的准备，进行一些先期性活动，才考虑订立合同的。其中包括接触、预约和预约邀请，其意义在于使当事人互相了解，为当事人进入实质的缔约阶段创造条件并扫除障碍。

2. 实质阶段

订立仓储合同，通常要经过 3 个步骤。

（1）要约。

要约是指一方当事人以订立合同为目的，向另一方当事人所做的意思表示。发出要约的当事人称为要约人，而要约所指向的当事人称为受要约人。一项要约要具有法律效力，必须符合 3 项规定：一是要约必须是特定人的意思表示；二是要约的内容必须明确、具体，包括足以决定合同内容的主要条款；三是要约一经受要约人承诺，要约人即受该意思表示的约束。

一般来说，在仓储合同中，要约的内容至少应当包括以下内容：标的物的数量、质量，仓储费。即使没有具体的标的物的数量、质量和仓储费用表述，要约人和受要约人也应当可以通过具体的方式来确定这些内容。根据仓储合同的特点和现实环境，仓储合同的要约最好以书面形式发出，特别是大批仓储物的储存与保管，更需要提出可行的储存计划。

（2）承诺。

承诺是受要约人完全同意要约内容的意思表示。承诺必须在要约的有效期限内做出，并与要约的内容完全一致。除受要约人之外的任何第三人所做的承诺都不是法律上的承诺，而仅仅是一项要约。受要约人对要约内容的任何扩充、限制或者其他变更，都只能构成一项新要约，而非有效的承诺。

仓储合同是诺成合同，合同的成立与生效同时发生。仓储合同效力的发生基于一个有效的承诺。

（3）签约。

签约需由当事人法人代表签字并加盖单位公章。仓储合同是一种不要式合同，可以书面形式订立，也可以口头形式订立。从实际情况来看，以书面形式订立仓储合同更为常见。

任务实施

1. 实施步骤

（1）签约准备。

在签约准备阶段，红星配送中心可通过接触、预约和预约邀请等形式，为正式洽谈创造条件。例如，红星配送中心可主动电话联系 D 公司，表明合作意愿。根据初次接触情况，双方协商洽谈的时间与地点。

（2）洽谈签约。

①洽谈。

双方就各项交易条件进行洽谈，甚至反复磋商。洽谈的内容一般包括储存和保管条件、保管期限、经费、合同变更、违约责任等。各项交易条件的洽谈可按“要约→承诺”的步骤进行。例如，双方就装卸费的洽谈过程如下。

红星配送中心：关于装卸费，我方的报价是挂机 2 元/套，柜机 3 元/套；按月结算。

D 公司：我方考虑的是长期合作，希望贵方能做出让价。

红星配送中心：8 折优惠，也就是挂机 1.6 元/套，柜机 2.4 元/套，如何？还是按月结算。这已经是我方最优惠的价格了，不能再低了，再低，我们就没有基本的利润来保障给贵方提供优质的服务了。

D 公司：感谢贵方提供的优惠，我方同意。

说明：大家可以组织一场模拟谈判，模拟洽谈过程。

②撰写仓储合同。

为方便大家写作，本书在此提供了一个示例（见右侧二维码）。温馨提示：仓储合同无统一的结构，大家应根据模拟谈判阶段的协商结果撰写。

仓储合同（示例）

③签约。

双方在反复磋商并对各项交易条件达成一致意见后，签订仓储合同。仓储合同虽为不要式合同，从实际情况来看，以书面形式订立仓储合同更为常见。因此，大家可以设计以书面形式订立仓储合同环节，甚至可以策划一次签字仪式活动。

2. 注意事项

（1）熟悉《民法典》等法律中关于仓储合同的规定。

（2）为了避免合同纠纷，不能混淆仓储合同与保管合同、仓储合同与仓库租赁合同。

（3）仓储物是否违法。仓储物违法会导致仓储合同无效，因此在订立仓储合同时，保管人应确切地知晓存货人所存放的是什么物品，以防止存货人存放违法物品。

任务评价

任务评价表如表 8-1 所示。

表 8-1　任务评价表

序号	评价项目	评价标准	分值	得分
1	签约准备	准备工作充分，能提前与客户预约洽谈时间、地点等，预约有效	20	
2	洽谈签约	（1）洽谈方面：熟悉洽谈的流程；明确洽谈的内容；遵循仓储合同订立的原则。 （2）仓储合同文本方面：仓储合同的主要条款无缺失；仓储合同的条款详细、明确；仓储合同的文本表意清楚、格式规范、排版美观。 （3）签约方面：能够判断仓储合同与保管合同的区别；能够审核仓储合同条款是否有效；能够规范地在仓储合同文本上签字	60	
3	团队合作	分工合理、有效组织、有效协作	20	
合计			100	

同步案例

是仓库租赁合同关系还是仓储合同关系

2020 年 8 月 16 日，W 公司与 L 公司签订了《冷库租赁协议书》，约定 L 公司作为出租方、W 公司作为承租方，W 公司从 L 公司处承租双宏冷库的 1 号、2 号、3 号、4 号、5 号库，由 W 公司自主经营、自我管理，承担租赁期间的安全责任和设备运行、维护责任，租赁期限为 2020 年 10 月 20 日—2021 年 4 月 30 日。2020 年 10 月 2 日，W 公司与 L 公司经过协商，签订了一份名为“证明”的协议：L公司将泽普县园艺场双宏冷库的5号库租给W公司使用，W公司向L公司支付库费80 000元，进出库由W公司自己负责；温度保持在-1℃～0℃，双方共同控制温度；现在W公司付租库定金10 000元，剩余的70 000元在装最后一车货时全部付清；违约者要支付罚金40 000元；在2021年4月30日前，W公司完成所有货物出库，若有未出库货物，则需付正常的电费。

自2020年11月10日开始，W公司将其收购的套袋红富士苹果（约11 000箱、130t）存放于从L公司处租赁的双宏冷库5号库内，W公司和L公司在入库时未对苹果的种类、数量及规格进行核实；在苹果入库后，双方没有对冷库上锁，双方共同负责调控温度，W公司可以随时进货、出货。W公司于2020年10月2日签订协议当日向L公司支付库费10 000元，于2021年1月3日、1月8日共支付库费40 000元，累计支付库费50 000元。W公司自2020年12月10日开始出货，截至2021年1月17日15:00，L公司的冷库年久失修，线路老化引发火灾，导致W公司存放在双宏冷库5号库内的3 517箱苹果被烧坏或被烟熏，无法正常销售，给W公司造成巨大的经济损失。在火灾发生后，泽普县石油基地塔西南消防队对冷库的火源进行了扑灭。在事故发生后，双方就损失赔偿进行了协商，因双方分歧较大未能达成一致意见，W公司将L公司告上了法庭。

根据W公司、L公司双方的诉称及答辩意见，本案争议的焦点在于本案如何定性，即W公司与L公司之间是仓库租赁合同关系还是仓储合同关系。

问题：W公司与L公司之间是仓库租赁合同关系还是仓储合同关系？请说明理由。

同步实训

能力拓展

扫一扫，看同步实训　扫一扫，看能力拓展

任务二　仓储合同履行

学习目标

- ✧ 能判断仓储合同的生效与无效。
- ✧ 能分析具体案情，根据《民法典》的有关条款给出有效的法律建议。
- ✧ 能在发生纠纷时采取有效措施保障己方权利。

学习任务

在本项目任务一中，红星配送中心与D公司签订了仓储合同。接下来，红星配送中心的任务就是履行仓储合同。请结合下列问题帮助红星配送中心履行仓储合同。

（1）在签订合同后，红星配送中心应如何正确地履行仓储合同？

（2）因燃油费、人工费上涨导致装卸成本增加，红星配送中心能否向D公司申请变更仓储合同中的装卸费条款？如果能，那么应怎么变更？

（3）如果 D 公司迟迟不交付仓储物，而且在红星配送中心多次催告后仍未交付，那么红星配送中心可以采取哪些措施以维护自己的利益？

（4）如果在仓储合同正常履行期间红星配送中心的仓库发生火灾，那么红星配送中心是否可以免责？

任务分析

在签订仓储合同后，当事人都应按仓储合同的条款及有关法律条款履行仓储合同，这是履行仓储合同的正确方式。然而，当出现违约情况时，如果是对方违约，那么己方可以解除仓储合同；如果是己方违约，就涉及担责与免责问题。在仓储合同履行期间，当事人有时会变更仓储合同。可见，正确履约仓储合同、有效变更仓储合同、解除仓储合同、己方违约后的担责与免责是仓储合同履行过程中的主要内容。因此，要完成仓储合同履行任务，红星配送中心需要做好以下几项工作。

（1）正确履行仓储合同。

（2）有效变更仓储合同。

（3）解除仓储合同。

（4）己方违约后的担责与免责。

仓储合同履行的主要工作内容和知识点如图 8-2 所示。

正确履行仓储合同	有效变更仓储合同	解除仓储合同	己方违约后的担责与免责
知识点： •仓储合同的生效 •存货人的权利与义务 •保管人的权利与义务	知识点： •仓储合同的变更	知识点： •仓储合同的解除	知识点： •仓储合同的违约责任与免责

图 8-2 仓储合同履行的主要工作内容和知识点

任务引导

合同的履行是指合同规定义务的执行。任何合同规定义务的执行都是合同的履行行为。相应地，凡是不执行合同规定义务的行为，都是合同的不履行行为。在仓储合同订立后，保管人、存货人自觉履行仓储合同规定的义务，以取得双方预期的结果，这是比较好的状况。但事实上，一方当事人违约而不履行义务的情况也时有发生。

一、仓储合同的履行

（一）仓储合同的生效

《民法典》第五百零二条规定：“依法成立的合同，自成立时生效”。《民法典》第九百零五条还规定：“仓储合同自保管人和存货人意思表示一致时成立。”可见，仓储合同从成立时生效，而不是等到仓储物交付后才生效。在仓储合同中，保管人是具有专业性和营利性的从事仓储营业服务的民事主体。仓储合同一旦成立，保管人在仓储物交付之前必然要耗费一定的人力、物力、财力为履行仓储合同做必要的准备，若存货人此时反悔不交付仓储物，则必然给保管人带来损失。只要当事人意思表示一致，仓储合同就可成立、生效，当事人必须受合同效力的约束，上述损失就可依违约损失获得赔偿。显然，法律的用意在于强调仓储合同的严肃性、稳定性，任何一方在仓储行为中都要做出慎重的、负责的意思表示，不可随意为之。

（二）存货人的权利与义务

1. 存货人的权利

（1）在交付仓储物时，要求保管人给付仓单。

（2）凭仓单提取仓储物。

（3）转让仓储物。

（4）仓储合同中没有约定仓储时间的，可随时提取仓储物。

（5）仓储合同中约定仓储时间的，仍可提前提取仓储物。

（6）因保管人的原因造成仓储物损坏、灭失的，可向保管人索取赔偿。

2. 存货人的义务

（1）依仓储合同的约定，支付仓储费（包括运费、修缮费、保险费、转仓费、保管费等）。

（2）按仓储合同的约定交付仓储物并将仓储物及时入库。

（3）需包装的仓储物，应将其妥善包装。

（4）向保管人提供有关仓储物验收的资料。

（5）按合同约定，按期提取仓储物；如果延迟提取，就应承担赔偿责任。

（三）保管人的权利与义务

1. 保管人的权利

（1）向存货人收取仓储费。

（2）按照约定对入库仓储物进行验收。

（3）《民法典》第九百零六条规定："储存易燃、易爆、有毒、有腐蚀性、有放射性等危险物品或者易变质物品的，存货人应当说明该物品的性质，提供有关资料。存货人违反前款规定的，保管人可以拒收仓储物，也可以采取相应措施以避免损失的发生，因此产生的费用由存货人承担。"所谓"说明"，应当是存货人在订立仓储合同时予以说明，并在仓储合同中注明。

（4）要求存货人按期提取仓储物。当仓储合同约定的储存期限届满时，保管人可要求存货人按期提取仓储物；若存货人逾期提取仓储物，则保管人有权加收仓储费；若仓储合同没有约定储存期限，则在给予存货人必要的准备时间的情况下，保管人有权随时要求存货人提取仓储物。

（5）提存仓储物。《民法典》第九百一十六条规定："储存期限届满，存货人或者仓单持有人不提取仓储物的，保管人可以催告其在合理期限内提取；逾期不提取的，保管人可以提存仓储物。"

2. 保管人的义务

（1）向存货人交付仓单。

（2）储存易燃、易爆、有毒、有腐蚀性、有放射性等危险物品的，应当具备相应的保管条件。

（3）按仓储合同约定对仓储物进行检查和验收。

（4）按仓储合同约定，妥善保管仓储物；在发现仓储物有不安全因素时，及时通知存货人，并采取有效措施，减少存货人的损失，这种情况包括发现仓储物变质或损坏、第三人对仓储物主张权利而起诉扣押、仓储物数量发生变化、仓储物已到失效期等。

（5）接受存货人的要求，允许存货人对仓储物进行检查或提取样品。

（6）到期返还仓储物。仓储合同约定的储存期限未到，存货人有权提前要求保管人返还仓储物，保管人不能拒绝，但不减收仓储费。

二、仓储合同的变更

仓储合同的变更是指对已经合法成立的仓储合同的内容在原来内容的基础上进行修改或者补充。仓储合同的变更并不改变原合同关系，而是在原合同关系基础上对有关内容进行修订。

仓储合同的变更程序与订立程序相同，即先由一方当事人发出要约，提出变更请求，另一方当事人做出承诺，双方意思表示一致，变更即成立。但是，受变更要约的一方当事人必须在规定的期限内做出答复。在仓储合同变更后，被变更的内容即失去效力，存货人与保管人应按变更后的仓储合同来履行义务。仓储合同的变更一般不涉及已经履行的部分，其效力仅及于未履行的部分。任何一方当事人都不得因仓储合同变更而要求另一方当事人返还在此之前所做的履行。在仓储合同变更后，因变更而造成对方损失的，责任方应当承担赔偿责任。

三、仓储合同的解除

仓储合同的解除是指对未履行的合同或合同未履行的部分不再履行，使希望发生的权利义务关系消亡，合同履行终止。

（一）仓储合同解除的条件

根据《民法典》第五百六十三条的规定，有下列情形之一的，当事人可以解除合同。

（1）因不可抗力致使不能实现合同目的。

（2）在履行期限届满前，一方当事人明确表示或者以自己的行为表明不履行主要债务。

（3）一方当事人迟延履行主要债务，经催告后在合理期限内仍未履行。

（4）一方当事人迟延履行债务或者有其他违约行为致使不能实现合同目的。

（5）法律规定的其他情形。

（二）仓储合同解除的方式

1. 存货人与保管人协议解除仓储合同

协议解除仓储合同和协议订立仓储合同一样，是双方意见一致的结果，具有至高的效力。解除仓储合同协议可以在仓储合同生效后、履行完毕之前由双方协商达成。双方也可以在订立仓储合同时订立解除仓储合同的条款，当约定的解除仓储合同的条件出现时，一方当事人通知另一方当事人解除仓储合同。

2. 出现法律规定的仓储合同解除条件而解除仓储合同

因不可抗力致使不能实现合同目的，任何一方当事人都可通知另一方当事人解除仓储合同；在履行期限届满前，一方当事人明确表示或者以自己的行为表明不履行主要债务，另一方当事人可以解除仓储合同；一方当事人迟延履行主要债务，经催告后在合理期限内仍未履行，另一方当事人可以解除仓储合同；一方当事人迟延履行债务或者有其他违约行为致使不能实现合同目的，另一方当事人可以解除仓储合同。一方当事人依法选择解除仓储合同的，只需书面向另一方当事人发出解除仓储合同的通知，当通知到达另一方当事人时，仓储合同即解除。有权解除仓储合同的一方当事人也可以要求人民法院或仲裁机构确定解除仓储合同。

（三）仓储合同解除的程序

仓储合同中享有解除权的一方当事人（解除权人）在主张解除仓储合同时，必须以通知的形式告知另一方当事人。只要解除权人将解除仓储合同的意思表示通知到另一方当事人，就可以产生仓储合同即时解除的效力，无须另一方当事人答复，更无须其同意。另一方当事人若有异议，则可以请求人民法院或者仲裁机构确认解除仓储合同的效力，即确认行使解除权的当事人是否享有解除权。从原则上来说，仓储合同的解除权人应以书面形式发出通知，以便举证自己已经尽了通知义务。仓储合同的解除权人应当在法律规定或者与另一方当事人约定的解除权行使期限内行使解除权，否则，其解除权将归于消灭。

（四）仓储合同解除的后果

在仓储合同解除后，因为仓储合同所产生的存货人和保管人的权利义务关系消失，所以存货人和保管人对未履行的合同条款终止履行。仓储合同解除并不影响仓储合同清算条款的效力，存货人和保管人仍需按照仓储合同清算条款的约定承担责任和赔偿损失，需承担违约责任的一方当事人仍要依据仓储合同的约定承担违约责任及采取补救措施和赔偿损失的责任。例如，违约的存货人需要对仓库空置给予补偿，违约的保管人要承担运输费、转仓费、仓储费差额等损失赔偿责任。

四、仓储合同的违约责任与免责

仓储合同的违约责任是指仓储合同的当事人在存在违约行为时，依照法律或者双方的约定而必须承担的民事责任。

（一）仓储合同违约责任的承担方式

违约责任的承担方式往往以弥补非违约方的损失为原则，违约方需对非违约方的损失（包括直接造成的损失和合理预见的利益损失）给予弥补。仓储合同违约责任的承担方式有支付违约金、赔偿损害、继续履行、采取补救措施等。

1. 支付违约金

违约金是指违约方应当向非违约方支付的一定数量的货币。从性质上讲，违约金既是对损失赔偿额的预先约定，具有赔偿性，又是对违约行为的惩罚，具有惩罚性。

违约金分为法定违约金和约定违约金两种。法定违约金是指法律法规有明确规定的违约金。约定违约金是指仓储合同当事人在订立仓储合同时协商确定的违约金。当法定违约金与约定违约金发生冲突时，约定违约金优先适用。

2. 赔偿损害

赔偿损害是指违约方在不履行仓储合同的义务或履行仓储合同的义务不符合约定的情况下，在履行义务或者采取其他补救措施后，非违约方还有其他损失时，应承担的赔偿损失的责任。在仓储合同约定有违约金的情况下，赔偿金是用来补偿违约金不足部分的，如果违约金已能补偿经济损失，违约方就不再支付赔偿金。但是如果仓储合同没有约定违约金，那么只要造成了损失，违约方就应向非违约方支付赔偿金。由此可见，赔偿金是以弥补损失为原则的，是违约方对非违约方实际损失的补偿。

3. 继续履行

继续履行是指违约方在不履行仓储合同时，非违约方有权要求违约方按照仓储合同规定的标的履行义务，或者向法院请求强制违约方按照仓储合同规定的标的履行义务，而不得以支付违约金和赔偿金的办法代替履行义务。

继续履行有 4 个构成要件：①仓储合同的一方当事人有违约行为；②非违约方要求违约方继续履行仓储合同；③继续履行仓储合同不违背仓储合同本身的性质和法律；④违约方能够继续履行仓储合同。在仓储合同中，是否需要继续履行，取决于非违约方，非违约方可以要求违约方支付违约金、赔偿金，也可以要求违约方继续履行仓储合同。

4. 采取补救措施

所谓补救措施，是指在违约方给非违约方造成损失后，为了防止损失进一步扩大，由违约方依照法律规定承担的违约责任形式，如更换仓储物、补足数量等。在仓储合同中，这种补救措施表现为违约方可以选择偿付额外支出的保管费、保养费、运杂费等方式，违约方一般不采取实物赔偿方式。

（二）仓储合同违约责任的免除

在仓储合同订立后，如有不可归责于违约方的事由，违约方的违约责任就可以依法免除。仓储合同违约责任的免除有以下几种情况。

1. 不可抗力

不可抗力是指当事人不能预见、不能避免并且不能克服的客观情况，包括自然灾害和某些社会现象，如火山爆发、地震、台风、冰雹、洪水侵袭、战争、罢工等。不可抗力的免责是有条件的，在不可抗力发生以后，遭受不可抗力的一方必须采取以下积极的措施，才可以免除其违约责任。

（1）积极采取有效措施，尽最大努力避免和减少损失。若遭受不可抗力的一方有能力避免损失的加剧，但未采取有效措施而致使损失扩大，则扩大的损失不属于不可抗力造成的损失。

（2）及时向对方通报不能履行或延期履行仓储合同的理由，使对方根据仓储合同不能履行的具体情况，采取适当措施，尽量避免或减少由此造成的损失。若遭受不可抗力的一方没有及时通报，由此加重了对方的损失，则加重部分的损失不在免责之列。

（3）取得有关证明。遭遇不可抗力的一方要取得有关机关的书面材料，证明不可抗力的发生及影响其履行仓储合同的情况。

2. 仓储物的自然性质和合理损耗

由于仓储物的自然性质和合理损耗造成仓储物损失的，保管人不承担责任。例如，根据《粮油仓储管理办法》的规定，原粮的自然损耗率为：储存半年以内的，不超过 0.1%；储存半年以上一年以内的，不超过 0.15%；储存一年以上的，不超过 0.2%。因此，在此范围内的损耗属于合理损耗，保管人对此不承担任何责任。

3. 存货人的过失

由于存货人的原因造成仓储物损害的，如包装不符合约定、未提供准确的验收资料、隐瞒和夹带、存货人的错误指示和说明等，保管人不承担赔偿责任。

4. 仓储合同约定的免责

基于当事人的利益，双方在仓储合同中约定免责事项，对免责事项造成的损失，不承担互相赔偿责任。例如，双方约定在仓储物入库时不验收重量，则保管人不承担重量短少的赔偿责任；双方约定不检验仓储物的质量，则保管人不承担因非保管作业不当而造成的仓储物变质赔偿责任。

任务实施

1. 实施内容

1）正确履行仓储合同

红星配送中心应按照双方签订的仓储合同条款认真履行仓储合同，同时不得违反《民法典》等法律中的有关规定。例如，红星配送中心在收到仓储物前，清理仓库、检查仓库是否存在安全隐患等都是正确履行仓储合同的行为。

2）有效变更仓储合同

红星配送中心可以向 D 公司申请变更仓储合同中的装卸费条款。值得注意的是，红星配送中心必须按规范的程序变更仓储合同。红星配送中心发出要约，提出变更仓储合同的请求，D 公司做出承诺，双方意思表示一致，变更即成立。

3）解除仓储合同

D 公司迟迟不交付仓储物，而且在红星配送中心多次催告后仍未交付，这符合《民法典》第五百六十三条规定的合同解除条件，因此红星配送中心可以申请解除仓储合同。但红星配送中心必须按程序解除仓储合同。红星配送中心在主张解除仓储合同时，必须以通知的形式告知 D 公司。只要红星配送中心将解除仓储合同的意思表示通知到 D 公司，就可以产生仓储合同即时解除的效力，无须 D 公司答复，更无须其同意。D 公司若有异议，则可以请求人民法院或者仲裁机构确认解除仓储合同的效力。

4）己方违约后的担责与免责

在不可抗力发生后，红星配送中心必须采取以下积极的措施才可以免除违约责任。

（1）积极采取有效措施，尽最大努力避免和减少 D 公司的损失。

（2）及时向 D 公司通报不能履行或延期履行仓储合同的理由，使 D 公司根据仓储合同不能履行的具体情况，采取适当措施，尽量避免或减少由此造成的损失。

（3）取得有关证明，证明不可抗力的发生及影响其履行仓储合同的情况。

《民法典》第九百一十七条规定："储存期内，因保管不善造成仓储物毁损、灭失的，保管人应当承担赔偿责任。"火灾包含自然因素引发的火灾和人为因素引发的火灾，若火灾是人为因素引发的，则不能列入不可抗力范围，保管人不能免责。

2. 注意事项

（1）不能忽略《民法典》等法律中有关仓储合同的规定。

（2）仓储合同是诺成合同。

（3）不能曲解或滥用不可抗力。

任务评价

任务评价表如表 8-2 所示。

表 8-2　任务评价表

序号	评价项目	评价标准	分值	得分
1	正确履行仓储合同	能够判断仓储合同是否有效；清楚仓储合同履行过程中保管人的权利与义务、存货人的权利与义务	20	
2	有效变更仓储合同	清楚仓储合同变更的流程	20	
3	解除仓储合同	能按规定解除仓储合同	20	
4	己方违约后的担责与免责	清楚仓储合同违约责任的免除条件	20	
5	团队合作	分工合理、有效组织、有效协作	20	
合计			100	

同步案例

法官应该如何判决

案件 1：AB 蓝莓科技有限公司与陈××的仓储合同纠纷案

2017 年 7 月，经营农产品冷冻、速冻、储藏业务的陈××与 AB 蓝莓科技有限公司签订《冷库冷藏协议》，约定：由 AB 蓝莓科技有限公司送新鲜蓝莓至陈××的冷库，陈××当天将仓储物送入冷库速冻，但双方未在《冷库冷藏协议》中明确约定储存期限。后因 AB 蓝莓科技有限公司迟迟不提货也不支付仓储费，陈××多次向 AB 蓝莓科技有限公司表明：若仍不付款提货，就将仓储的蓝莓出售，AB 蓝莓科技有限公司对此未做答复。在经催促无果后，陈××向法院提起诉讼。2018 年 4 月 1 日，陈××告知 AB 蓝莓科技有限公司有客户有意向购买《冷库冷藏协议》项下仓储的蓝莓，要求 AB 蓝莓科技有限公司尽快处理，AB 蓝莓科技有限公司对此未做答复。后陈××又多次催促，AB 蓝莓科技有限公司仍不做答复。在一审法院反复协调 AB 蓝莓科技有限公司与陈××进行沟通的情况下，陈××既未经 AB 蓝莓科技有限公司许可，又未征得一审法院同意，仍然将《冷库冷藏协议》项下仓储的大部分蓝莓出售。后 AB 蓝莓科技有限公司提起反诉，要求陈××赔偿同等质量的种类物或者按照蓝莓市场价格赔偿人民币 190 余万元，并要求陈××赔偿 AB 蓝莓科技有限公司与第三方签订的蓝莓买卖合同的违约金人民币 30 万元。

案件 2：CD 服装公司与 BT 公司的合同纠纷案

2016 年 11 月 30 日，CD 服装公司与 BT 公司签订《物流业务委托契约书》，约定：BT

公司使用其仓库为CD服装公司提供仓储服务；若双方或者一方因为地震、台风、火灾、战争或者其他不可抗力的原因不能履行本协议，则受影响的一方需立即通知另一方；双方根据不可抗力的原因给协议履行带来的影响程度来商讨决定协议是否延期或者解除；因不可抗力的原因而带来的经济损失，双方不需要承担赔偿责任。

2018年12月28日，BT公司的仓库发生火灾，导致CD服装公司储存在BT公司仓库中的仓储物受到烟熏、部分仓储物被烟尘污染及被水淋湿。上海市浦东新区公安消防支队出具的火灾事故《简易调查认定书》载明：该起火灾系电气线路故障引发的。CD服装公司在与BT公司沟通赔偿及仓储物的后续处理事宜上未能达成一致意见，故诉至法院。

在庭审时双方的争议焦点在于：火灾是否属于双方约定或法定的不可抗力。CD服装公司主张火灾是BT公司没有尽到妥善保管义务才产生的，BT公司应承担赔偿责任；BT公司主张根据双方签订的《物流业务委托契约书》的约定，火灾属于不可抗力，BT公司不需承担赔偿责任，并出示了双方签订的《物流业务委托契约书》。

问题：如果你是法官，那么你会如何判决上述两起案件？请说明理由。

同步实训

能力拓展

扫一扫，看同步实训　扫一扫，看能力拓展

项目九

物流成本核算

引例

快递企业背后的成本

在义乌市场，快递价格从 2 元急跌至 1.5 元，在 2021 年年初降为 1.4 元，甚至有的快递企业开出了击穿义乌底价的快递价格——1.1 元，各快递企业几乎都给出了低于成本的价格。这也使得快递企业的利润开始不断下滑。

纵观 2020 年的快递企业，其“价格战”越演越烈，增量不增收，这是一个不争的事实。从 2019 年的兼顾规模和利润，转变到 2020 年的全力冲规模，快递企业不惜牺牲一些利润去换取市场。

但“价格战”无论怎么打，快递企业的商业模式和战略都是建立在利润空间基础上的，最终拼的还是成本和服务。

（资料来源：微信公众号“物流沙龙”）

那么，企业物流成本包括哪些项目，是怎样进行核算的？这是本章主要介绍的内容。

任务一　物流成本辅助账户的设置

学习目标

- ✧ 了解物流成本的概念、物流成本性态分类。
- ✧ 掌握企业物流成本的构成。
- ✧ 掌握物流成本核算对象。
- ✧ 会设置物流成本辅助账户。

学习任务

DJ 公司是一家专业的第三方物流公司，主要提供仓储和运输服务。DJ 公司在西南、华中、西北地区有分公司，现需要按区域分别核算物流成本。请为 DJ 公司设置物流成本辅助账户。

任务分析

通过对 DJ 公司的实际物流业务进行分析，要完成上述任务，我们需要完成以下 3 项工作。

（1）确定物流成本核算对象。

（2）明确物流成本的构成。

（3）设置物流成本辅助账户。

物流成本辅助账户的设置流程和知识点如图 9-1 所示。

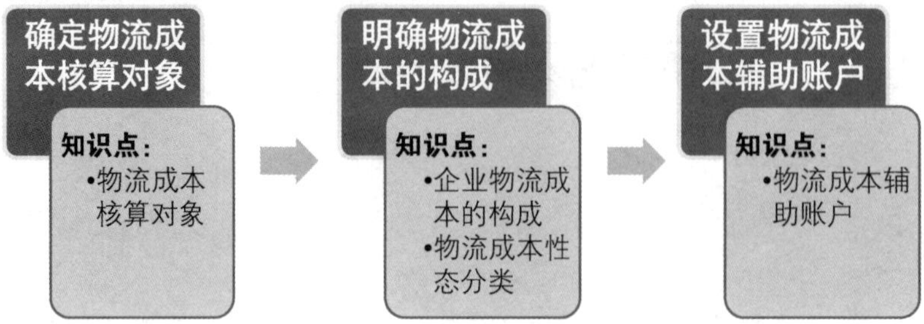

图 9-1　物流成本辅助账户的设置流程和知识点

任务引导

一、物流成本的概念

根据国家标准《物流术语》对物流成本的定义，物流成本是物流活动中所消耗的物化劳动和活劳动的货币表现，包括货物在运输、仓储、包装、装卸搬运、流通加工、物流信息、物流管理等过程中所消耗的人力、物力和财力，以及与存货相关的流动资金占用成本、存货风险成本和存货保险成本。其中，与存货相关的流动资金占用成本包括负债融资所发生的利息支出（显性成本）和占用自有资金所产生的机会成本（隐性成本）两个部分。

从物流管理与控制的角度，物流成本包括社会物流成本、制造企业与商品流通企业物流成本（货主企业物流成本），以及物流企业物流成本 3 个方面，其中社会物流成本是宏观物流成本，货主企业物流成本和物流企业物流成本是微观物流成本。

二、企业物流成本的构成

企业物流成本按照不同的划分标准，有不同的构成，如图 9-2 所示。

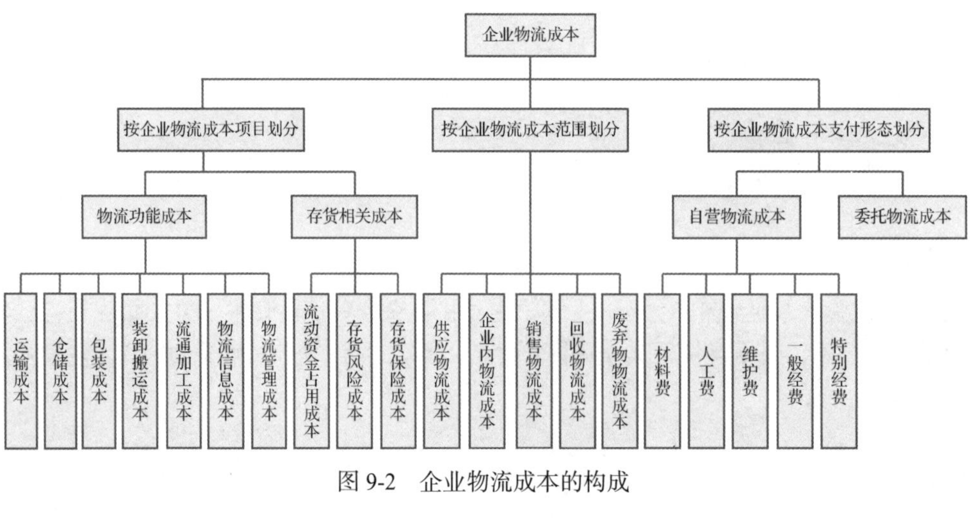

图 9-2　企业物流成本的构成

（一）按企业物流成本项目划分

企业物流成本按企业物流成本项目，可分为物流功能成本和存货相关成本两大类，如表 9-1 所示。

表 9-1 企业物流成本按企业物流成本项目的划分

成本项目		构成内容
物流功能成本	运输成本	在一定时期内，企业为完成货物运输业务而发生的全部费用，包括运输业务人员的费用，车辆（包括其他运输工具）的折旧费、维修保养费、燃料费、保险费、租赁费、养路费、过路过桥费、年检费、事故损失费，相关税金，业务费等
	仓储成本	在一定时期内，企业为完成货物储存业务而发生的全部费用，包括仓储业务人员的费用，仓储设施的折旧费、维修保养费，水电费，燃料与动力消耗费，相关税金，业务费等
	包装成本	在一定时期内，企业为完成货物包装业务而发生的全部费用，包括包装业务人员的费用，包装材料消耗，包装设施折旧费、维修保养费，包装技术设计、实施费用，包装标记的设计、印刷费，相关税金，业务费等
	装卸搬运成本	在一定时期内，企业为完成货物装卸搬运业务而发生的全部费用，包括装卸搬运业务人员的费用，装卸搬运设施的折旧费、维修保养费，燃料与动力消耗费，相关税金，业务费等
	流通加工成本	在一定时期内，企业为完成货物流通加工业务而发生的全部费用，包括流通加工业务人员的费用，流通加工材料消耗，加工设施的折旧费、维修保养费，燃料与动力消耗，相关税金，业务费等
	物流信息成本	在一定时期内，企业为完成物流信息的采集、传输、处理等活动而发生的全部费用，包括物流信息人员的费用、信息设施折旧费、信息系统开发摊销费、软硬件系统维护费、咨询费、通信费、业务费等
	物流管理成本	在一定时期内，企业为完成物流管理活动所发生的全部费用，包括物流管理部门及物流作业现场所发生的管理费用，具体包括物流管理人员的费用、差旅费、办公费、会议费、水电费，以及在国际贸易中发生的报关费、检验费、理货费等
存货相关成本	流动资金占用成本	在一定时期内，企业在物流活动过程中因持有存货占用流动资金所发生的成本，包括存货占用银行贷款所支付的利息和存货占用自有资金所发生的机会成本
	存货风险成本	在一定时期内，企业在物流活动过程中所发生的物品跌价损耗、毁损、盘亏等损失
	存货保险成本	在一定时期内，企业在物流活动过程中，为预防和减少因物品丢失、损毁造成的损失，而向社会保险部门支付的物品财产保险费用

（二）按企业物流成本范围划分

企业物流成本按企业物流成本范围，可分为供应物流成本、企业内物流成本、销售物流成本、回收物流成本及废弃物物流成本，如表 9-2 所示。

表 9-2　企业物流成本按企业物流成本范围的划分

成本范围	构成内容
供应物流成本	企业在采购环节所发生的物流费用
企业内物流成本	物品在企业内部流转所发生的物流费用
销售物流成本	企业在销售环节所发生的物流费用
回收物流成本	退货、返修物品和周转使用的包装容器等从需方返回企业（供方）的物流活动过程中所发生的物流费用
废弃物物流成本	企业将经济活动中失去原有使用价值的物品，根据实际需要进行收集、分类、加工、包装、搬运、储存等，并分送到专门处理场所的物流活动过程中所发生的物流费用

（三）按企业物流成本支付形态划分

企业物流成本按企业物流成本支付形态，可分为自营物流成本和委托物流成本，如表 9-3 所示。

表 9-3　企业物流成本按企业物流成本支付形态的划分

<table>
<tr><th colspan="2">成本支付形态</th><th>构成内容</th></tr>
<tr><td rowspan="5">自营物流成本</td><td>材料费</td><td>资材费、工具费、器具费等</td></tr>
<tr><td>人工费</td><td>工资、福利、奖金、津贴、补贴、住房公积金、人员保险费、职工劳动保护费、按规定提取的福利基金、职工教育培训费等</td></tr>
<tr><td>维护费</td><td>各类物流设施设备的折旧费、维护维修费、租赁费、保险费、税金、燃料与动力消耗费等</td></tr>
<tr><td>一般经费</td><td>办公费、差旅费、会议费、通信费、咨询费、水电费、煤气费，以及各物流功能成本在材料费、人工费和维护费 3 种支付形态之外反映的费用</td></tr>
<tr><td>特殊经费</td><td>存货流动资金占用费，存货跌价、损耗、盘亏和毁损费，存货保险费</td></tr>
<tr><td colspan="2">委托物流成本</td><td>企业向外部物流机构所支付的各项费用</td></tr>
</table>

三、物流成本性态分类

成本性态是指成本总额与业务量总数之间的依存关系。进行成本性态分析就是对成本与业务量之间的依存关系进行分析，从数量上具体地掌握成本总额与业务量总数之间规律性的联系，以便为企业正确地进行最优管理决策和改善经营管理效果提供有价值的资料。按照物流成本对物流业务量的依存关系，我们将物流成本划分为固定物流成本、变动物流成本和混合物流成本 3 类。

（一）固定物流成本

固定物流成本是指在一定时期及一定物流业务量范围内，其总额不直接受物流业务量变动的影响而保持固定不变的成本。

固定物流成本总额不因物流业务量的变动而变动，但单位固定物流成本会随物流业务量的变动而反向变动，如图 9-3 所示。

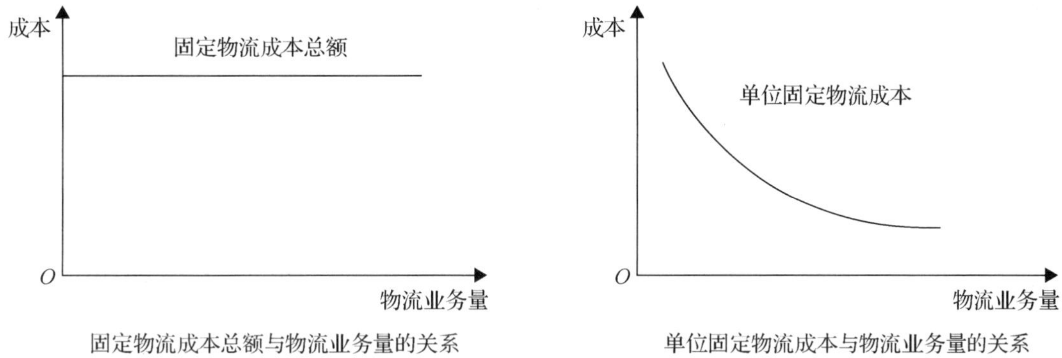

图 9-3　固定物流成本与物流业务量的关系

固定物流成本一般包括物流设施与设备的折旧费用、房屋租金、行政管理人员的工资、财产保险费、物流业务广告费、职工培训费、业务办公费、研发费等。

（二）变动物流成本

变动物流成本是指在特定的物流业务量范围内，其总发生额会随物流业务量的变动而正比例变动的成本。其基本特征：变动物流成本总额会随物流业务量的变动而正比例变动，但单位变动物流成本不变。

在物流企业中，变动物流成本较多，而且与生产经营的关系最为密切，如直接材料费、直接人工费、燃料及动力费、装卸搬运费、包装费等。

（三）混合物流成本

混合物流成本是同时包含固定物流成本和变动物流成本两种不同性质的物流成本，是介于固定物流成本与变动物流成本之间的成本。一方面，它要随物流业务量的变动而变动；另一方面，它的变动又不能与物流业务量的变动保持着纯粹的正比例关系。在实际中，大多数物流成本都属于混合物流成本，固定物流成本和变动物流成本只是诸多成本形态中的两种极端类型。

四、物流成本核算对象

物流成本的基本核算对象包括物流成本项目、物流成本范围和物流成本支付形态 3 个维度的核算对象，物流成本的扩展核算对象包括地区、客户、部门、产品或服务项目、营业网点、物流设备等维度的核算对象。

例如，地区维度的物流成本核算对象如表 9-4 所示，客户维度的物流成本核算对象如表 9-5 所示。

表 9-4　地区维度的物流成本核算对象

<table>
<tr><th colspan="2">成本项目</th><th>东北
分公司</th><th>华北
分公司</th><th>西北
分公司</th><th>西南
分公司</th><th>华南
分公司</th><th>华东
分公司</th><th>华中
分公司</th><th>合计</th></tr>
<tr><td rowspan="8">自营物流成本</td><td>运输成本</td><td></td><td></td><td></td><td></td><td></td><td></td><td></td><td></td></tr>
<tr><td>仓储成本</td><td></td><td></td><td></td><td></td><td></td><td></td><td></td><td></td></tr>
<tr><td>包装成本</td><td></td><td></td><td></td><td></td><td></td><td></td><td></td><td></td></tr>
<tr><td>装卸搬运成本</td><td></td><td></td><td></td><td></td><td></td><td></td><td></td><td></td></tr>
<tr><td>流通加工成本</td><td></td><td></td><td></td><td></td><td></td><td></td><td></td><td></td></tr>
<tr><td>物流信息成本</td><td></td><td></td><td></td><td></td><td></td><td></td><td></td><td></td></tr>
<tr><td>物流管理成本</td><td></td><td></td><td></td><td></td><td></td><td></td><td></td><td></td></tr>
<tr><td>其他</td><td></td><td></td><td></td><td></td><td></td><td></td><td></td><td></td></tr>
<tr><td colspan="2">小计</td><td></td><td></td><td></td><td></td><td></td><td></td><td></td><td></td></tr>
<tr><td colspan="2">委托物流成本</td><td></td><td></td><td></td><td></td><td></td><td></td><td></td><td></td></tr>
<tr><td colspan="2">合计</td><td></td><td></td><td></td><td></td><td></td><td></td><td></td><td></td></tr>
</table>

表 9-5　客户维度的物流成本核算对象

<table>
<tr><th colspan="2">成本项目</th><th>A 类大
客户</th><th>B 类大
客户</th><th>…</th><th>O 类大
客户</th><th>P 类中
小客户</th><th>Q 类中
小客户</th><th>其他
客户</th><th>合计</th></tr>
<tr><td rowspan="5">自营物流成本</td><td>材料费</td><td></td><td></td><td></td><td></td><td></td><td></td><td></td><td></td></tr>
<tr><td>人工费</td><td></td><td></td><td></td><td></td><td></td><td></td><td></td><td></td></tr>
<tr><td>维护费</td><td></td><td></td><td></td><td></td><td></td><td></td><td></td><td></td></tr>
<tr><td>水电费</td><td></td><td></td><td></td><td></td><td></td><td></td><td></td><td></td></tr>
<tr><td>其他</td><td></td><td></td><td></td><td></td><td></td><td></td><td></td><td></td></tr>
<tr><td colspan="2">小计</td><td></td><td></td><td></td><td></td><td></td><td></td><td></td><td></td></tr>
<tr><td colspan="2">委托物流成本</td><td></td><td></td><td></td><td></td><td></td><td></td><td></td><td></td></tr>
<tr><td colspan="2">合计</td><td></td><td></td><td></td><td></td><td></td><td></td><td></td><td></td></tr>
</table>

五、物流成本辅助账户

根据物流成本核算对象的 3 个维度（物流成本项目、物流成本范围、物流成本支付形态）设置物流成本辅助账户（见图 9-4）：以物流成本作为一级账户，以物流成本项目维度的物流成本辅助对象——运输成本、仓储成本、包装成本、装卸搬运成本、流通加工成本、物流信息成本、物流管理成本、流动资金占用成本、存货风险成本、存货保险成本作为二级账户；以物流成本范围维度的物流成本核算对象——供应物流成本、企业内物流成本、销售物流成本、回收物流成本、废弃物物流成本作为三级账户，以物流成本支付形态维度的物流成本核算对象——自营物流成本和委托物流成本作为四级账户，对于自营物流成本，按费用支付形态设置材料费、人工费、维护费、一般经费、特别经费费用专栏，所有环节的所有费用都会找到对应明细账户。上述物流成本辅助账户的二级账户、三级账户及费用专栏的设置次序，企业可根据实际情况选择。

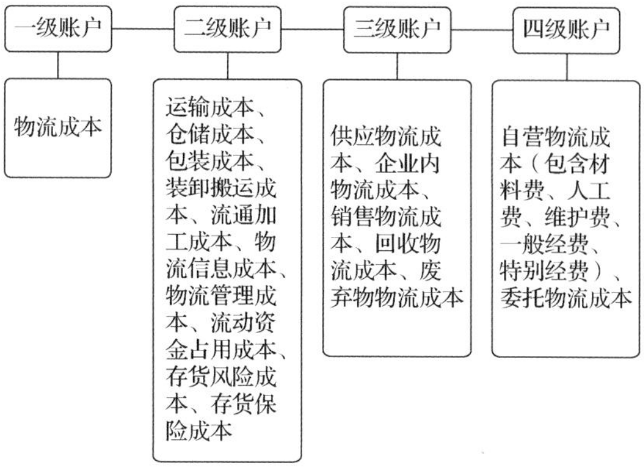

图 9-4　物流成本辅助账户

任务实施

1. 确定物流成本核算对象

DJ 公司是一家专业的第三方物流公司，在西南、华中、西北 3 个地区有分公司，需要按地区分别核算物流成本。

2. 明确物流成本的构成

DJ 公司为第三方物流公司，主要为客户提供仓储和运输业务。其物流成本，按物流成本项目可分为运输成本、仓储成本、包装成本、装卸搬运成本、流通加工成本、物流信息成本、物流管理成本；按物流成本支付形态可分为自营物流成本和委托物流成本。

3. 设置物流成本辅助账户

根据上述分析，DJ 公司的物流成本辅助账户设置如表 9-6 所示。

表 9-6　DJ 公司的物流成本辅助账户设置

一级账户	二级账户	三级账户
西南分公司的物流成本	运输成本	自营物流成本
		委托物流成本
	仓储成本	自营物流成本
		委托物流成本
	包装成本	自营物流成本
		委托物流成本
	装卸搬运成本	自营物流成本
		委托物流成本
	流通加工成本	自营物流成本
		委托物流成本
	物流信息成本	自营物流成本
		委托物流成本
	物流管理成本	自营物流成本
		委托物流成本

续表

一级账户	二级账户	三级账户
华中分公司的物流成本	运输成本	自营物流成本
		委托物流成本
	仓储成本	自营物流成本
		委托物流成本
	包装成本	自营物流成本
		委托物流成本
	装卸搬运成本	自营物流成本
		委托物流成本
	流通加工成本	自营物流成本
		委托物流成本
	物流信息成本	自营物流成本
		委托物流成本
	物流管理成本	自营物流成本
		委托物流成本
西北分公司的物流成本	运输成本	自营物流成本
		委托物流成本
	仓储成本	自营物流成本
		委托物流成本
	包装成本	自营物流成本
		委托物流成本
	装卸搬运成本	自营物流成本
		委托物流成本
	流通加工成本	自营物流成本
		委托物流成本
	物流信息成本	自营物流成本
		委托物流成本
	物流管理成本	自营物流成本
		委托物流成本

任务评价

表 9-7 任务评价表

序号	评价项目	评价标准	分值	得分
1	确定物流成本核算对象	物流成本的核算对象确定正确、合理	20	
2	明确物流成本的构成	物流成本项目设计正确、完整	30	

续表

序号	评价项目	评价标准	分值	得分
3	设置物流成本辅助账户	物流成本辅助账户设置完整、正确	50	
合计			100	

同步案例

圆通速递的快递业务成本分析

2020 年圆通速递的单票快递产品成本为 2.13 元，同比减少 0.47 元。其中，单票运输成本为 0.51 元，较 2019 年同期减少 0.18 元。主要原因是圆通速递在 2020 年提升了自有运输车辆的占比和利用率，并提高了双边运输车辆、甩挂车辆、大型运输车辆的使用率，减少了转包和回流次数。单票中心操作成本为 0.31 元，较 2019 年同期减少 0.05 元，人均效能同比提升超 36%。主要原因在于圆通速递投入了自动化分拣设备等先进的设备，其自动化、智能化水平得到提升。但在 2020 年，由于受快递行业的“价格战”及劳动力成本持续上涨的影响，圆通速递的快递业务的单票毛利比 2019 年减少了 0.21 元。2020 年圆通速递的快递业务成本如表 9-8 所示。

表 9-8　2020 年圆通速递的快递业务成本

项目	本期金额/元	上期金额/元
1. 单票快递产品收入	2.27	2.95
2. 单票快递产品成本	2.13	2.60
单票派送服务支出	1.17	1.31
单票运输成本	0.51	0.69
单票网点中转费	0.12	0.21
单票中心操作成本	0.31	0.36
单票快递运单成本	0.02	0.03
3. 单票毛利	0.14	0.35

（资料来源：微信公众号“物流沙龙”，经本书编者整理）

问题：

（1）快递企业的物流成本主要由哪些部分构成？

（2）圆通速递是通过哪些方式来降低物流成本的？

同步实训

能力拓展

扫一扫，看同步实训　扫一扫，看能力拓展

任务二 企业物流成本核算

学习目标

- ✧ 掌握企业物流成本核算的原则。
- ✧ 能核算企业的显性物流成本和隐性物流成本。
- ✧ 能编制企业物流成本主、附表。

学习任务

大地物流有限公司是一家专业的第三方物流公司，主要向区域内的客户提供仓储和运输业务。目前，该公司有办公室、人事部门、财务部门、运营部门、安全部门、客服部门 6 个部门，员工 53 人，2 个自有仓库，4 个租赁仓库，3 辆运输卡车和 2 辆叉车，供内部转运。该公司的运输业务主要由外部挂靠的运输车队负责，装卸搬运业务由外部搬运工完成。2020 年年底，该公司的资产规模为 2 175 万元，负债为 1 060 万元。该公司 2021 年 3 月的成本费用明细科目及物流成本相关性分析表如表 9-9 所示。请根据提供的资料计算该公司 2021 年 3 月的物流成本，并编制企业物流成本主、附表。

表 9-9 2021 年 3 月大地物流有限公司的成本费用明细科目及物流成本相关性分析表

序号	成本费用明细科目	发生额/元	是否与物流成本相关	备注
1	主营业务成本——搬运费	38 660	是	对外支付的搬运费
2	主营业务成本——营运费	8 252	是	对外支付的运输费
3	销售费用——工资	84 540	是	运营部门、安全部门、客服部门等物流管理部门发生的费用
4	销售费用——通信费	16 410.85	是	含物流信息费
5	销售费用——办公费 销售费用——差旅费	13 250.9 17 095.5	是 是	运营部门、安全部门、客服部门等物流管理部门发生的费用
6	销售费用——燃料费	3 164.6	是	公司 3 辆卡车发生的费用
7	销售费用——保险费	3 306	是	货物及车辆保险费
8	销售费用——折旧费	10 158.19	是	卡车、叉车、自有仓库及物流管理部门的计算机折旧费
9	销售费用——摊销费	19 083.96	是	自有仓库修缮摊销费用
10	销售费用——快递费	1 016	是	运营部门、安全部门、客服部门等物流管理部门发生的费用
11	销售费用——修理费	5 780	是	卡车修理费
12	销售费用——房租物业	29 825.78	是	物流管理部门的办公用房租赁费及仓库水电费
13	销售费用——低值易耗品	2 680	是	胶条、包装绳、手套等物品

续表

序号	成本费用明细科目	发生额/元	是否与物流成本相关	备注
14	销售费用——业务招待费	23 498.48	否	餐费等
15	管理费用——通信费	2 337.454	否	人事部门、办公室、财务部门的费用
16	管理费用——办公费	3 902.36	否	人事部门、办公室、财务部门的费用
17	管理费用——市内交通费	455	否	人事部门、办公室、财务部门的费用
18	管理费用——业务招待费	3 962	否	人事部门、办公室、财务部门的费用
19	管理费用——房租物业	3 981.544	否	人事部门、办公室、财务部门的办公场地租赁费
20	管理费用——折旧费	376.32	否	办公车辆折旧费
21	管理费用——水电费	6 680.198	否	人事部门、办公室、财务部门的费用
22	管理费用——燃油费	2 081.8	否	办公车辆所耗
23	管理费用——保险费	1 008	否	办公车辆保险所耗
24	管理费用——修理费	441	否	办公车辆修理所耗
25	财务费用——手续费	819.28	否	购买支票等费用
合计		302 767.2		

其中，销售费用——工资包括3名司机的工资6 000元、6名仓库作业人员的工资13 800元，其余均为物流管理人员的工资。仓库作业人员从事仓储作业、零星的装卸搬运作业和包装作业的工作时数分别为500h、200h和300h。

本月3辆自有卡车用于零星物流运输业务，行驶里程为4 200km，用于物流管理部门的市内行驶里程为2 800km。

存货占用自有资金，本月的月初余额为2 173 483元，月末余额为1 930 484元，一年期贷款利率为4.35%。

任务分析

要完成上述任务，我们需要做以下几项工作。

（1）设置物流成本辅助账户。

（2）分析、确认物流成本的内容。

（3）归集、汇总物流成本。

（4）编制企业物流成本主、附表。

企业物流成本核算的流程和知识点如图 9-5 所示。

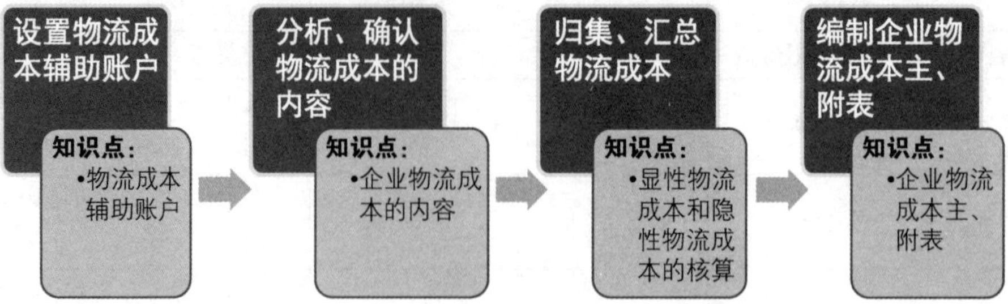

图 9-5　企业物流成本核算的流程和知识点

任务引导

一、企业物流成本核算的原则

（一）可从现行成本核算体系中予以分离的物流成本

对于现行成本核算体系中已经反映但分散于各会计科目之中的物流成本，企业在按照会计制度的要求进行正常成本核算的同时，可根据本企业的实际情况，选择在期中同步登记相关物流成本辅助账户，通过账外核算得到物流成本资料；或在期末（月末、季末、年末）通过对成本费用类科目再次进行归类、整理，从中分离出物流成本。

（二）无法从现行成本核算体系中予以分离的物流成本

对于现行成本核算体系中没有反映但应计入物流成本的耗费（存货占用自有资金所发生的机会成本），企业应根据有关存货统计资料按规定的公式计算物流成本。

二、显性物流成本和隐性物流成本的核算

（一）显性物流成本的核算

根据物流成本的定义，物流成本包括显性物流成本和隐性物流成本两个部分。因此，企业在核算物流成本时需要分别核算显性物流成本和隐性物流成本，并将这两大物流成本汇总，得到物流成本总额。

显性物流成本是指企业实际发生的，既在财务会计核算中反映，又为物流成本管理决策所需要的成本支出。一般在物流活动中实际发生的人工费、材料费、水电费、折旧费、保险费等都属于显性物流成本。显性物流成本的核算步骤如下。

1. 设置显性物流成本辅助账户

在企业财务会计核算系统不变的前提下，企业应该设置显性物流成本辅助账户。

2. 分析、确认显性物流成本的内容

对与企业会计核算有关的成本费用科目（包括管理费用、销售费用、财务费用、生产成本、制造费用、其他业务成本、营业外支出及材料采购等科目及明细科目）逐一进行分析，确认显性物流成本的内容。

3. 归集显性物流成本

对于应计入物流成本的内容，企业可根据自身的实际情况，选择在期中与会计核算同步登记显性物流成本辅助账户及相应的二级、三级、四级账户和费用专栏，或在期末（月末、季末、年末）集中归集物流成本，分别反映按物流成本项目、物流成本范围和物流成本支付形态归集的显性物流成本数额。

4. 汇总、计算显性物流成本

企业按企业物流成本主表的要求，汇总、计算显性物流成本辅助账户及相应的二级、三级、四级账户的显性物流成本数额。

（二）隐性物流成本的核算

隐性物流成本是在财务会计核算中没有反映，但是在物流成本管理决策中又不能忽视的成本支出项目。例如，企业存货占用自有资金所产生的机会成本、缺货损失、存货贬值损失和回程空载损失等，这部分损失实际存在，但是难以定量化核算。因此，隐性物流成本是指不能在财务会计中准确反映，而需要在管理会计中认真加以考虑的成本项目。

隐性物流成本主要是指存货占用自有资金所发生的利息。从广义上来说，凡是企业在运输、仓储、包装、装卸搬运、流通加工等物流活动中使用自有资源产生的机会成本都可以称为企业的隐性物流成本，因此隐性物流成本的范围比较广泛，包括库存呆滞产品成本、缺货损失、产品损耗等。但目前，企业仅将流动资金占用成本中使用自有资金产生的机会成本（存货占用自有资金所发生的利息）纳入隐性物流成本的计算范畴。隐性物流成本的核算步骤如下。

1. 统计存货占用自有资金

企业在期末（月末、季末、年末）对存货按采购在途、在库和销售在途 3 种形态分别统计账面余额。无论是按在途还是按在库状态统计，均以存货正在占用自有资金为统计标准，对于存货已购在途或在库但企业尚未支付货款，以及企业已收到销售货款但存货仍在库或在途的，不计入统计范围。存货占用自有资金的计算公式如下：

存货占用自有资金=（月初库存资金占用+月末库存资金占用）/2

2. 计算存货占用自有资金的机会成本

存货占用自有资金的机会成本的计算公式如下：

存货占用自有资金的机会成本=存货账面余额（存货占用自有资金）×行业基准收益率

在无法取得行业基准收益率数据的情况下，企业可以用一年期银行贷款利率或企业内部收益率来代替行业基准收益率。

三、编制企业物流成本主、附表

（一）企业物流成本主表

企业物流成本主表如表 9-10 所示。

表 9-10 企业物流成本主表

表号：企物流 A1 表

企业详细名称： 企业法人代码： 计量单位：元 年 月

成本项目		代码	范围及支付形态																	
			供应物流成本			企业内物流成本			销售物流成本			回收物流成本			废弃物物流成本			物流总成本		
			自营	委托	小计	自营	委托	小计	自营	委托	小计	自营	委托	小计	自营	委托	小计	自营	委托	小计
甲		乙	01	02	03	04	05	06	07	08	09	10	11	12	13	14	15	16	17	18
物流功能成本	运输成本	01																		
	仓储成本	02																		
	包装成本	03																		
	装卸搬运成本	04																		
	流通加工成本	05																		
	物流信息成本	06																		
	物流管理成本	07																		
	合计	08																		
存货相关成本	流动资金占用成本	09																		
	存货风险成本	10																		
	存货保险成本	11																		
	合计	12																		
其他成本		13																		
物流总成本		14																		

单位负责人： 填表人： 填表日期： 年 月 日

企业物流成本主表的填写要求如下。

（1）本表编报期为月、季和年。

（2）生产企业和流通企业一般应按供应物流、企业内物流、销售物流、回收物流和废弃物物流 5 个范围阶段逐一进行填列。

（3）企业在按范围阶段填列时，若某阶段未发生物流成本或有关成本项目无法归属于特定阶段，则按实际发生阶段据实填列或填列横向合计数即可。

（4）对于委托物流成本，若无法按物流范围进行划分，但可按成本项目分别付费的，则填写物流总成本-委托-17 一列的有关内容即可；若采用不分成本项目的整体计费方式付费但可划分物流范围，则填写物流总成本-14 一行中与委托物流有关的成本即可；若既采用整体计费方式付费，又无法划分物流范围，则填写物流总成本-14 一行与物流总成本-委托-17 一列交界位置的成本即可。

（5）在（3）和（4）中直接填写物流总成本有关内容的，应对其内容在表后做备注说明。

（6）物流企业不需按物流成本范围进行填列，按物流成本项目及物流成本支付形态填写物流成本即可。

（二）企业物流成本附表——企业自营物流成本支付形态表

企业自营物流成本支付形态表如表 9-11 所示。

表 9-11 企业自营物流成本支付形态表

表号：企物流 A1 表

企业详细名称： 企业法人代码： 计量单位：元 年 月

<table>
<tr><th colspan="2" rowspan="2">成本项目</th><th rowspan="2">代码</th><th colspan="6">内部支付形态</th></tr>
<tr><th>材料费</th><th>人工费</th><th>维护费</th><th>一般经费</th><th>特别经费</th><th>合计</th></tr>
<tr><td colspan="2">甲</td><td>乙</td><td>01</td><td>02</td><td>03</td><td>04</td><td>05</td><td>06</td></tr>
<tr><td rowspan="8">物流功能成本</td><td>运输成本</td><td>01</td><td></td><td></td><td></td><td></td><td></td><td></td></tr>
<tr><td>仓储成本</td><td>02</td><td></td><td></td><td></td><td></td><td></td><td></td></tr>
<tr><td>包装成本</td><td>03</td><td></td><td></td><td></td><td></td><td></td><td></td></tr>
<tr><td>装卸搬运成本</td><td>04</td><td></td><td></td><td></td><td></td><td></td><td></td></tr>
<tr><td>流通加工成本</td><td>05</td><td></td><td></td><td></td><td></td><td></td><td></td></tr>
<tr><td>物流信息成本</td><td>06</td><td></td><td></td><td></td><td></td><td></td><td></td></tr>
<tr><td>物流管理成本</td><td>07</td><td></td><td></td><td></td><td></td><td></td><td></td></tr>
<tr><td>合计</td><td>08</td><td></td><td></td><td></td><td></td><td></td><td></td></tr>
<tr><td rowspan="4">存货相关成本</td><td>流动资金占用成本</td><td>09</td><td></td><td></td><td></td><td></td><td></td><td></td></tr>
<tr><td>存货风险成本</td><td>10</td><td></td><td></td><td></td><td></td><td></td><td></td></tr>
<tr><td>存货保险成本</td><td>11</td><td></td><td></td><td></td><td></td><td></td><td></td></tr>
<tr><td>合计</td><td>12</td><td></td><td></td><td></td><td></td><td></td><td></td></tr>
<tr><td colspan="2">其他成本</td><td>13</td><td></td><td></td><td></td><td></td><td></td><td></td></tr>
<tr><td colspan="2">物流总成本</td><td>14</td><td></td><td></td><td></td><td></td><td></td><td></td></tr>
</table>

单位负责人： 填表人： 填表日期： 年 月 日

企业自营物流成本支付形态表的填写要求如下。

（1）本表编报期为月、季和年。

（2）运输成本、仓储成本、装卸搬运成本、物流信息成本和物流管理成本对应的支付形态一般为人工费、维护费和一般经费；包装成本、流通加工成本对应的支付形态一般为材料费、人工费、维护费和一般经费；流动资金占用成本、存货风险成本和存货保险成本对应的支付形态一般为特别经费。

（3）凡成本项目中各明细项目有相应支付形态的，均需填写；无相应支付形态的，则不需填写。

任务实施

1. 设置物流成本辅助账户

物流成本辅助账户的设置可以从物流成本项目、物流成本范围、物流成本支付形态 3 个维度考虑。由于大地物流有限公司是一家第三方物流公司，没有原材料采购、生产、成品销售等环节，因此我们不需要按物流成本范围设置物流成本辅助账户，而需要按物流成本项目和物流成本支付形态设置物流成本辅助账户。

（1）以物流成本为一级账户。

（2）按物流成本项目分别设置运输成本、仓储成本、装卸搬运成本、包装成本、流通加工成本、物流信息成本、物流管理成本、流动资金占用成本、存货风险成本、存货保险成本二级账户。

（3）按物流成本支付形态设置自营物流成本和委托物流成本三级账户。该公司的运输业务和装卸搬运业务委托外包公司完成。

（4）在自营物流成本下面再按费用支付形态设置材料费、人工费、维护费、一般经费、特别经费。根据企业自营物流成本支付形态表的填写要求（运输成本、仓储成本、装卸搬运成本、物流信息成本和物流管理成本，对应的支付形态一般为人工费、维护费和一般经费；包装成本、流通加工成本对应的支付形态一般为材料费、人工费、维护费和一般经费；流动资金占用成本、存货风险成本和存货保险成本，对应的支付形态一般为特别经费）设置物流成本辅助账户，如表 9-12 所示。

表 9-12 大地物流有限公司的物流成本辅助账户

一级账户	二级账户	三级账户	备注
物流成本	运输成本	自营物流成本	设置人工费、维护费、一般经费
		委托物流成本	支付给外包公司的费用
	仓储成本	自营物流成本	设置人工费、维护费、一般经费
	装卸搬运成本	自营物流成本	设置人工费、维护费、一般经费
		委托物流成本	支付给外包公司的费用
	包装成本	自营物流成本	设置材料费、人工费、维护费、一般经费
	流通加工成本	自营物流成本	设置材料费、人工费、维护费、一般经费
	物流信息成本	自营物流成本	设置人工费、维护费、一般经费
	物流管理成本	自营物流成本	设置人工费、维护费、一般经费

续表

一级账户	二级账户	三级账户	备注
物流成本	流动资金占用成本	自营物流成本	设置特别经费
	存货风险成本	自营物流成本	设置特别经费
	存货保险成本	自营物流成本	设置特别经费

2. 分析、确认物流成本的内容

大地物流有限公司属于第三方物流公司，其成本费用科目有主营业务成本、销售费用、管理费用、财务费用和营业外支出，其中营业外支出在 2021 年 3 月无发生额。

在获得大地物流有限公司 2021 年 3 月相关成本费用发生额及明细资料的基础上，逐项分析与物流成本相关的费用，确认物流成本的内容。

3. 归集、汇总物流成本

根据大地物流有限公司的会计明细账、记账凭证、原始凭证及其他相关资料，对表 9-9 中与物流成本相关的费用逐项进行分拆，设置物流成本辅助账户，从物流成本项目和物流成本支付形态两个维度计算物流成本。

（1）表 9-9 中的第 1 项（序号为 1 的项，下同）“主营业务成本——搬运费”为对外支付的搬运费。将上述信息记入相关物流成本辅助账户：

物流成本——装卸搬运成本——委托物流成本　　38 660　　①

（2）表 9-9 中的第 2 项“主营业务成本——营运费”为对外支付的运输费。将上述信息记入相关物流成本辅助账户：

物流成本——运输成本——委托物流成本　　8 252　　②

（3）表 9-9 中的第 3 项，经查明细资料，为运营部门、安全部门、客服部门等物流管理部门所耗的人工费，其中司机 3 名，工资为 6 000 元，仓库作业人员 6 名，工资为 13 800 元，其余为物流管理人员的工资（人工费）。

仓库作业人员从事仓储作业、零星的装卸搬运作业和包装作业的工作时数分别为 500h、200h 和 300h。仓库作业人员的人工费按不同物流作业工作时数比例进行分配，具体计算如下：

仓储作业工作时数占工作总时数的比例＝500/（500＋200＋300）＝0.5

装卸搬运作业工作时数占工作总时数的比例＝200/（500＋200＋300）＝0.2

包装作业工作时数占工作总时数的比例＝300/（500＋200＋300）＝0.3

仓储作业的人工费＝13 800×0.5＝6 900（元）

装卸搬运作业的人工费＝13 800×0.2＝2 760（元）

包装作业的人工费＝13 800×0.3＝4 140（元）

物流管理人员的人工费＝84 540－6 000－13 800＝64 740（元）

将上述信息记入相关物流成本辅助账户：

物流成本——运输成本——人工费　　6 000　　③

物流成本——仓储成本——人工费　　6 900　　④

物流成本——装卸搬运成本——人工费　　2 760　　⑤

物流成本——包装成本——人工费　　4 140　　⑥

物流成本——物流管理成本——人工费　　64 740　　⑦

（4）表 9-9 中的第 4 项，经查明细资料，主要为电话费，约 70%的话费与物流信息管理相关。相关物流成本计算如下：

物流信息作业的一般经费＝16 410.85×70%≈11 487.6（元）

将上述信息记入相关物流成本辅助账户：

物流成本——物流信息成本—— 一般经费　　11 487.6　　⑧

（5）表 9-9 中的第 5 项，经查明细资料，主要为物流管理部门产生的费用。

物流管理作业的一般经费＝13 250.9＋17 095.5＝30 346.4（元）

将上述信息记入相关物流成本辅助账户：

物流成本——物流管理成本—— 一般经费　　30 346.4　　⑨

（6）表 9-9 中的第 6 项，经查明细资料，主要为 3 辆卡车所耗费用。2021 年 3 月，3 辆卡车用于零星物流运输业务的行驶里程为 4 200km，用于物流管理部门的市内行驶里程为 2 800km。按行驶里程分配物流成本，具体计算结果如下：

物流运输业务的行驶里程占行驶里程总数的比例＝4 200/（4 200＋2 800）＝0.6

物流管理部门的市内行驶里程占行驶里程总数的比例＝2 800/（4 200＋2 800）＝0.4

运输作业耗用的维护费＝3 164.6×0.6＝1 898.76（元）

物流管理作业耗用的维护费＝3 164.6×0.4＝1 265.84（元）

将上述信息记入相关物流成本辅助账户：

物流成本——运输成本——维护费　　1 898.76　　⑩

物流成本——物流管理成本——维护费　　1 265.84　　⑪

（7）表 9-9 中的第 7 项，经查明细资料，主要为货物及 3 辆卡车所发生的保险费，其中货物的财产保险费为 1 304 元，车辆保险费为 2 002 元。将上述信息记入相关物流成本辅助账户：

物流成本——存货保险成本——特别经费　　1 304　　⑫

物流成本——运输成本——维护费　　2 002　　⑬

（8）表 9-9 中的第 8 项，经查明细资料，为卡车、叉车、自有仓库及物流管理部门的计算机折旧费，分别为 1 908.2 元、2 138.35 元、5 476.04 元和 635.6 元。将上述信息记入相关物流成本辅助账户：

物流成本——运输成本——维护费　　1 908.2　　⑭

物流成本——装卸搬运成本——维护费　　2 138.35　　⑮

物流成本——仓储成本——维护费　　5 476.04　　⑯

物流成本——物流信息成本——维护费　　635.6　　⑰

（9）表 9-9 中的第 9 项，经查明细资料，为自有仓库修缮摊销费用。将上述信息记入相关物流成本辅助账户：

物流成本——仓储成本——维护费　　19 083.96　　⑱

（10）表 9-9 中的第 10 项，经查明细资料，为物流管理部门所耗，主要为物流信息管理所发生的费用。将上述信息记入相关物流成本辅助账户：

物流成本——物流信息成本—— 一般经费　　1 016　　⑲

（11）表 9-9 中的第 11 项，经查明细资料，为 3 辆卡车的修理费，2021 年 3 月，3 辆卡车用于零星物流运输业务的行驶里程为 4 200km，用于物流管理部门的市内行驶里程为 2 800km。按行驶里程分配物流成本，具体计算结果如下：

运输作业耗用的维护费＝5 780×0.6＝3 468（元）

物流管理作业的耗用维护费＝5 780×0.4＝2 312（元）

将上述信息记入相关物流成本辅助账户：

物流成本——运输成本——维护费 3 468 ⑳

物流成本——物流管理成本——维护费 2 312 ㉑

（12）表 9-9 中的第 12 项，经查明细资料，为物流管理部门的办公用房租赁费及仓库水电费，其数额分别为 28 000 元和 1 825.78 元。将上述信息记入相关物流成本辅助账户：

物流成本——物流管理成本—— 一般经费 28 000 ㉒

物流成本——仓储成本——维护费 1 825.78 ㉓

（13）表 9-9 中的第 13 项，经查明细资料，为胶条、包装绳、手套等物品，主要用于包装业务。将上述信息记入相关物流成本辅助账户：

物流成本——包装成本——材料费 2 680 ㉔

（14）存货占用自有资金，本月的月初余额为 2 173 483 元，月末余额为 1 930 484 元，一年期贷款利率为 4.35%，相关物流成本计算如下：

存货占用自有资金＝（2 173 483＋1 930 484）/2＝2 051 983.5（元）

存货占用自有资金的机会成本＝2 051 983.5×4.35%÷12≈7 438.44（元）

将上述信息记入相关物流成本辅助账户：

物流成本——流动资金占用成本——特别经费 7 438.44 ㉕

4. 编制企业物流成本主、附表

企业自营物流成本支付形态表和企业物流成本主表如表 9-13 和表 9-14 所示。

表 9-13 企业自营物流成本支付形态表

表号：企物流 A2 表

企业详细名称： 企业法人代表： 计量单位：元 年 月

成本项目		代码	内部支付形态					
			材料费	人工费	维护费	一般经费	特别经费	合计
甲		乙	01	02	03	04	05	06
物流功能成本	运输成本	01		6 000	9 276.96			15 276.96
	仓储成本	02		6 900	26 385.78			33 285.78
	包装成本	03	2 680	4 140				6 820
	装卸搬运成本	04		2 760	2 138.35			4 898.35
	流通加工成本	05						
	物流信息成本	06			635.6	12 503.6		13 139.2
	物流管理成本	07		64 740	3 577.84	58 346.4		126 664.24
	合计	08						

续表

成本项目		代码	内部支付形态					
			材料费	人工费	维护费	一般经费	特别经费	合计
存货相关成本	流动资金占用成本	09					7 438.44	7 438.44
	存货风险成本	10						
	存货保险成本	11					1 304	1 304
	合计	12						
其他成本		13						
物流总成本		14	2 680	84 540	42 014.53	70 850	8 742.44	208 826.97

单位负责人： 填表人： 填表日期： 年 月 日

表 9-13 中的部分数据的计算详情：

运输成本——维护费=⑩+⑬+⑭+⑳=1 898.76+2 002+1 908.2+3 468=9 276.96（元）

仓储成本——维护费=⑯+⑱+㉓=5 476.04+19 083.96+1 825.78=26 385.78（元）

物流管理成本——维护费=⑪+㉑=1 265.84+2 312=3 577.84（元）

物流信息成本—— 一般经费=⑧+⑲=11 487.6+1 016=12 503.6（元）

物流管理成本—— 一般经费=⑨+㉒=30 346.4+28 000=58 346.4（元）

表 9-14 企业物流成本主表

表号：企物流 A1 表

企业详细名称： 企业法人代码： 计量单位：元 年 月

成本项目		代码	范围及支付形态		
			自营	委托	合计
甲		乙	01	02	03
物流功能成本	运输成本	01	15 276.96	8 252	23 528.96
	仓储成本	02	33 285.78		33 285.78
	包装成本	03	6 820		6 820
	装卸搬运成本	04	4 898.35	38 660	43 558.35
	流通加工成本	05			
	物流信息成本	06	13 139.2		13 139.2
	物流管理成本	07	126 664.24		126 664.24
	合计	08			

续表

成本项目		代码	范围及支付形态		
			自营	委托	合计
存货相关成本	流动资金占用成本	09	7 438.44		7 438.44
	存货风险成本	10			
	存货保险成本	11	1 304		1 304
	合计	12			
其他成本		13			
物流总成本		14	208 826.97	46 912	255 738.97

单位负责人：　　　　填表人：　　　　填表日期：　　年　　月　　日

任务评价

任务评价表如表 9-15 所示。

表 9-15　任务评价表

序号	评价项目	评价标准	分值	得分
1	设置物流成本辅助账户	物流成本辅助账户设置完整、正确	20	
2	分析、确认物流成本的内容	物流成本的内容分析正确、完整	30	
3	归集、汇总物流成本	物流成本归集、汇总正确	25	
4	编制企业物流成本主、附表	企业物流成本主、附表编制完整、正确	25	
合计			100	

同步案例

电商物流仓储费用分析

电商物流仓储费用一般包括 3 个方面：运输费用、仓储费用、装卸费用。本文中的电商物流仓储费用不包括仓库管理费用、水电费及贴标费等零散费用，本文主要从甲方角度，分析外包给第三方物流的仓储费用。仓储费用分析的目的，一是控制成本，二是在分析过程中找到流程改善点。

费用的分析可包括：目前的费用状况；费用的归集——按成本中心，费用科目——仓储费、装卸费、物流费、配送费；费用的计算标准、费用核销及计提、费用的控制及趋势。

一、运输费用

运输费用分为 4 段：ODM（Original Design Manufacturer，原始设计制造商）—NDC（National Distribution Center，国家级分拨中心）（工厂提货）；NDC—RDC（Regional Distribution Center，区域配送中心）（调拨）；区域配送；末端配送。

电商物流是一个长链条，从 ODM 工厂提货开始，到 NDC 总仓（一般设在 ODM 附近），从 NDC 总仓到 RDC 仓库，从 RDC 仓库到渠道（天猫、京东、线下仓），再从渠道到终端客户。企业可以从以下几个方面关注运输费用。

1．NDC—RDC、RDC—RDC 仓间调拨量

仓间调拨量应越少越好。调拨产生的原因如下。

（1）销售政策变化，如线下促销，对价格敏感的商品的销量增多。

（2）销量预测的差距导致一次发运不足，需从其他区域仓库调拨。

（3）新增大客户

（4）各 RDC 分配数量逻辑不合理。

2．横向对比每月运输单价

运输单价一般随本月运量的增加而降低。企业一般需要统计工厂提货及区域配送的运价，这样半年下来，就会对各段运输的平均运费有大致的了解，横向比较每月运输单价，与对应台数做对比，看其合理性。

3．逆向运输费用

逆向运输费用包括退残、滞销、售后交换业务。逆向运输费用或归为售后部门，或归为物流部门，各企业不同。

（1）关注逆向退残商品的数量、型号。

（2）关注滞销数量：渠道销售预测差距。例如，在京东的线上渠道，京东会规定上架天数，若在规定的天数内商品仍未售出，则会请甲方提回商品。

物流的服务质量、时效对内部和外部客户来说都很重要。在做好业务的同时，企业也要做好数据呈现，发现问题，合理解释费用来源。

二、仓储费用

全渠道销售的仓储费用包括自有仓、外包第三方物流仓、渠道仓（天猫、京东）的费用。

（1）关注仓库平均本月容纳货量/仓库可容纳货量，计算仓储利用率；对仓储利用率较低者，考虑减仓。

（2）关注固定面积费用。

（3）关注企业未来的销量计划和政策。

（4）关注外包 RDC 仓储配送。

三、装卸费用

装卸费用相对比较稳定，结算方式为入库、出库分开结算或入库、出库合为一体在出库时结算，具体结算方式可与乙方协商确定。

（资料来源：搜狐网，经本书编者整理）

问题：

（1）电商物流仓储费用主要由哪些部分构成？可以从哪些方面进行电商物流仓储费用分析？

（2）电商物流的运输费用有哪几项？

同步实训

能力拓展

扫一扫，看同步实训　扫一扫，看能力拓展

任务三　作业成本法

学习目标

✧ 能运用作业成本法进行企业间接物流成本分配。

学习任务

通达物流公司在本会计期间的一个月内签订并履行了 A 公司、B 公司两家公司的物流服务合同。两份合同都是将 80 000 件电子零配件从韩国运至重庆。A 公司的合同要求 80 000 件电子零配件一次运到位于重庆西永的公共保税仓，每 3 天送 2 000 件到重庆富士康的工厂；B 公司的合同要求 80 000 件零配件分 8 次运到位于重庆西永的公共保税仓，每天送 5 000 件到重庆富士康的工厂。为了满足合同的要求，通达物流公司要使 A 公司的电子零配件占用 1 200m^2 的仓库一个月，使 B 公司的电子零配件占用 600m^2 的仓库一个月。

为完成 A 公司、B 公司的合同，通达物流公司需完成 6 项作业。

（1）运输作业。运输作业包括空运加国内运输，即先用飞机将电子零配件从韩国运送到重庆江北国际机场，再将电子零配件运送到重庆西永公共保税仓。通达物流公司将此运输业务外包给一家国际物流公司，运输成本按次数计算，A 公司的电子零配件运输了一次，B 公司的电子零配件运输了 8 次。

（2）报关作业，代理货物入境报关业务，A 公司的电子零配件报关一次，B 公司的电子零配件报关 8 次。

（3）入库作业，将电子零配件放入通达物流公司租赁的仓库中。

（4）保管作业，对仓库中的电子零配件进行保管。

（5）出库作业，将电子零配件发出仓库。

（6）配送作业，用汽车将电子零配件从重庆西永公共保税仓运送到富士康工厂，A 公司的电子零配件配送了 40 次，B 公司的电子零配件配送了 16 次。

通达物流公司的资源耗费可以划分为人工费、燃料和润料费、固定资产折旧费和外包费。经统计，在企业营运间接费用中，人工费为 53 300 元，燃料和润料费为 23 400 元，固定资产折旧费为 52 000，外包费为 31 200 元。其中，仓管部门（主要进行货物进、出仓库的装卸搬运作业）发生人工费 26 000 元，燃料和润料费 10 400 元，装卸和升降等设备折旧费 10 400 元；报关作业发生人工费 6 500 元；保管作业发生人工费 13 000 元，仓库折旧费 15 600 元；配送作业发生人工费用 7 800 元，燃料和润料费 13 000 元，车辆折旧费 26 000 元。通达物流公司实行各部门人员、设备、材料分开独立考核制度。

请用作业成本法计算 A 公司、B 公司这两个客户的物流成本。

任务分析

要完成上述任务，我们需要完成以下几项工作。

（1）确定作业内容。

（2）确定资源成本库。

（3）确定资源动因。

（4）计算作业成本。

作业成本法的流程和知识点如图 9-6 所示。

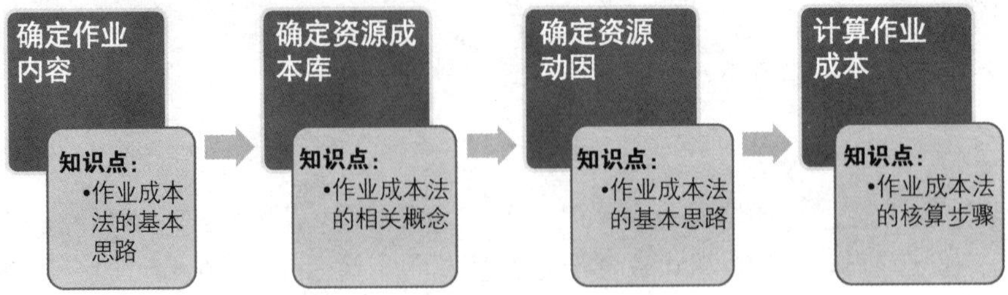

图 9-6　作业成本法的流程和知识点

任务引导

一、作业成本法的相关概念和基本思路

（一）作业成本法的相关概念

作业成本法是以成本动因理论为基础，通过对作业进行动态追踪，反映、计量作业对象的成本，评价作业业绩和资源利用情况的成本核算和管理方法。

1. 作业

作业是作业成本法中的基本概念，是企业为提供一定量的产品或劳务所发生的、以资源为重要特征的各项业务活动的总称。它是汇集资源耗费的第一对象，是连接资源耗费和产品成本的中介。物流作业包括包装作业、装卸搬运作业、运输作业、仓储作业、配送作业、物流信息处理作业、流通加工作业等。物流作业还可以再细分，如验货作业、收货作业等。

2. 资源

物流作业需要消耗人力、物力、财力资源。当一项资源只服务于一项作业时，成本计算简单；但当一项资源服务于多项作业时，企业就必须通过成本动因把资源的消耗恰当地分配到相应的作业中。

3. 成本动因

成本动因是导致成本发生的各种因素，是决定成本发生额与作业消耗量之间内在数量关系的根本因素，如直接人工小时、机器小时、货物挪动次数、订购次数等。在作业成本计算中，成本动因就是资源成本的分配标准，是作业成本法中非常重要的一个概念。

成本动因依其在资源流动中所处的位置可划分为资源动因和作业动因两种。

（1）资源动因。

资源动因是作业成本计算的第一阶段动因。资源动因是资源被各项作业消耗的方式和原因，反映某项作业对资源的消耗情况，是将资源成本分配到作业中的基础。例如，人工费主要与从事各项作业的人数相关，企业可以按照人数向各作业中心（资源成本库）分配人工费，从事各项作业的人数就是一个资源动因。

（2）作业动因。

作业动因是作业成本计算的第二阶段动因，可被视为各项作业被最终产品或劳务消耗的方式和原因，反映产品或劳务消耗作业的情况。例如，订单处理这项作业的成本与订单处理份数有关，订单处理份数就是一个作业动因，企业可以按订单处理份数向产品分配订单处理作业的成本。

4. 作业中心和资源成本库

作业中心是成本归集和分配的基本单位，由一项作业或一组性质相似的作业组成。一个作业中心就是生产流程的一个组成部分。根据管理上的要求，企业可以设置若干不同的作业中心。作业中心的设立是以同性质作业为原则的，作业中心是相同的成本动因引起的作业的集合。例如，为保证产品质量，虽然企业对 A 产品所花费的质量监督成本与对 B 产品所花费的质量监督成本不同，但它们都是由质量监督引起的，性质是相同的，因此企业可以将它们归集到一个作业成本中心中。由于作业消耗资源，因此伴随作业的发生，作业中心就成为一个资源成本库，也称作业成本库。

（二）作业成本法的基本思路

作业成本法的基本思路是先把资源费用（成本）分配给各项作业，再把各项作业的成本按照成本动因分摊给每个成本对象。物流成本可能的成本动因示例如表 9-16 所示。

表 9-16 物流成本可能的成本动因示例

作业	累积成本	可能的成本动因
采购处理	人员成本、处理成本、设备折旧与维护费	采购次数
进货验收	人员成本、设备折旧与维护费	托盘数
进货入库	人员成本、堆高机设备折旧费	托盘数
仓储	仓库管理员成本、租金、设备折旧与维护费	体积、所占空间
存货盘点	人员成本、设备折旧与维护费	盘点耗用时间
客户订单处理	接收订单人员成本、订单处理成本	订单数
拣货准备	人员成本、准备成本	订单数
拣货	人员成本	拣货次数
合流	人员成本、设备成本	每一订单跨区数
配送	人员成本、车辆调配成本、油料成本、设备折旧与维护费	出货托盘数
人工补货	装卸搬运人员成本、设备折旧与维护费	补货箱数
堆高机补货	堆高机人员成本、堆高机折旧与维护费	补货托盘数
下货	人员成本	订货标准箱

二、作业成本法的核算步骤

1. 确定作业内容

确定企业物流系统中涉及的各项作业。

2. 确定资源成本库

确定企业物流系统中涉及的资源。

3. 确定资源动因

确定资源动因，将资源分配到作业中心。

4. 计算作业成本

确定作业动因，将作业成本分配到成本对象中，计算公式如下：

作业分配系数＝作业总成本/作业量

某成本对象分配的作业成本＝作业分配系数×该成本对象实际耗用的成本动因数

任务实施

1. 确定作业内容

确定通达物流公司涉及的各项作业。通过分析可知，通达物流公司涉及以下作业：运输作业、报关作业、入库作业、保管作业、出库作业、配送作业。

2. 确定资源成本库

确定通达物流公司涉及的资源。通过分析可知，通达物流公司涉及以下资源：人工费、燃料和润料费、固定资产折旧费和外包费，如表 9-17 所示。

表 9-17 通达物流公司的资源成本库

费用	运输作业	报关作业	入库作业	保管作业	出库作业	配送作业
人工费						
燃料和润料费						
固定资产折旧费						
外包费						
合计						

3. 确定资源动因

确定资源动因，将资源分配到作业中心，如表 9-18 所示。

表 9-18 资源动因及分配表

单位：元

费用	运输作业	报关作业	入库作业	保管作业	出库作业	配送作业
人工费		6 500	13 000	13 000	13 000	7 800
燃料和润料费			5 200		5 200	13 000
固定资产折旧费			5 200	15 600	5 200	26 000
外包费	31 200					
合计	31 200	6 500	23 400	28 600	23 400	46 800

4. 计算作业成本

（1）确定作业动因，计算作业分配系数，如表 9-19 所示。

表 9-19 作业分配系数计算表

作业	作业动因	单位	作业量	作业总成本/元	作业分配系数
运输作业	运输次数	次	9	31 200	3 466.67
报关作业	报关次数	次	9	6 500	722.22

续表

作业	作业动因	单位	作业量	作业总成本/元	作业分配系数
入库作业	入库件数	件	160 000	23 400	0.146
保管作业	仓库使用面积	m^2/月	1 800	28 600	15.89
出库作业	出库件数	件	160 000	23 400	0.146
配送作业	配送次数	次	56	46 800	835.71

（2）计算A公司和B公司的作业成本，如表9-20所示。

表9-20　A公司和B公司的作业成本计算表

作业	作业分配系数	实际耗用的成本动因数		分配的作业成本/元	
		A公司	B公司	A公司	B公司
运输作业	3 466.67	1	8	3 466.67	27 733.36
报关作业	722.22	1	8	722.22	5 777.76
入库作业	0.146	80 000	80 000	11 680	11 680
保管作业	15.89	1 200	600	19 068	9 534
出库作业	0.146	80 000	80 000	11 680	11 680
配送作业	835.71	40	16	33 428.4	13 371.36
合计	—	—	—	80 045.29	79 776.48

A公司和B公司的作业成本分别为80 045.29元和79 776.48元。

任务评价

任务评价表如表9-21所示。

表9-21　任务评价表

序号	评价项目	评价标准	分值	得分
1	确定作业内容	作业内容确定正确	10	
2	确定资源成本库	资源成本库确定完整、正确	20	
3	确定成本动因	成本动因确定完整、正确	30	
4	计算作业成本	作业成本计算正确	40	
合计			100	

同步案例

C公司作业成本法的应用

C公司是一家生产工程零件的制造商，有100多名员工。C公司的客户类型繁多、产品系列多。为了满足客户的特殊需求，C公司的订单都非常小，其生产既有高度复杂的自动化生产，又有部分手工生产。C公司在几年前就开始采用自动焊接机器人等现代制造技术，这导致C公司产品的成本结构发生了显著的变化。由新技术带来的成本节约并没有使客户获得好处，也没有使C公司的产品在市场上获得价格优势。虽然C公司的边际利润在增长，但客户还是从其他供应商处进货，C 公司的客户在流失。C 公司不清楚到底是什么原因使得边际利润在增长，但可以肯定公司目前的会计系统存在不足——C 公司仍然采用传统成本核算系统，其中制造费用按照人工小时分配，但现在的人力资源成本仅仅是以前的一小部分。

C 公司的高层认为必须改变现行的成本核算系统，来解决公司目前面临的问题。于是，C 公司的高层决定把作业成本法导入成本核算系统中，由财务部门的财务控制员、成本会计师和一名制造部门的工程师 3 人组成项目小组，负责在公司应用作业成本法。作业成本法项目小组与公司内部其他部门的人员进行了大量的非正式交流。工程师和财务控制员都全职参与作业成本法的实施工作，成本会计师大约把 2/3 的时间投入这个项目中。

作业成本法项目小组为 C 公司建立了 25 个资源成本库，并用了大量的时间分析成本动因，很多成本动因对多个资源成本库来说是相同的。成本动因包括如下内容。

（1）机床调试的频率（包括编程数控机床）。

（2）制造订单数量（这是很多作业的驱动因素，包括从报价到送货的很多作业）。

（3）采购订单数量（这是采购部门工作量的主要驱动因素）。

（4）产品销售的商店数量。

（5）检查的次数，很多地方需要进行抽样检查。

（6）按工作面积分配各种设备。

（7）单个服务人员成本。

作业成本法最初计划在 40～50 种产品上试运行，这些产品覆盖了 C 公司产品的所有系列。作业成本法项目小组在分析了产品的同质性后，将品种数量减少为 25 种。

实施作业成本法给 C 公司带来了多方面的收益。

（1）获得了更准确的成本信息和定价信息。

（2）更准确的成本信息使得管理层把一些内部低效率的制造转向外包。

（3）由于针对不同方面更好地进行衡量，C 公司做出了更好的资本投资决策。

（4）一些消耗成本较高的问题区域被明确，其中包括数控加工段，如今它的成本已经降下来了。

（5）建立了对改进状况进行评价的业绩评价标准。

（6）建立了详细而精确的年度预算。

尽管实施作业成本法花费了 12 个月的时间，但是 C 公司获得的收益明显超过了投入。作业成本法带来的收益在于，管理层可以使用更精确和更具有相关性的信息，作业成本法可以作为管理层进行商业决策的工具。

问题：

（1）C 公司是如何实施作业成本法的?

（2）C 公司实施作业成本法取得了哪些成果?

同步实训

能力拓展

扫一扫，看同步实训　扫一扫，看能力拓展

项目十

仓储与配送绩效评价

引例

两熊赛蜜

黑熊与棕熊喜食蜂蜜，都以养蜂为生。它们各有一个蜂箱，养着同样多的蜜蜂。有一天，它们决定比赛，看谁的蜜蜂产的蜂蜜多。

黑熊认为，蜂蜜的产量取决于蜜蜂每天对花的“访问量”。于是，黑熊买来了一套昂贵的测量蜜蜂对花的“访问量”的绩效管理系统。在它看来，蜜蜂所接触的花的数量就是蜜蜂的工作量。每过完一个季度，黑熊就公布每只蜜蜂的工作量；同时，黑熊还设立了奖项，奖励对花的“访问量”最多的蜜蜂。但黑熊从不告诉蜜蜂们自己在与棕熊比赛，只是让蜜蜂们比赛对花的“访问量”。

棕熊与黑熊的想法不同。它认为蜜蜂能产多少蜂蜜，关键在于它们每天能采回多少花蜜——花蜜越多，产的蜂蜜就越多。于是，它直截了当地告诉众蜜蜂：它在和黑熊比赛，看谁产的蜂蜜多。它花了不多的钱买了一套绩效管理系统，测量每只蜜蜂每天采回花蜜的数量和整个蜂箱每天酿出蜂蜜的数量，并把测量结果张榜公布。它也设立了一套奖励制度，重奖当月采花蜜最多的蜜蜂。如果在某个月蜂蜜的总产量高于上个月，那么所有蜜蜂都会受到不同程度的奖励。

一年过去了，两只熊查看比赛结果，黑熊的蜂蜜产量不及棕熊的一半。

（资料来源：微信公众号“内控与管理提升”，经本书编者整理）

分析：最初黑熊与棕熊养了同样多的蜜蜂，一年后，黑熊的蜂蜜产量不及棕熊的一半，这是因为黑熊与棕熊对蜜蜂实施不同的绩效管理策略，其中一点便是采用了不同的绩效评价指标。黑熊关注蜜蜂每天对花的“访问量”，棕熊关注蜜蜂每天采回多少花蜜。

设计绩效评价指标是绩效管理的重要内容。如何评价仓储与配送绩效是本项目要介绍的内容。仓储与配送活动是现代物流体系中的重要活动，而开展仓储与配送绩效评价又是仓储与配送管理的重要内容之一。在仓储与配送绩效评价活动中，我们需要做好设计仓储与配送绩效评价指标、实施仓储与配送绩效评价等工作。

任务一　设计仓储与配送绩效评价指标

学习目标

✧　能够分析仓储与配送绩效评价指标设置的科学、合理性。

✧　能够设计科学、合理的仓储与配送绩效评价指标。

学习任务

红星配送中心隶属于某商贸公司。当前，该商贸公司用于评价红星配送中心仓储与配送绩效的指标共 10 个（见表 10-1），每个评价指标的权重均为 10%。红星配送中心近几年一直面临着客户投诉不断的情况，甚至出现了客户流失的现象。红星配送中心的主任廖雨认为这是由于当前方案主要关注成本指标所致的，于是向该商贸公司的总经理反映了现行仓储与配送绩效评价指标存在的问题，希望公司修订仓储与配送绩效评价指标。总经理在征求红星配送中心与人力资源部门的意见后，指定两个部门共同起草新的仓储与配送绩效评价方案，并将方案提交到公司进行讨论，由两个部门的主任及相关人员组成方案起草小组，由廖雨负责设计仓储与配送绩效评价指标。

表 10-1　红星配送中心现行的仓储与配送绩效评价指标

序号	评价指标	计算公式
1	利润总额	计算期内的总收入额－同期总支出额
2	资金利润率	利润总额/（固定资产平均占用额＋流动资金平均占用额）×100%
3	收入利润率	利润总额/仓库或配送中心的收入总额×100%
4	营业收入完成率	营业收入/目标营业收入×100%
5	利润总额完成率	营业利润/目标利润×100%
6	存货周转率	主营业务成本/期间平均存货×100%
7	人均利润率	利润总额/全员人数×100%
8	仓库利用率	实际使用仓储面积/仓库总面积×100%
9	货物吞吐量（货物周转量）	一定时期内的进库总量＋同期出库总量＋货物直拨量
10	平均收发时间	收发时间总和/收发货总笔数

任务分析

我们要从上述描述中抓住重要信息：一是现行的仓储与配送绩效评价指标；二是需要完成的任务是设计新的仓储与配送绩效评价指标。

我们需先分析现行的仓储与配送绩效评价指标，然后在此基础上遵循有关原则来设计新的仓储与配送绩效评价指标。因此，我们可以按以下两步走。

（1）分析现行的仓储与配送绩效评价指标。

（2）设计新的仓储与配送绩效评价指标。

设计仓储与配送绩效评价指标的流程和知识点如图 10-1 所示。

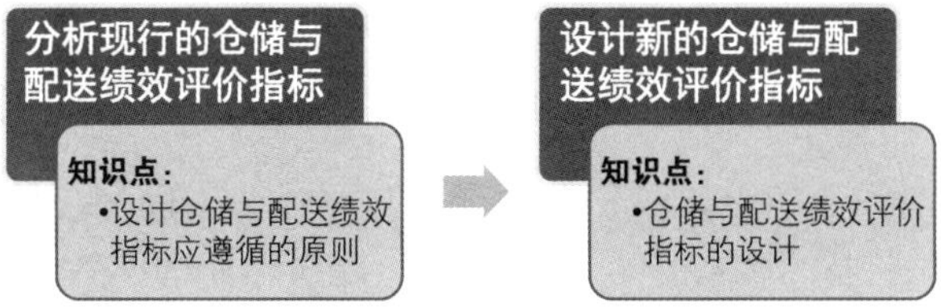

图 10-1　设计仓储与配送绩效评价指标的流程和知识点

任务引导

从两熊赛蜜的案例中可以看出，制定科学、合理的绩效评价指标是非常重要的。因此，进行仓储与配送绩效评价，必须重视仓储与配送绩效评价指标的设计。

一、设计仓储与配送绩效评价指标应遵循的原则

1. 系统性

一般单个评价指标只能反映评价对象的某一方面，所以仓储与配送绩效评价指标应能全面、科学地反映仓库或配送中心的全貌，以实现全面、系统、科学的评价。

2. 科学性

仓储与配送绩效评价指标的设计要符合物流活动的客观规律，评价的方法、内容要与评价指标相适应，能够获得客观、真实的评价结果。

3. 与目标一致性

各仓储与配送绩效评价指标在计算口径、方法、计量单位等方面要保持一致，仓储与配送绩效评价指标要与发展战略目标保持一致。

4. 可操作性

仓储与配送绩效评价指标应含义明确且容易理解，指标量化所需要的资料收集方便，并且能用现有的方法和模型求解。

5. 差异性

仓储与配送绩效评价指标的设计不能脱离企业的实际情况。不同企业的仓储与配送绩效评价指标会有所不同，即便是针对同一评价对象，仓储与配送绩效评价指标在不同时期也可能有所不同，因此企业需要针对特定评价对象来设计仓储与配送绩效评价指标。

6. 协调性

协调性原则要求各仓储与配送评价指标之间互相联系、互相制约，但是不能互相矛盾和重复。

二、仓储与配送绩效评价指标的设计

仓储与配送绩效评价指标可从作业流程和运营管理两个角度来设计。

（一）从作业流程角度来设计

从作业流程角度来看，企业可从入库验收作业、装卸搬运作业、在库保管作业、出库作业、配送作业、全流程 6 个方面来设计仓储与配送绩效评价指标。

1. 入库验收作业

入库验收作业方面的仓储与配送绩效评价指标及其计算公式如下：

$$差错率=\frac{计算期内某作业的差错量}{同期该作业的总量}\times100\%$$

注：作业量（包括作业的差错量、总量）可按票数计，也可按件数计；差错率也可用于评价装卸搬运作业、在库保管作业、出库作业、配送作业的绩效。

$$收货准确率=\frac{准时收货量}{总收货量}\times100\%$$

$$单位收货量=\frac{总收货量}{人员工时总和}$$

$$平均收货时间=\frac{收货时间总和}{供应商送货次数}$$

2. 装卸搬运作业

装卸搬运作业方面的仓储与配送绩效评价指标及其计算公式如下：

$$装卸搬运劳动率=\frac{装卸搬运作业人数}{仓库作业总人数}\times100\%$$

$$设备利用率=\frac{设备实际使用时间总和}{可使用时间总和}\times100\%$$

$$搬运货损率=\frac{货损量（货损值）}{搬运货物总量}\times100\%$$

$$移动/作业比率=\frac{移动的数量}{生产性作业的数量}\times100\%$$

移动/作业比率是反映装卸搬运作业全面效率的指标。要获得高比率，就需要减少搬运步骤或者采用机械化或自动化的搬运设备。

3. 在库保管作业

在库保管作业方面的仓储与配送绩效评价指标及其计算公式如下：

$$货账相符率=\frac{货账相符笔数}{储存货物的总笔数}\times100\%$$

$$货损率=\frac{损失量}{总量}\times100\%$$

$$库存准确率=\frac{总库存数-库存差异数}{总库存数}\times100\%$$

$$安全隐患整改率=\frac{隐患整改个数}{应完成整改数}\times100\%$$

$$盘点品项误差率=\frac{盘点误差品项数}{盘点实际品项数}\times100\%$$

$$单位盘差品金额=\frac{盘点误差金额}{盘点误差量}$$

4. 出库作业

出库作业方面的仓储与配送绩效评价指标及其计算公式如下：

$$出货时间延迟率=\frac{延迟出货的货物总量}{出货总量}\times 100\%$$

5. 配送作业

配送作业方面的仓储与配送绩效评价指标包括作业数量指标、作业质量指标、作业效率指标等。

（1）作业数量指标。作业数量指标包括日均受理订单数、人均拣选数量、单车日均送货户数、单车日均送货里程、单车日均送货量，各指标的计算公式如下：

$$日均受理订单数=\frac{订单数量}{作业天数}$$

$$人均拣选数量=\frac{计算期内的拣选数量}{计算期内的拣选作业人员数}$$

$$单车日均送货户数=\frac{计算期内的送货户数}{车辆数\times 实际作业天数}$$

$$单车日均送货里程=\frac{计算期内的送货里程}{车辆数\times 实际作业天数}$$

$$单车日均送货量=\frac{计算期内的送货数量}{车辆数\times 实际作业天数}$$

（2）作业质量指标。常用的作业质量指标为订单正确率，其计算公式如下：

$$订单处理正确率=\frac{无差错订单处理数}{订单总数}\times 100\%$$

（3）作业效率指标。作业效率指标包括订单按时完成率、货物准时送达率、订单延迟率、订单货件延迟率、紧急订单响应率，各指标的计算公式如下：

$$订单按时完成率=\frac{按时完成订单数}{订单总数}\times 100\%$$

$$货物准时送达率=\frac{准时送达订单数}{订单总数}\times 100\%$$

$$订单延迟率=\frac{延迟交货订单数}{订单总数}\times 100\%$$

$$订单货件延迟率=\frac{延迟交货量}{出货量}\times 100\%$$

$$紧急订单响应率=\frac{未超过12小时出货订单数}{紧急订单总量}\times 100\%$$

6. 全流程

全流程指标不分属于任何流程，通常是反映整个流程绩效的结果性指标，如坪效、仓储成本占比、单位仓储成本等指标，其计算公式如下：

$$坪效=\frac{收益}{仓储面积}$$

$$仓储成本占比=\frac{仓储运营成本}{主营业务成本}\times 100\%$$

$$单位仓储成本=\frac{仓储运营成本}{仓储面积}$$

（二）从运营管理角度来设计

从运营管理角度来看，企业可将仓储与配送绩效评价指标设计为财务指标、运营指标、安全指标、服务指标。

1. 财务指标

财务指标包括利润总额、每吨货物保管利润、工资利润率、资金利润率、收入利润率、营业收入完成率、利润总额完成率、存货周转率、人均利润率、直间工比率等，各指标的计算公式如下：

$$利润总额=计算期内的总收入额-同期总支出额$$

$$每吨货物保管利润=\frac{计算期内的利润总额}{计算期内的货物储存总量}$$

$$工资利润率=\frac{利润总额}{同期工资总额}$$

$$资金利润率=\frac{利润总额}{固定资产平均占用额+流动资金平均占用额}\times 100\%$$

$$收入利润率=\frac{利润总额}{仓库或配送中心的收入总额}\times 100\%$$

$$营业收入完成率=\frac{营业收入}{目标营业收入}\times 100\%$$

$$利润总额完成率=\frac{营业利润}{目标利润}\times 100\%$$

$$存货周转率=\frac{主营业务成本}{期间平均存货}\times 100\%$$

$$人均利润率=\frac{利润总额}{全员人数}\times 100\%$$

$$直间工比率=\frac{直接作业人数}{总人数-直接作业人数}\times 100\%$$

除上述指标外，坪效、仓储成本占比、单位仓储成本也常被用于评价仓库或配送中心的财务情况，前文已介绍过这几个指标，这里不再赘述。

2. 运营指标

企业可从基础管理、质量管理、队伍建设等方面对仓库或配送中心的实际运营情况进行定性评价，也可以设计定量指标来进行量化评价。定量指标包括资源利用程度方面的指标、作业量方面的指标、质量方面的指标、效率方面的指标。

（1）资源利用程度方面的指标。资源利用程度方面的指标有仓库利用率和设备利用率，各指标的计算公式如下：

$$仓库利用率=\frac{实际使用仓储面积}{仓库总面积}\times100\%$$

$$设备利用率=\frac{全部设备实际工作时数}{同期设备日历工作时数}\times100\%$$

（2）作业量方面的指标。作业量方面的指标主要为货物吞吐量（货物周转量），其计算公式如下：

货物吞吐量（货物周转量）＝一定时期内的进库总量＋同期出库总量＋货物直拨量

（3）质量方面的指标。质量方面的指标包括差错率（前文已讲述）、破损率、准时率[在对这些指标进行计算时，作业量（包括作业的破损量、准时量、总量）可按票数计，也可按件数计]，各指标的计算公式如下：

$$破损率=\frac{计算期内某作业的破损量}{同期该作业的总量}\times100\%$$

$$准时率=\frac{计算期内某作业的准时量}{同期该作业的总量}\times100\%$$

（4）效率方面的指标。效率方面的指标包括单位作业量、平均收发时间、全员劳动生产率、内部订单周期时间，各指标的计算公式如下：

$$单位作业量=\frac{计算期内某作业的总量}{人员工时总和}$$

$$平均收发时间=\frac{收发时间总和}{收发货总笔数}$$

$$全员劳动生产率=\frac{利润总额}{同期平均全员人数}\times100\%$$

$$内部订单周期时间=\frac{作业时间总和（不包括非工作日）}{发货订单量}$$

3. 安全指标

仓库或配送中心的安全包括人员、设施、车辆、货物、货款、信息等方面的安全。安全指标可用发生的各种事故（如人员伤亡事故、仓库失火事故、车辆损坏事故、货物被盗事故、货款丢失及被盗事故、保密信息泄露事故等）的大小和次数来表示。

4. 服务指标

服务指标是企业内部为客户提供全部服务行为的评价指标。仅有服务意识并不能保证有满意的服务，企业还要建立一套完整的服务指标，作为服务工作的指导和依据。如果说服务意识是服务的“软件”保证，服务指标就是服务的“硬件”保证。常用的服务指标有客户满意程度、客户投诉率、客户投诉及时处理率、订单满意率、交货准时率，各指标的计算公式如下：

$$客户满足程度=\frac{满足客户要求的数量}{客户要求的数量}\times100\%$$

$$\text{客户投诉率}=\frac{\text{投诉客户数}}{\text{总客户数}}\times 100\%$$

$$\text{客户投诉及时处理率}=\frac{\text{客户投诉及时处理数量}}{\text{客户投诉总数量}}\times 100\%$$

$$\text{订单满足率}=\frac{\text{满足订单数}}{\text{订单总数}}\times 100\%$$

$$\text{交货准时率}=\frac{\text{准时交货次数}}{\text{客户要求的数量}}\times 100\%$$

任务实施

1. 实施步骤

1）分析现行的仓储与配送绩效评价指标

（1）现行的仓储与配送绩效评价指标不够健全、科学。现行的仓储与配送绩效评价指标共有 10 个，前 7 个是财务指标，后 3 个是运营指标。财务指标的占比远远大于运营指标的占比，显然，这样的仓储与配送绩效评价指标不能全面、科学地反映仓库或配送中心的全貌。在现行的仓储与配送绩效评价指标中，服务指标是欠缺的。评价指标具有极强的导向性，就可能因为疏忽了对服务方面的评价而出现不重视客户服务，从而导致客户不满的情况，而红星配送中心正面临着客户投诉不断的情况，甚至出现了客户流失的现象也可以说明这一点。

（2）评价指标权重的确定方法简单、粗糙。现行的每个仓储与配送绩效评价指标的权重均为 10%，存在评价指标权重的确定方法简单、粗糙的嫌疑。我们应根据重要性来确定各评价指标的权重。

2）设计新的仓储与配送绩效评价指标

针对现行的仓储与配送绩效评价指标存在的问题，我们需要增加服务指标。在综合考虑后，我们设计了财务指标、运营指标、安全指标、服务指标，还可以进一步设置二级指标（可扫右侧的二维码查看示例）。

红星配送中心仓储与配送绩效评价指标示例

2. 注意事项

（1）评价指标应全面、科学。

（2）需针对特定评价对象的具体情况来设计评价指标。

（3）评价指标不能互相矛盾和重复。

任务评价

任务评价表如表 10-2 所示。

表 10-2　任务评价表

序号	评价项目	评价标准	分值	得分
1	分析现行的仓储与配送绩效评价指标	绩效评价的对象和目的明确；准确判断现行的仓储与配送绩效评价指标存在的问题（或全面、准确把握评价对象的情况）	20	

续表

序号	评价项目	评价标准	分值	得分
2	设计新的仓储与配送绩效评价指标	仓储与配送绩效评价指标设计科学、合理	60	
3	团队合作	分工合理、有效组织、有效协作	20	
合计			100	

同步案例

仓库绩效评价，你做对了吗

“如果你不监测数据，就无法管理仓库。”这句经典的仓储管理格言在今天仍然适用。那么仓库绩效应如何评价？仓库作为企业的运营中心和利润中心，企业应该对其进行数据监测和绩效评价指标管理。

仓库管理人员可以使用关键绩效指标（Key Performance Indicator，KPI）来考核仓库的吞吐量、准确性、差错率和成本。那么，到底使用哪些 KPI 呢？

一家蔬菜供应商的仓库经理曾在网上提出类似的问题，他问道：“我想为自己的仓库设立 KPI。除了准时交货指标，还需要什么指标？请大家提供更多的意见。”下面的留言很多，有些来自经验丰富的从业者。至于是否实用，则有待商榷，因为这些提建议的人都不清楚该蔬菜供应商的业务状况。

是否所有仓库的 KPI 都是一样的呢？

显然不是。虽然不同仓库的 KPI 有很大的共性，因为大多数仓库都需要评价入库验收、装卸搬运、在库保管、出库和配送等作业，但是由于企业设定的指标优先级和绩效评价标准不同，因此即便是两家同样生产消费品的企业，也可能选择不同的绩效评价指标。

什么是对企业有意义的？

计划设立 KPI 的仓库管理人员该怎么做呢？从网上下载模板可能不是最好的方式。仓库管理人员无论采用何种 KPI，都务必考虑 4 点：①KPI 应该告诉自己什么是重要业务；②指标需要和企业战略和业务目标相关；③系统应该提示哪些环节没有追踪到；④指标是可量化和可实现的。

正确的 KPI 可以使企业具备合适的指标来评价绩效并达成目标，错误的 KPI 则会加大风险，因为企业的关注点都集中在错误的地方。一旦建立了标准，企业就能跟踪实际情况与标准的差异，并且探究为什么会产生差异，以及是什么因素造成了这样的差异。

当企业的业务发生变化时，有些指标会变得更重要，而有些指标则变得无关紧要，甚至完全没有必要。企业应定期检查自己的指标，以便使它们能真实反映自己的业务。

问题：你认可上述案例中的观点吗？请说明理由。

同步实训

能力拓展

扫一扫，看同步实训　扫一扫，看能力拓展

任务二 实施仓储与配送绩效评价

学习目标

✧ 能设计合理的仓储与配送绩效评价标准和流程。

✧ 能根据具体评价对象选择恰当的绩效评价方法与工具。

学习任务

在本项目任务一中，红星配送中心的廖雨等人设计了新的仓储与配送绩效评价指标。红星配送中心所属的某商贸公司将对红星配送中心本年度1～6月的仓储与配送绩效实施评价。绩效评价小组由该商贸公司的人力资源部门、财务部门、行政部门、配送中心等部门组成。为了更好地开展仓储与配送绩效评价工作，绩效评价小组需要制订仓储与配送绩效考核计划并实施。

任务分析

要完成上述任务，绩效评价小组需要完成以下两项工作。

（1）制订仓储与配送绩效评价计划。

（2）按计划进行仓储与配送绩效评价。

实施仓储与配送绩效评价的流程和知识点如图10-2所示。

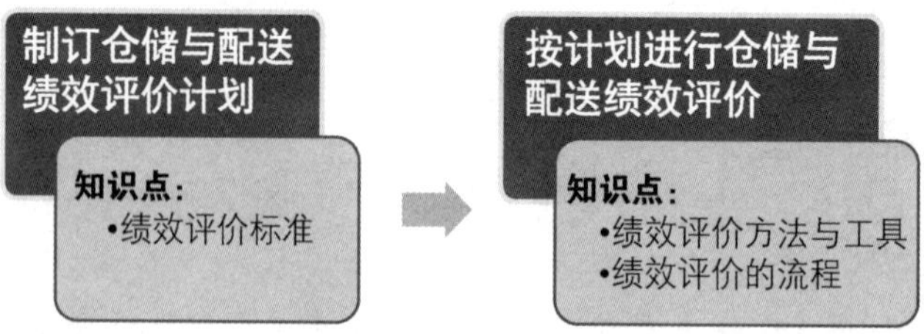

图10-2 实施仓储与配送绩效评价的流程和知识点

任务引导

在仓储与配送绩效评价指标确定后，接下来的重要工作是实施仓储与配送绩效评价。实施仓储与配送绩效评价是整个绩效管理工作的重点，也是最为核心的工作。

绩效评价也称绩效评估，是依照预先确定的评价指标，按一定的程序，运用科学的方法，对评价对象在一定时期内的绩效信息进行观察、收集、分析、整合，并尽可能做出准确评价的过程。

一、绩效评价标准

绩效评价标准是对评价对象进行分析和评价的标尺。根据用途的不同，仓储与配送绩效评价标准常被划分为4类。

（一）历史标准

采用历史标准，是指以历史同期水平或历史最好水平为衡量标准，将仓储与配送绩效实际达到的水平与自身历史水平进行纵向比较。这种比较能够反映仓储与配送绩效评价指标的发展动态和方向，为进一步提升仓储与配送绩效提供决策依据。但采用历史标准的评价结果缺乏横向的可比性，具有排他性特点。

（二）计划标准

计划标准也称预算标准，是仓储与配送绩效评价的基本标准。采用计划标准，是指以事先确定的计划、预算和预期目标为评价标准，将仓储与配送绩效实际达到的水平与计划水平进行对比。采用计划标准的评价结果反映了仓储与配送绩效计划的完成情况。但计划标准的人为因素较多，主观性较强。

（三）同行标准

采用同行标准，是指以国际或国内同行业的绩效状况作为评价本企业仓储与配送绩效的标准。采用同行标准的评价结果比较真实且具有横向的可比性，便于了解企业在行业中所处的位置，有助于企业制定仓储与配送发展战略。

（四）客户标准

采用客户标准，是指从客户角度衡量企业的仓储与配送绩效。客户的满意程度是评价企业仓储与配送服务水平的重要指标，是企业改进和提高仓储与配送服务水平的重要依据。

二、绩效评价方法与工具

（一）绩效评价方法

绩效评价方法很多，这里介绍 8 种常用的仓储与配送绩效评价方法。

1. 直接指标法

直接指标法采用可监测、可核算的指标构成若干评价要素，作为对仓储与配送绩效进行评价的主要依据。该方法属于结果导向型的绩效评价方法。

直接指标法简单易行，能节省人力、物力和管理成本。在运用该方法时，评价人员需要重视基础资料，建立、健全各种原始记录。

2. 目标管理法

目标管理法是通过将企业的整体目标逐级分解甚至直至个人目标，根据评价对象完成工作目标的情况来进行评价的一种绩效评价方法。在开始工作之前，评价人员和评价对象应该对需要完成的工作内容、时间期限、评价标准达成一致。在时间期限结束时，评价人员根据评价对象的工作状况及原先制定的评价标准来进行评价。

3. 绩效标准法

绩效标准法与目标管理法类似，但它采用更多、更直接的评价指标，且标准更加具体、详细。评价人员先依照标准逐一评价，然后按照各评价标准的重要性所确定的权重，进行评价分类汇总。绩效标准法的优点是为评价对象提供了清晰、准确的努力方向，具有更加明确的导向和激励作用。其局限性是需要消耗较多的人力、物力和财力，管理成本较高。

需注意的是，评价指标要明确、具体、合理；要有时间、空间、数量、质量的约束限制；要规定完成目标的先后顺序，保证评价对象目标与企业目标的一致性。

4. 等级评定法

等级评定法是应用普遍且容易操作的一种绩效评价方法。该方法的操作步骤：首先，给出不同等级的定义和描述；其次，针对每个评价指标按照给定的等级进行评价；最后，给出总的评价。在应用等级评定法时，每个评价人员都对 N 个事物排出一个等级顺序，最小的等级序数为 1，最大的为 N，若并列等级，则平分共同应该占据的等级，如平时所说的两个并列第一名，它们应该占据 1、2 名，所以它们的等级应是 1.5。

等级评定法的运用容易遇到一些问题：首先，操作上的简便使人们容易做表面工作，因此评价人员在进行等级评定时敷衍了事；其次，一些主管人员习惯于将较多的员工评定为较高的等级，因此常常出现大量绩效为优秀的员工；最后，有时对等级评价标准的表述比较抽象和模糊，让人产生误解，从而导致不同的评价人员选用的评价标准不一致。

5. 重要事件法

重要事件法也称关键事件法。在运用重要事件法时，评价人员要在平时注意收集评价对象的重要事件。这里所说的重要事件是指那些会对部门的整体工作绩效产生积极或消极影响的事件，评价人员要对这些重要事件形成书面记录，并对这些书面记录进行整理和分析，最终形成评价结果。

重要事件法的优点：对事不对人，让事实说话；评价人员不仅要注重对行为本身的评价，还要考虑行为的情景。重要事件法的缺点：重要事件的观察和记录费时费力；评价人员只能做定性分析，不能做定量分析。

6. 360 度考核法

360 度考核法也称全方位考核法，是指由员工的上司、同事、下属、客户等从全方位、多角度来评价员工的方法，其特点是评价维度多元化。通常，企业先将与评价对象有联系的上级、同级、下级、客户分成 4 个组（每组至少有 6 个人），然后聘请外部的顾问企业进行分析、撰写评价报告。评价内容主要是与企业的价值观有关的各项内容。4 组人员根据对评价对象的了解来判定他是否符合企业价值观的要求，并给出评价对象最强的 3 个方面。评价对象若发现在某个方面某个组比其他组给的评价低很多，则可以与该组的成员进行沟通，提出自己希望得到帮助的想法，并就此与大家充分交换意见。这有利于评价对象提高绩效。360 度考核法可在改良后用于对有关企业仓储与配送绩效的评价。

7. 比较分析法

比较分析法是对两个及以上的可比数据进行对比，揭示差异和矛盾的绩效评价方法。比较是分析的基本方法，没有比较，分析就无法开始。该方法可按不同标准进行划分。

（1）按比较对象划分：与本企业历史比较、与同类企业比较、与计划数据比较。

（2）按比较内容划分：比较总量、比较结构百分比、比较比率。

8. 功效系数法

功效系数法又叫功效函数法，是指根据多目标规划原理，对每个评价指标确定一个满意值和不允许值，以满意值为上限，以不允许值为下限，计算各评价指标实现满意值的程度，并以此确定各评价指标的分数，经过加权平均进行综合，从而对评价对象的综合状况进行评价的方法。功效系数法是绩效评价的基本方法，主要用于定量指标的计算和分析。

（二）绩效评价工具

评价人员使用一些绩效评价工具能方便地实施仓储与配送绩效评价。常用的绩效评价工具有检查表、平衡计分卡。

1. 检查表

检查表可用于记录评价对象的各项评价数据，为着手进行问题分析及关键因素识别提供数据。检查表的使用非常便捷，也易于数据的整理和分析。例如，评价人员可以用 Excel 表格来记录检查到的问题，可将问题发生频率数据直接输入 Excel 表格中，以便于数据整理和分析。评价人员可以根据需要设计各种检查表。仓储与配送质量检查表示例如表 10-3 所示。

表 10-3　仓储与配送质量检查表示例

月份	送达延迟/次	包装损坏/次	差错率/%	紧急订单响应率/%

2. 平衡计分卡

平衡计分卡（Balanced Score Card，BSC）是一种综合绩效评价体系。平衡计分卡的内容包括财务、内部流程、客户、学习与成长 4 个维度的内容。

（1）财务维度：财务指标是一个重要的指示器，企业力争改善内部流程、关注学习与成长、提高客户满意度最终都是为了改善财务指标的表现。

（2）内部流程维度：主要关注企业在哪些流程上表现得优异才能实现战略目标。例如，为了获得客户的满意、提供高质量的产品和服务、获取市场领先地位，企业在各内部流程上分别应该做到什么程度。

（3）客户维度：主要关注客户如何看待企业，企业能在多大程度上提供使客户满意的产品和服务。这个维度的重要指标有市场份额、客户满意度、客户保持率等。

（4）学习与成长维度：主要关注企业必须具备或提高哪些关键能力才能改善内部流程，进而实现财务和客户维度的目标。

平衡计分卡中的每个指标都是一系列因果关系中的一环，既是结果，又是驱动因素，它们把相关部门的目标同企业战略联系在一起。员工的技术素质和管理素质决定产品和服务的质量；产品和服务的质量等决定客户满意度和客户忠诚度；客户满意度、客户忠诚度、产品和服务的质量等决定企业的财务状况和市场份额。为取得更好的经营成果，企业必须使产品和服务赢得客户的信赖；要赢得客户的信赖，企业必须提供能使客户满意的产品服务，并为此改进内部生产流程；要改进内部生产流程，企业必须对员工进行培训，开发新的信息系统。

三、绩效评价的流程

目前，学术界关于绩效评价的流程有基本共识，不少学者认可将绩效评价的流程分为制订评价计划、确定评价标准与方法、收集资料、分析与评价、运用评价结果 5 个环节。

（一）制订评价计划

为了保证绩效评价顺利进行，企业需要事先制订评价计划，在明确评价目的的前提下，有针对性地选择评价的对象、内容、期限、人员等。

（二）确定评价标准与方法

评价标准是对评价对象进行分析和评价的标尺。仓储与配送绩效评价标准有历史标准、计划标准、同行标准、客户标准4类。在确定评价标准后，我们还要选择相应的评价方法。

（三）收集资料

在收集资料环节，企业面临的问题是资料处理量非常大，这是因为资料的来源非常广泛，既有财务资料，又有非财务资料；既有企业内部资料，又有外部资料；既有近期资料，又有远期资料等。因此，在收集资料阶段，企业要尽力做到以下几点：①根据评价指标的要求全面收集有关资料，力求做到客观、准确和全面；②善于筛选资料，抓住有用的、关键的资料，降低获取资料的成本；③认真破译资料，通过加工、整理资料，使资料符合评价工作的需要；④注重长期的跟踪工作，随时收集相关资料，使资料收集工作形成一种制度。

（四）分析与评价

在分析与评价环节，企业要采用科学、合理的评价方法与工具，对评价指标进行分析与计算，从而得出评价结果。其具体步骤包括：用评价指标评价仓储与配送绩效的各部分，如从财务角度、运营角度、安全角度、服务角度得出各部分的单项评价值；利用一定的计算方法（如加权平均法），得出关于评价对象的评价值；将得出的评价值与标准值进行比较，形成评价报告。

（五）运用评价结果

得到评价结果并不意味着评价工作的结束。在获得仓储与配送绩效评价结果后，企业还应将仓储与配送绩效评价结果运用到自己的经营管理中。

任务实施

1. 实施步骤

1）制订仓储与配送绩效评价计划

评价对象：红星配送中心。

评价内容：仓储与配送绩效。

评价期限：本年度1～6月。

评价人员：由红星配送中心所属的某商贸公司的人力资源部门、财务部门、行政部门、配送中心等部门组成的绩效评价小组。

评价标准：历史标准、计划标准、客户标准。

评价方法：根据该商贸公司的规模、企业文化、绩效考核制度及红星配送中心的发展情况，绩效评价小组选择的评价方法有直接指标法、目标管理法、绩效标准法、重要事件法、比较分析法。

评价工具：为更好地评价红星配送中心的仓储与配送绩效，绩效评价小组选用的评价工具为检查表。

仓储与配送绩效评价的流程如下。

（1）收集资料。

绩效评价小组对照仓储与配送绩效评价指标，从人力资源部门、财务部门、行政部门、配送中心等部门收集人员数、利润总额、仓储面积、设备类型与数量、客户投诉、客户满意度、作业数据、安全管理等资料。

说明：绩效评价小组应全面收集有关资料，力求做到客观、准确和全面；在此环节可使用检查表。

（2）分析与评价。

绩效评价小组使用直接指标法、目标管理法、绩效标准法、重要事件法、比较分析法等方法对红星配送中心的仓储与配送绩效进行分析与评价。具体步骤包括：①运用直接指标法得出各部分的单项评价值，对安全指标的评价采用重要事件法；②对照历史标准、计划标准、客户标准，运用目标管理法、绩效标准法、重要事件法、比较分析法等方法对红星配送中心的仓储与配送绩效进行综合分析与评价。

（3）运用评价结果。

绩效评价小组将评价结果用于该商贸公司及红星配送中心的经营管理中。

2）按计划进行仓储与配送绩效评价

绩效评价小组按计划对红星配送中心进行仓储与配送绩效评价。

2. 注意事项

（1）不能缺少评价标准。

（2）资料收集要客观、准确和全面。

（3）熟练掌握常见的绩效评价方法与工具。

任务评价

任务评价表如表 10-4 所示。

表 10-4 任务评价表

序号	评价项目	评价标准	分值	得分
1	制订仓储与配送绩效评价计划	（1）总体要求：计划的主要要素齐全，应包括评价标准、评价方法、评价工具等内容；表述清楚明了，格式规范。 （2）评价标准：设计恰当的仓储与配送绩效评价标准。 （3）评价方法：根据具体评价对象选择恰当的评价方法。 （4）评价工具：根据具体评价对象及评价要求，选择有效的评价工具	40	

续表

序号	评价项目	评价标准	分值	得分
2	按计划进行仓储与配送绩效评价	按计划有效进行仓储与配送绩效评价，熟练运用评价方法与工具	40	
3	团队合作	分工合理、有效组织、有效协作	20	
合计			100	

同步案例

王二的仓储管理笔记：绩效评价

提出离职的是名女员工，她觉得仓库现行的绩效评价方案不太合理，像是“吃大锅饭”。正好该女员工的丈夫为其找到了新工作，每个月工资多 200 元，所以该女员工准备跳槽。在当时，200 元能买 6 个红烧猪蹄。王二无语，因为 6 个猪蹄失去了一名员工。

在受到打击后，王二决定亡羊补牢，重新制定绩效评价方案。他考察了众多绩效评价方法，如直接指标法、目标管理法、绩效标准法、等级评定法、重要事件法、360 度考核法等。

王二也反思了仓库现行的绩效评价方案存在的问题：主观性强，计分不太准确；多个项目根据记忆打分，因间隔时间长，不能反映员工的真实工作情况；指标设计不合理，只考虑到部门指标的整体情况，未分配到人，导致“吃大锅饭”情况发生；评价结果分为优秀、良好、合格、不合格 4 个档次，对应的绩效工资为 300 元、200 元、100 元、0 元，激励效果不明显。

仓库现行的绩效评价方案，看似要求不高，但员工想要全部达标也不太容易。王二决定重新设计绩效评价方案。为了给自己留点特权，王二加设了单项进步奖，准备根据每月的评价结果，对部分员工的核心指标提出下月整改要求。在下月进行绩效评价时，若员工达到指标，则给予其单项进步奖励，金额视整改情况，为 100～300 元不等。

王二认为仓库现行的绩效评价方案由经理单一打分不合理，于是改为由下一环节对上一环节打分，及时记录评价数据。例如，订单处理员打印拣货单，各库管员按分工进行拣货，并把所拣货物交由装箱组装箱、核对，所以库管员的拣货差错应该由装箱组记录；仓库的对外发货差错（货物错发到门店），则应该由负责客服工作的订单处理员记录，其评价对象是装卸组。再如，收货入库，若配送组没能及时将在货运公司的货物提回，则库管员无法及时入库，所以配送组的工作表现应由库管组或上级主管记录；而收到货的各库管组员工，是否真正做到及时入库，则要由采购部门来反馈。王二设计的绩效评价分工表如表 10-5 所示。

表 10-5　王二设计的绩效评价分工表

序号	评价项目	负责人
1	仓库卫生检查；装箱组的工作效率；考勤	主管 A
2	各月盘点、库存抽查结果打分；配送员提货及时性	主管 B
3	库管员的发货效率；库管员的拣货差错	装箱组

续表

序号	评价项目	负责人
4	发货差错反馈	订单处理组、门店
5	库存差错率核算；主管评价数据整理、核算；单据打印、分发的准确性、及时性	王二
6	装箱组的件数统计差错	装卸组
7	到货清点及入库情况	采购部门
8	未及时发货订单统计；装卸组的发货差错	门店
9	未及时处理的积压退货单数	销售部门
10	其他数据依据投诉统计	王二

员工对绩效评价方案不了解，也会产生负面影响。王二在对评价对象进行优化的同时，还提请人力资源部门在绩效评价工作开始前要进行相应的宣传，在评价过程中积极地与员工进行沟通和交流。

王二在每月月初核算上月的评价数据，并进行公示，同时要求员工签字确认。如果在绩效评价中因为没有进行充分沟通，或者沟通出现问题，评价人员和评价对象无法达成一致，那么评价对象可以向人力资源部门提出申诉。在当月绩效评价结束后，王二准备与排名靠后的员工进行面对面的沟通，分析他们在工作中存在的问题，并提出改进意见。但是，王二也体会到，这个绩效评价方案没有考虑工作量因素，可能会导致员工工作量分配不均衡；另外，对员工互相协作的支持也不够。

问题：

（1）仓库现行的绩效评价方案存在哪些问题？

（2）你认为王二制定的新方案可行吗？请说明理由。

（3）结合案例，谈谈企业在设计仓储与配送绩效评价指标时需要注意哪些问题，在实施仓储与配送绩效评价过程中又需要注意哪些问题。

同步实训

能力拓展

扫一扫，看同步实训　扫一扫，看能力拓展

参考文献

[1] 薛威．仓储作业管理．北京：高等教育出版社，2012.

[2] 胡子瑜，郑文岭．仓储与配送管理实务．长春：东北师范大学出版社，2019.

[3] 郑克俊．仓储与配送管理．4 版．北京：科学出版社，2018.

[4] 人力资源和社会保障部职业技能鉴定中心．仓储管理．北京：科学出版社，2010.

[5] 许晓春，林朝朋．仓储与配送管理实务．厦门：厦门大学出版社，2018.

[6] 范珍．电子商务物流．2 版．北京：高等教育出版社，2019.

[7] 北京中物联物流采购培训中心．物流管理职业技能等级认证教材（中级）．南京：江苏凤凰教育出版社，2019.

[8] 北京中物联物流采购培训中心．物流管理职业技能等级认证教材（高级）．南京：江苏凤凰教育出版社，2019.

[9] 杨益华，朱琳，许智科．仓储与配送实务．广州：广东高等教育出版社，2019.

[10] 曲建科，杨明．物流成本管理．2 版．北京：高等教育出版社，2014.